AF329536

UNIVERSITÉ DE CAEN — FACULTÉ DE DROIT

LE DROIT NORMAND ACTUEL

Applicabilité et application en droit français actuel des règles anciennes du droit privé normand, en dehors du jeu des droits acquis et des manifestations individuelles de volonté. Et usages locaux normands.

THÈSE POUR LE DOCTORAT EN DROIT

SOUTENUE PUBLIQUEMENT

DANS LA SALLE DES ACTES DE LA FACULTÉ DE DROIT

Le Vendredi 29 Juin 1917, à 4 h. 1 2 de l'après-midi

PAR

Maurice DALIBERT

Avocat à la Cour d'Appel

Lauréat de la Faculté de Droit

JURY
D'EXAMEN
MM. L. DEBRAY, *Professeur*, PRÉSIDENT DE LA THÈSE
GUILLOUARD, *Professeur*;
LEBRET, *Professeur*.

CAEN

IMPRIMERIE HENRI DELESQUES

34, RUE DEMOLOMBE, 34

1917

LE DROIT NORMAND ACTUEL

Applicabilité et application en droit français actuel des règles anciennes du droit privé normand, en dehors du jeu des droits acquis et des manifestations individuelles de volonté. Et usages locaux normands.

THÈSE POUR LE DOCTORAT EN DROIT

SOUTENUE PUBLIQUEMENT

DANS LA SALLE DES ACTES DE LA FACULTÉ DE DROIT

Le Vendredi 29 Juin 1917, à 4 h. 1/2 de l'après-midi

PAR

Maurice DALIBERT

Avocat à la Cour d'Appel

Lauréat de la Faculté de Droit

JURY D'EXAMEN
{ MM. L. DEBRAY, *Professeur*, PRÉSIDENT DE LA THÈSE;
GUILLOUARD. *Professeur*;
LEBRET. *Professeur*.

CAEN

IMPRIMERIE HENRI DELESQUES

34, RUE DEMOLOMBE, 34

1917

UNIVERSITÉ DE CAEN

FACULTÉ DE DROIT

Année scolaire 1916-1917

DOYEN :

M. Edmond Villey (✳, I. ⚜), membre de l'Institut.

PROFESSEURS :

MM. Danjon (I. ⚜), professeur de *Droit commercial*, chargé du cours de *Droit maritime*.

Edmond Villey (✳, I. ⚜), professeur d'*Économie politique*.

Guillouard (✳, I. ⚜, C. ✠ G. O. ✠ C. I. C. ✠, O. ✠ I. ✠), professeur de *Droit civil*, correspondant de l'Institut.

Lebret (I. ⚜), professeur de *Droit civil*, ancien Ministre de la Justice, chargé du cours de *Notariat et Enregistrement*.

Cabouat (✳, I. ⚜), professeur de *Droit international public et privé*, chargé du cours de *Législation industrielle*.

Debray (I. ⚜), assesseur du Doyen, professeur de *Droit romain* et chargé des cours d'*Histoire du Droit français* et de *Pandectes*.

LE FUR (I. ☆), professeur de *Droit administratif*,
chargé du cours d'*Éléments de Droit constitutionnel*.

ASTOUL (I. ☆), professeur de *Droit romain*, chargé
des cours d'*Histoire du Droit public français* et de
Coutume de Normandie.

DEGOIS (I. ☆), professeur de *Droit criminel*, chargé
d'un cours d'*Éléments de Droit civil*.

GENESTAL (I. ☆), professeur d'*Histoire du Droit français*.

NÉZARD (I. ☆), professeur de *Droit constitutionnel*,
chargé du cours de *Droit public* et de *Droit administratif*.

GOMBEAUX (A. ☆), professeur de *Droit civil*, chargé
du cours d'*Éléments de Droit civil* (Capacité).

NOGARO (A. ☆), professeur, chargé des cours d'*Économie politique*, d'*Histoire des doctrines économi-
ques* et de *Législation financière*.

JAPIOT, agrégé, chargé des cours de *Procédure civile*
et de *Droit civil approfondi et comparé*.

SECRÉTAIRE :

M. GILLOC (I. ☆), secrétaire des Facultés de l'Université
de Caen.

———

———

BIBLIOGRAPHIE

Albert ANDRÉ, professeur de Notariat à Paris, Ancien notaire normand, « *Coutumes de Normandie*, Lois Françaises, Jurisprudence des Tribunaux, et Conférences des Coutumes voisines (Bretagne, Maine, Orléans, Paris, Perche et Picardie), *concernant le voisinage, la mitoyenneté et les servitudes* », 3ᵉ éd., Paris, Marchal et Godde, 1910 (Caen, Imprimerie E. Domin, rue de la Monnaie).

Henry LEROY, « *Du Voisinage* et plus spécialement des restrictions qu'il apporte au droit de propriété dans l'intérêt privé », contenant « une étude du règlement du 17 août 1751, relatif aux plantations, clôtures et fossés en Normandie, » thèse Caen, 1908. (Caen, Imprimerie H. Delesques, 34, rue Demolombe).

Léon DE VILADE, Ancien Magistrat, ancien conseiller général du Calvados, « *Les Coutumes de Normandie, réglementées par l'Édit de 1751*, avec la jurisprudence actuelle et les nouvelles lois rurales. Manuel du propriétaire, du cultivateur, de l'expert pour les Plantations, Bornages, Servitudes, Haies, Fossés, Bois, Drainages, Routes, Chemins, Rivières, Chemins de fer, etc. » Médaillé par l'Association Normande. — Sixième édition. Table alphabétique. (Paris, A. Pedone, 1886).

Victor PANNIER, juge au Tribunal Civil de Lisieux, « *Les Ruines de la Coutume de Normandie*, ou Petit Dictionnaire du Droit Normand restant en vigueur pour les droits acquis ». 2ᵉ éd., précédée d'une notice bibliographique sur les diverses éditions de la Coutume de Normandie, par Ed. Frère, (Rouen, A. Le Brument, et Paris, A. Durand, 1856, in-18 de IV, XXXVI et 116 pages. — Imprimerie de Monton aîné, aux Andelys).

Notamment, aux mots « Contre-mur », p. 30 et « Plantation », p. 82.

Recueil des arrêts des cours d'appel de Caen et de Rouen, passim.

Valdoré, « *Le Droit Civil des juges de paix et des tribunaux d'arrondissement* » 3 vol. 1845.

Nous n'avons pu consulter la dernière édition, qui date de 1855.

Demolombe, » Cours de Code Napoléon, *Traité des servitudes ou services fonciers* » 2ᵉ éd. 1858.

Recueil J.-B Sirey, 1913, 1. 257, Cass. Ch. Civ. 3 fév. 1913, Note.

Watrin et Bouvier, « Code Rural et Droit Usuel », 3ᵉ éd., 1910.

Fournel : *Du Voisinage*, 2 vol. 4ᵉ éd. revue par Tardif.

Perrin, Code des constructions et de la contiguïté, 5ᵉ éd.

Pardessus : « *Traité des Servitudes ou services fonciers* », 7ᵉ éd., 1829, 1 vol.

L. G. Sauger, juge de paix à Versailles, « du louage et des servitudes dans leurs rapports avec les usages locaux, résumé pratique, suivi des usages locaux de la ville de Paris et de l'arrondissement de Versailles, » Cosse et Marchal.

Robert Jourdan : *Du délai-congé*, th. Paris, 1911, Larose.

⁂

F. Chauvin « Recueil des us et Coutumes des neuf cantons de l'arrondissement de Caen » 1 broch. Caen, 1890.

(Sur la valeur de cet ouvrage, V. jug. de paix canton Est de Caen, 13 août 1903 [M. Lebreton, juge de Paix], Rec. Caen, 1905, p. 196).

Usages agricoles de l'arrondissement de Caen, recueillis par la Société d'Agriculture et de Commerce de Caen. Imprimerie Ch. Valin, 1909 (« Cette édition annule les trois publications antérieures »).

Les usages locaux du département de l'Eure, — recueillis et publiés par la Société libre d'Agriculture, Sciences, Arts et Belles-Lettres de l'Eure, Évreux. Cornemillot et Régimbart, jeune, libr. 1850. (Nous n'avons pu consulter la dernière édition, — ou 6ᵉ édit., — qui date de 1895).

Département de l'Orne. Usages locaux, recueillis en exécution d'une décision du conseil général de l'Orne et suivis du Code Rural. Alençon, typogr. et lithogr. Lecoq et Mathorel, G. Supot, successeur, 5 pl. d'Armes, 1909. — Il y a un vol. par arrondissement. — Nous les citerons par le nom de l'arrondissement : par ex., « Mortagne, 18 », signifiera : « Recueil des Usages locaux de l'arrondissement de Mortagne, page 18 ».

Aug. MOUCHEL, juge de paix et président du syndicat agricole du canton de St-Sauveur-le-Vicomte, « *Coutumes de Normandie et usages locaux du département de la Manche.* Guide pratique des experts, propriétaires et locataires. Mitoyenneté, murs, haies, fossés et répares, bornages, écamet, servitudes de passage, de puisage, de tour d'échelle, d'égout des toits, cours d'eau, contre-mur, distances pour plantations et constructions, baux, obligations des propriétaires, fermiers et locataires ». Médaillé de l'Association Normande. 2ᵉ éd. revue et augmentée, St-Lô, Imprim. de Basse-Normandie, 21 rue Béchevrel, 1911.

Nous savons qu'il existe un Code des Usages locaux du département de la Seine-Inférieure, — dernière édit,

Rouen, 1902; — mais nous n'avons pu le consulter, — de même que certains autres ouvrages plus locaux, dont quelques-uns seront cités infrà.

LE DROIT NORMAND ACTUEL

Introduction

Il existe, sur l'*Ancien Droit Normand*, de nombreuses études modernes.

Les Questions de Droit Normand *Actuel*, — qui auraient dû peut-être susciter plus de travaux, — et plus de bons travaux, — n'ont au contraire donné jusqu'à présent lieu qu'à une bibliographie très maigre, et, faut-il le dire, en général peu suffisante ou trop ancienne.

Il faut à la vérité confesser, pour expliquer du moins le petit nombre de ces travaux, qu'il y a peu de questions de droit normand actuel, et que, même, au premier abord, il paraît ne pas y en avoir du tout, puisque aussi bien les Coutumes de nos anciennes provinces ne sont plus en vigueur depuis la promulgation du Code civil...

Tout n'est cependant point disparu de l'antique législation normande.

Tout d'abord parce qu'il est des règles de Droit Normand qui ont été consacrées par le Code Civil, par les autres Codes, ou par les Lois subséquentes, et qui sont, par suite, actuellement encore en vigueur.

La procédure, si pratique, du référé n'est, comme l'on sait, pas autre chose que la vieille procédure du *Haro*,

1

qui, d'abord employée en matière criminelle, où elle est
le prototype de la procédure de flagrant délit, ne tarda
pas à être employée aussi en matière civile, de plus en
plus largement : or, le Haro, qui d'ailleurs n'est point
spécial à la Normandie, est cependant une des actions,
un des « brefs », caractéristiques de la procédure normande.

En Droit Civil, et plus spécialement en matière de régime dotal, la clause, presque constamment employée (1),
dite « d'aliénabilité moyennant remploi » (dont les tiers
sont responsables), est inspirée du régime matrimonial
normand, qui, seul dans l'Ancien Droit, comportait l'a-
liénabilité de la dot moyennant un remploi dont le tiers
cocontractant était, susbsidiairement, responsable, aux
termes du « bref de mariage encombré » (2).

Encore qu'il s'agisse là de règles vraiment normandes
par leur origine et encore en vigueur, il n'est point en notre intention d'en faire ici étude, parce que ces règles sont
maintenant applicables en d'autres régions qu'en Normandie; qu'il ne s'agit plus, par conséquent, de règles
uniquement normandes; mais bien actuellement *nationales*; or, nous n'entendons étudier que le Droit *Normand
Actuel*, et même qu'une partie de celui-ci.

En dehors de ces survivances nationales, le Droit Normand survit encore parfois uniquement normand. Notre
intention n'est point même d'étudier toutes ses survivances.

D'abord, il en est une qui nous conduirait à exposer
le Droit Normand antérieur au Code dans sa quasi-inté-

(1) V. à cet égard le tableau instructif dressé, pour Caen, par
M. Ch. Allinne, dans sa thèse « de l'Ancien Régime Matrimonial
Normand et de sa survivance dans la Pratique Notariale sous le
Dr. Intermédiaire et sous le Code Civil », th. Caen, 1908, p. 578.
(2) Ce que l'on peut traduire par « action relative à une dot
compromise » (M. Gombeaux, à son cours).

gralité (3) : par application en effet du principe « de la
non-rétroactivité des lois », posé par l'art. 2 du Code Civil,
on peut concevoir des situations de fait dont l'origine remonte à une époque antérieure à celle de la mise en vigueur du Code Civil, et qui, pour ce motif, doivent être co-
lorées juridiquement par les principes de droit applicables
en cette époque, c'est-à-dire, en général, en Normandie,
par les principes du Droit Normand... La théorie dite
« des droits acquis » (4) nous conduirait à exposer ici la
plupart des règles qui composaient l'Ancien Droit Normand. Ce serait évidemment là un objet d'études trop
vaste, et nous avons dû l'éliminer (5).

Le même motif nous a conduit à laisser de côté l'étude

(3) Nous disons « dans sa quasi-intégralité », parce qu'il y a
incontestablement des lois qui rétroagissent véritablement, — en
ce sens qu'elles s'appliquent même à des situations de fait antérieures à elles ; telles sont, d'après la jurisprudence, les lois
d'ordre public.

(4) Il ne rentre point dans notre objet d'études de critiquer
la si critiquable distinction, — à la vérité cependant consacrée par
la jurisprudence, — des « droits acquis » et des « simples expec-
tatives ».

(5) Cela d'ailleurs a déjà été entrepris et parachevé. V. pour
l'exposé de l'Ancien Droit Normand : Georges *Delisle*, dans le
Répertoire du Dalloz, v° « Normandie » ; — et *Pannier*, « les Ruines de la Coutume de Normandie ou Petit Dictionnaire du Dr.
Normand restant en vigueur *Pour les Droits acquis* » 2° édit.,
Rouen et Paris, 1856 (Le contenu de l'ouvrage justifie de son second titre). — On peut aussi se reporter utilement aux auteurs
Normands anciens, — c'est-à-dire surtout, et depuis 1583, d'Avi-
ron, Godefroy, Bérault (nous citons toujours l'édition de ces
trois auteurs réunis de 1776), *Basnage* (1678 ; — nous citons toujours l'édition de 1778, c'est-à-dire la 4°) ; Pesnelle (nous citons
en général l'édition de 1704), Merville (1707), *Flaust* (1781), Bou-
tier (nous citons la 2° édit., de 1748), et Houard (1780-1782). —
Il va sans dire que les « droits acquis » sous l'empire de la Coutume et des autres lois normandes deviennent de plus en plus
rares.

des règles normandes encore actuellement applicables
par suite d'une référence — ou d'une reproduction — par
des particuliers, soit dans un contrat, soit dans un testa-
ment ou autre acte unilatéral : le principe de la liberté des
conventions (art. 1134 C. C.), — liberté parfois restreinte
d'ailleurs ici (V. art. 1390 C. C.), — peut, comme celui
de la non-rétroactivité des lois, avoir en effet pour résultat de vivifier à nouveau des règles mortes (6); mais,
comme il n'est guère de règles qui ne puissent revivre
ainsi, nous aurions à exposer la majeure partie du Droit
Normand ancien, si nous voulions exposer ces règles
cela encore nous a semblé trop vaste, et nous néglige-
rons en général l'effet des stipulations contractuelles ou
unilatérales de nature à faire revivre quelque ancienne
règle normande.

Nous plaçant donc en présence de faits entièrement
nouveaux (postérieurs à 1804), nous nous demanderons
si des règles de droit spéciales à la Normandie ne leur
sont pas parfois applicables, en dehors d'une stipulation
expresse spéciale.

Il est possible qu'il en soit ainsi, soit en vertu des principes généraux, si l'usage a encore une certaine force,
ou si les textes d'abrogation ne sont point absolus, soit
en vertu de certains textes spéciaux. La suite de cette
étude montrera qu'il en est effectivement ainsi parfois en
un certain nombre d'hypothèses.

Nous n'avons même pas l'intention d'étudier toutes ces
hypothèses; laissant de côté, en principe, le droit admi-

(6) La plupart des règles qui ont ainsi revécu en pratique ont
été indiquées, en matière de contrat de mariage, par M. Allinne,
op. cit. — D'ailleurs, constate-t-il lui-même, ces stipulations de
« normandisation » sont de plus en plus rares (V. 3e partie, chapitre 3, « le régime matrimonial normand et le Code Civil », notamment p. 280.

nistratif (7), nous entendons nous placer uniquement en principe dans le cadre du droit privé français (8), notamment du droit civil et du droit rural. En d'autres termes, et d'une manière plus précise peut-être, nous nous proposons simplement d'étudier les usages normands et les règles anciennes du Droit privé normand actuellement en vigueur en Droit français, indépendamment de l'application qui pourrait en être faite en vertu de stipulations contractuelles ou unilatérales ou du principe de la non-rétroactivité des lois.

**

L'objet de notre étude étant ainsi défini, nous pouvons, dès maintenant, indiquer l'intérêt spécial qu'elle nous semble comporter.

(7) Il y a, d'ailleurs très certainement, des règles administratives propres à la Normandie. En dehors des arrêtés municipaux et préfectoraux, ne peut-on pas, en matière administrative comme en matière civile, admettre certaines survivances de règles anciennes, par ex. d'arrêts de règlement du Parlement de Normandie relatifs à des matières administratives ? — Nous en citons infrà quelques exemples.

(8) En dehors des territoires politiquement dépendants de la France à l'heure actuelle, on peut citer une survivance particulièrement notable du Droit Normand Ancien : « Le Grand Coutumier normand du XIIIe siècle est aujourd'hui encore, un des éléments principaux de la législation en vigueur dans les îles normandes. — W. Laurence de Gruchy, L'ancienne coutume de Normandie, préface p. vii ; E. Toulmin Nicolle : The judicatures of the Channel Islands, dans The Brief, 15 juillet 1895, p. 160 ; L'auteur énumère ces 5 éléments du droit moderne des îles normandes : 1° Chartes royales ; 2° Ordres du Conseil ; 3° Ancienne coutume de Normandie ; 4° Lois passées par les états et sanctionnées par Sa Majesté en Conseil ; 5° Règlements triennaux passés par les états sur les questions de police. etc, et qui n'ont pas besoin de la sanction royale ». (Viollet : Histoire du dr. civ. fr., 3e éd., p. (178) 193, texte et note 2.)

Outre que les questions de Droit Normand Actuel ont
été jusqu'à présent fort peu approfondies, leur étude présente, croyons-nous, un certain intérêt actuel (au point
de vue jurisprudentiel), et peut-être même quelque intérêt juridique, parce que, sans aucun doute, l'application
pratique de certaines des dispositions de l'Arrêt de Règlement du Parlement de Normandie du 17 août 1751, sur
les Plantations (9), se pose au point de vue jurisprudentiel dans des conditions toutes nouvelles depuis l'arrêt de
la Cour de Cassation (Chambre Civile), du 3 février
1913 (10), qui, contrairement à la jurisprudence constante et séculaire des Cours et Tribunaux de Normandie, s'est prononcé dans le sens de l'abrogation de l'art.
XI dudit règlement. La jurisprudence normande va-t-elle
s'incliner aussitôt devant les scrupules juridiques, —
peut-être d'ailleurs mal fondés, — de la Cour Suprême,
ou bien, s'inspirant de l'esprit du pays, si attaché à ses
traditions et à ses droits (11), en même temps que de l'intérêt réel de l'agriculture, va-t-elle essayer de résister
à la jurisprudence nouvelle ? Il nous a semblé que, —
puisque aussi bien la question n'est pas encore tranchée
par la Cour de renvoi, et ne l'est pas en tout cas devant
l'opinion publique normande, — une étude désintéressée

(9) Cet arrêt de Règlement a été étudié surtout par de Vilade,
« Les Coutumes de Normandie réglementées par l'Édit de 1751 »
(6° éd. 1886), et par M° Henry Leroy, Du Voisinage, th. Caen, 1908.
— Les dispositions de cet arrêt de règlement dont l'application peut
sembler plus douteuse, en pratique du moins, depuis 1913, sont
les art. XI et XIII.

(10) Rec. Caen, 1913 ; — Gaz. Pal. 1914. I. 416 ; — S. 1913. I.
257.

(11) Il est devenu banal de rappeler, par exemple, combien
les anciens Normands étaient attachés à leur vieille charte de
1315, — dont ils réclamèrent encore l'exécution pleine et entière
à la veille de la Révolution, — en 1786 (V. Arch. parlementaires,
II. 49, Noblesse de Caen, art. 3, — cité par Alfone, th. précitée,
p. 98).

sur la question résolue pour la première fois, et peut-être un peu hâtivement, par la Cour de Cassation, n'était peut-être pas inutile.

Quant aux autres règles de Droit Normand privé encore actuellement applicables, l'intérêt de leur étude, pour être moins actuel, n'en est pas moins grand en ce pays, — et même ailleurs, — aux yeux de tous ceux, Normands ou non, qui s'intéressent à la Normandie, et ils sont légion.

Il est temps de préciser quelles sont les règles de Droit Normand privé qui rentrent dans le domaine de notre étude.

1. — Il arrive parfois tout d'abord qu'en vertu de certains *textes spéciaux*, des dispositions ou usages normands soient maintenus en vigueur, ou rendus obligatoires, en matière de droit privé.

Les textes qui contiennent ainsi des renvois à des règles anciennes ou à l'usage local sont les suivants :

1° en matière de procédure, et plus spécialement de saisie-brandon, l'art. 626 C. Pr. Civ. (« époque *ordinaire* de la maturité des fruits »);

2° en matière de vente, l'art. 1648 C. C. (délai de l'action redhibitoire à raison des vices cachés);

3° en matière de louage, les art. 1736, 1738, 1757 à 1759, 1748, 1762, 1777, 1754 C. C., — et les lois du 18 juillet 1889, sur le Code Rural, liv. I, tit. IV (Bail à colonat partiaire), art. 2, 3, 5, 7 et 13; du 9 juillet 1889 sur le louage des domestiques ruraux (art. 11 et 15); — et, en matière d'accidents de travail agricole, L. 30 juin 1899 (art. unique, § 3°);

4° en matière d'usufruit, les art. 590 et suivants du Code Civil (droits des usufruitiers quant aux bois);

5° dans le titre « *Des Servitudes ou Services fonciers* », nous rencontrons : l'art. 645 (eaux courantes), l'art. 663 (clôture forcée dans les villes), l'art. 671 (pour les distances auxquelles il est permis de planter, par rapport au fonds voisin), et l'art. 674 (pour les constructions susceptibles de nuire au voisin). Peut-être d'ailleurs est-il permis de considérer que le renvoi de l'art. 671 n'est qu'une conséquence du renvoi de l'art 674, qui, admet-on couramment, est relatif à tout ce qui est susceptible de nuire au voisin : car il est évident que les distances édictées par l'art. 671 le sont dans l'intérêt du voisin (pour éviter qu'un dommage lui soit causé). Il faut rapprocher de ces textes l'art. 652 C. C., situé également dans le titre « Des Servitudes... », et qui fait un renvoi, pour des matières qui, à vrai dire, relèvent plus du droit « rural » que du droit civil (12). Certains de ces textes ont été modifiés par la loi du 20 août 1881 (Titre complémentaire du livre I du Code Rural, portant modification des articles du Code Civil relatifs à la mitoyenneté des clôtures, aux plantations et aux droits de passage en cas d'enclave). Adde, en ce qui concerne le régime des eaux, la loi du 8 avril 1898, art. 9, 19 et 20, et, en ce qui concerne les carrières, l'art. 81 de la loi du 21 avril 1810 modifié par la loi du 27 juillet 1880, texte que nous rapprocherons de l'art. 674 du Code Civil.

II. — En dehors de ces textes, nous devons nous demander s'il n'y a pas lieu d'attribuer une certaine valeur, — et quelle valeur, — aux *usages locaux* postérieurs à la loi du 30 ventôse an XII.

1° en dehors de toute convention supposée, quelle valeur faut-il attribuer à l'usage ou à la coutume ?

(12) Mais toutes les questions de servitudes et de voisinage ne sont-elles pas, pour moitié, — et pour plus en pratique, — des questions de droit rural...

Dans l'opinion généralement adoptée (13), la coutume n'est plus aujourd'hui une source de droit.

Il faut d'ailleurs reconnaître qu'une formule absolue ne serait pas de mise :

1ᵒ en matière commerciale, tout le monde admet qu'il faut reconnaître une valeur réelle aux usages, aux pratiques du commerce;

2ᵐᵉ en matière civile même, il semble bien que les usages *non* conventionnels ne soient pas dénués de toute valeur : le juge en effet ne peut refuser de juger sous prétexte du silence, de l'obscurité ou de l'insuffisance de la loi (art. 4 C. C.) : dès lors pourquoi, dans tous les cas douteux, ne pas lui permettre de se baser sur les usages? Peut-être même est-il permis de considérer que si l'on permettait ainsi au juge d'appliquer la pratique ordinaire dans tous les cas douteux, sa décision apparaîtrait comme moins choquante que s'il s'était inspiré de considérations personnelles, plus ou moins rationnelles, plus ou moins équitables; aussi d'une manière générale, reconnaît-on au juge le pouvoir de s'inspirer, dans les cas douteux, des usages, à défaut du moins de tout élément de décision tiré de la législation écrite.

La question se pose de savoir dans quelle mesure le juge se trouve lié par les usages : doit-il les suivre de préférence à des considérations plus rationnelles ou plus équitables ? Nous ne l'admettrions pas.

2ᵒ En tout cas, l'usage du pays a, dans l'opinion unanime, une importance particulière *en matière d'actes de volonté* ; en effet, d'après l'art. 1159 C. C. : « Ce qui est ambigu s'interprète par ce qui est d'usage dans le pays où le contrat est passé » (14), et, aux termes de l'art.

(13) V. Baudry-Lacantinerie et Bonnecase-Fourcade, Des Personnes, 3ᵉ éd. t. 1ᵉʳ, nᵒ 56 et références.
(14) Cf. Dig. Liv. L, tit. XVII, l. 114.

1160 : « On doit suppléer dans le contrat les clauses qui y sont d'usage, quoiqu'elles n'y soient pas exprimées » Cf. et adde art. 1135 (15).

a) Comme le disent MM. Lyon-Caen et Renault (16) : « la force de l'usage (conventionnel) *vient* de la volonté tacite des parties » : il est naturel de supposer que les parties contractantes, pour tout ce qu'elles ne règlent pas expressément, auront entendu se référer à l'usage.

b) *A quelles conditions un usage conventionnel est-il obligatoire ?*

1° Nous ne pouvons admettre évidemment la valeur de l'usage qui serait *contraire* à une loi *impérative* ou *prohibitive*. Peu importerait d'ailleurs qu'il s'agît d'une loi véritable ou d'un règlement administratif (17). Et l'on ne devrait point davantage admettre l'usage contraire aux bonnes mœurs ou à l'ordre public (arg. art. 6 C. C.) (18).

Que décider pour les lois simplement *interprétatives de volonté ?* L'usage local contraire devrait-il recevoir application ?

Conformément à l'opinion générale, nous dirons que la loi interprétative ne s'applique qu'à défaut d'usage contraire.

C'est en ce sens qu'on pourrait peut-être dire que l'u-

(15) Art. 1135 : « Les conventions obligent non seulement à ce qui y est exprimé, mais encore à toutes les suites que l'équité, l'usage ou la loi donnent à l'obligation d'après sa nature ».

(16) Traité de Dr. Commerc., 4ᵉ éd. t. I., n° 82.

(17) V. Baudry-Lacantinerie et Houques-Fourcade, Des Personnes, 3ᵉ éd. t. 1ᵉʳ, 1907, n° 24-5° ; — V., pour les lois, Req. 29 mai 1902, Rec. Rouen, 1902, p. 111 ; pour les arrêtés municipaux, Cr. cass H, nov. 1881, Rec. Caen, 1883, p. 257.

(18) Sic, Vandoré, Le Droit Civil des juges de paix, vᵒ Usage, nº 3.

sage (s'il venait à se former postérieurement à elle) peut abroger la loi (19).

A la loi purement interprétative, il convient sans doute d'assimiler celle qui n'édicterait que des *dispositions d'ordre purement privé* : ceux au profit de qui ces dispositions seraient établies pourraient sans doute y renoncer (pourvu qu'ils aient la capacité d'aliéner, s'il s'agit de droits réels, ou de s'obliger, dans les autres cas) : l'usage ici encore pourra, semble-t-il, remplacer la disposition expresse.

2° L'usage conventionnel ne doit pas seulement ne pas aller contre des dispositions d'ordre public, ou contre les bonnes mœurs, il faut de plus, pour qu'il soit sanctionnable, qu'il présente un *certain nombre de caractères particuliers* : il doit être :

1ᵉᵗ *constant;*

2ᵉᵗ *notoire;*

3ᵉᵗ *réputé obligatoire dans l'opinion.*

4ᵉᵗ On admet aussi en général que l'usage doit être « immémorial », ou du moins exister depuis fort longtemps (20);

5ᵉᵗ On a dit aussi que l'usage devait « présenter un réel intérêt » (Watrin et Bouvier, Code Rural et Droit Usuel, 3ᵉ éd., 1910, n° 1120);

6ᵉᵗ Il faut ajouter que l'usage, pour être obligatoire, doit exister dans le lieu même où il s'agit de l'appliquer : en d'autres termes, un usage *local* ne pourra être appliqué par analogie, — du moins en tant que tel, — en un autre lieu que sa patrie d'origine.

(19) Sic, Baudry-Lacantinerie et Houques-Fourcade, des Personnes, I, n° 123 et n° 124.

(20) Les faits constitutifs de l'usage, dit Merlin, doivent être : « 1° uniformes; 2° publics; 3° multipliés; 4° observés par la généralité des habitants; 5° *réitérés pendant un long espace de temps;* 6° constamment tolérés par le législateur. » (Merlin, Répert. v° Usage, § 1ᵉʳ, n° 3).

Les usages peuvent être plus ou moins *locaux*. C'est le plus local qu'il y aura lieu d'appliquer, parce que c'est à celui-là qu'il est naturel de supposer que les parties ont entendu se référer (21). S'il y en avait un de particulier à un établissement déterminé, on devrait le suivre de préférence à l'usage de la localité.

c) *Comment se prouveront et se constateront les usages conventionnels ?*

La question de l'existence d'un usage conventionnel est une question de fait. Il en résulte que la *constatation* des usages locaux appartient exclusivement aux juges du fond. V. par ex. Cass. 2 juill. 1901, S. 1902, I. 230, note.

Comment la *preuve* s'effectuera-t-elle ?

S'agissant d'un simple fait, il semble logique de dire que la preuve de l'usage pourra être faite par tous moyens ; par présomptions (par la jurisprudence qui aurait déjà reconnu l'usage contesté; par les anciens auteurs), par témoins (témoins ordinaires, recueils d'usages, certificats). On sait le rôle joué en matière commerciale par les « parères », ou avis délivrés par les commerçants notoires.

Certains disent qu'en matière civile, du moins, la preuve devra, quand il y a contestation, être faite *par témoins* en toute hypothèse (note dans Rec. Caen, 1905, p. 196; cf. Demolombe, t. XXIX, n° 184). Il est certain en effet que l'usage étant de sa nature susceptible de variation, la partie qui l'allègue doit le prouver en principe au moment même du contrat; c'est pourquoi il semble incontestable que la jurisprudence, et les auteurs anciens surtout, n'auront ici qu'une autorité purement morale. Toutefois, il semble qu'on puisse invoquer la jurisprudence et les auteurs contemporains de l'usage litigieux,

(21) Lyon-Caen et Renault, Tr. de dr. comm. 4° éd. I. 1°°, n° 81.

leur autorité pouvant être assimilée à des certificats de nature impartiale, et par suite particulièrement précieux (22).

d) La violation d'un usage conventionnel peut-elle être soumise à la Cour de Cassation ?

Selon la Cour de Cassation, la détermination du sens des usages appartient aux juges du fond (Req. 12 juin 1903, S. 1904, I, 133, sic Baudry-Lacantinerie et Houques-Fourcade, des Personnes, t. Iᵉʳ, n° 27, *in fine*).

En pure doctrine cette opinion semble contestable. Nous serions portés à dire au contraire, avec MM. Lyon-Caen et Renault (Tr. de Dr. Commerc., t. Iᵉʳ, n° 85), que l'usage conventionnel une fois constaté par le juge du fait, la question de la violation de l'usage peut être soumise à la Cour de Cassation : il s'agit en effet d'interprétation de volonté; il faut dès lors appliquer les règles admises en matière d'interprétation de contrats, c'est-à-dire les règles ordinaires de l'interprétation des lois, les contrats formant la loi des parties et l'interprétation des lois étant, sauf discussion, l'interprétation d'une volonté (du moins tout d'abord).

Mais de ce que la jurisprudence signalée existe, il en résulte qu'il y a intérêt jurisprudentiel à distinguer, — et nous distinguerons, — les usages locaux conventionnels de ceux qui doivent être validés en vertu de textes spéciaux.

III. — Mais, avant de passer en revue les usages qui doivent être validés, de même que les règles anciennes, en vertu de certains textes spéciaux, — ou ceux qui

(22) Cf. Baudry-Lacantinerie et Houques-Fourcade, des Personnes, t. I, n° 26 in fine.

doivent être validés en vertu des principes que nous venons de rappeler, — une question préliminaire se pose : *n'y a-t-il pas d'anciens usages et d'anciennes règles de la Normandie qui échappent aux textes généraux d'abrogation, de par ces textes eux-mêmes ?*

La question ne se pose que si la loi du 30 ventôse an XII n'a pas abrogé tout le droit normand antérieur. Cette loi, — qui a réuni en un seul corps les 36 lois dont l'ensemble forme ce qu'on est convenu d'appeler le « Code Civil », — contient, dans son article 7, la disposition d'abrogation suivante :

Art. 7. — « A compter du jour où ces lois sont exécutoires, les lois romaines, les ordonnances, les coutumes générales ou locales, les statuts, les règlements, cessent d'avoir force de loi générale ou particulière, dans les matières qui sont l'objet desdites lois composant le présent Code ».

Quelle est la portée de ce texte ?

Il abroge « les lois romaines, les ordonnances, les coutumes générales ou locales, les statuts, les règlements », « dans les matières qui sont l'objet desdites lois, composant le présent Code », c'est-à-dire « dans les matières qui sont l'objet du Code Civil ». Dans toutes ces matières, les règles anciennes précitées sont abrogées.

On a parfois prétendu que l'art.7 de la loi du 30 ventôse an XIII n'abrogeait point les « *usages* » anciens, généraux ou particuliers (V. Trib. Amiens, 16 janv. 1812, rapporté dans Merlin, Répertoire, v° Voisinage, § 4, n° 6, p. 683, al. 1); mais l'esprit du texte et ses termes mêmes conduisent à admettre l'opinion inverse : il n'est point douteux en effet que, pour les matières que le Code venait de régler, on n'ait eu l'intention d'abroger toutes les règles anciennes, à la diversité desquelles on avait voulu avant tout porter remède, et, d'ailleurs, au point de vue du texte, il n'y a, peut-on remarquer, aucune dif férence, quant au fond des choses, entre un « usage » et une « coutume »; or, le texte contient abrogation formelle des « coutumes générales ou locales » (V. en ce sens, Aubry et Rau, Cours de dr. civ. franç., 5ᵉ éd., t. Iᵉʳ, § 21, texte et note 3; Merlin, *loc. cit.*, et vᵒ Usage, § 3; Civ. Cass., 21 avril 1813, Dev., 4ᵉ vol., p. 332).

Toutefois l'art. 7 de la loi du 30 ventôse an XII n'a pas une portée aussi large qu'on pourrait au premier abord l'imaginer. Tout l'Ancien Droit n'est pas abrogé par lui, et en effet :

1° S'il abroge les lois « romaines » et les « ordonnances », il n'abroge pas les « lois » ou « décrets » des assemblées révolutionnaires. Ce qu'on est convenu d'appeler « le Droit Intermédiaire » n'est donc depuis 1804 abrogé que tacitement : dans la mesure où ses dispositions sont inconciliables avec celles du Code Civil ou des lois subséquentes.

2° Le Droit de l'Ancien Régime lui-même ne se trouve abrogé par l'art. 7 de la loi du 30 ventôse an XII que « dans les matières qui sont l'objet desdites lois composant le présent Code ».

Rien de plus logique d'ailleurs que cette disposition finale : car il est d'évidence que le texte qui est relatif à une autre « matière » qu'un texte déterminé ne saurait, dans aucune mesure, contredire ce texte.

Si donc il se trouvait d'autres matières que celles objet du Code Civil, relativement à celles-là, les lois anciennes devraient être considérées comme subsistantes (à supposer que des textes plus récents ne conduisent point à les faire déclarer inapplicables actuellement).

En ce qui concerne le droit civil, qui est l'objet direct du Code Civil (23), on peut se demander, en présence de

---

(23) On ne considère pas comme abrogé le dr. civ. ancien en

l'art. 7 de la loi du 30 ventôse an XII, si quelque chose
subsiste de l'Ancien Droit Normand.

Pour résoudre ce problème, il faudrait 1° énumérer les
matières qui sont l'objet du Code civil (ou du moins les
avoir toujours présentes à l'esprit); 2° rechercher quelles
étaient, en droit civil, les matières dont s'occupait l'Ancien Droit Normand. — L'on pourrait voir ensuite s'il
n'y en aurait pas quelqu'une dont le Code ne se fût point
préoccupé. — Nous avons effectué sommairement de
telles recherches, et nous n'avons point trouvé de disposition relative à une matière de droit civil dont le Code
ne s'est point en quelque mesure occupé, — de telle sorte
que tout l'Ancien Droit Civil Normand devrait être considéré comme abrogé, s'il n'était point intervenu certains textes spéciaux que nous avons cités suprà et qui
peuvent être considérés comme autant de dérogations à
l'art. 7 de la loi du 30 ventôse an XII (24).

Mais ne faut-il pas apporter à cette abrogation générale une *exception relativement aux usages « conventionnels »* ?

La force des usages en matière d'actes juridiques vient,
comme nous l'avons dit, de ce que, par une présomption
naturelle qui est en même temps une présomption légale
(V. art. 1159 et 1160) les conventions des parties devront
être, soit complétées (art. 1619), soit interprétées (art.
1159), par l'usage local. Cet usage aura d'autant plus
d'autorité pour l'interprétation de la volonté des parties

bloc ; mais seulement dans « *les* » matières ou « *les* » objets (au
pluriel) dont traite le C. C.

(24) Il n'y aurait peut-être, — outre le dr. commercial, — que
les dispositions relatives aux fossés et clôtures *non mitoyens* qui
pourraient être considérés comme en dehors des matières réglementées par le C. C. ; — mais leur subsistance est d'ailleurs certaine *à cause d'un texte spécial* et précis du C. C., l'art. 657. Aussi restreindrons-nous leur étude au renvoi fait par ce texte.

(V. suprà), qu'il est plus ancien. — A supposer qu'aucune disposition d'ordre public ne soit venue troubler l'état de la question telle qu'elle se posait sous l'ancien régime normand, nous croyons qu'il y aura lieu de s'en référer purement et simplement, — à supposer bien entendu que l'usage ancien ait persisté (25), — aux pratiques anciennes, même écrites dans la Coutume. (Mais il apparaît bien qu'il n'y a pas lieu de distinguer l'étude des règles anciennes écrites en question, de celles des usages conventionnels anciens, et l'étude de ceux-ci, de celle des autres usages conventionnels.)

*
* *

Nous étudierons successivement :

1° les règles normandes anciennes encore en vigueur et les usages locaux obligatoires, en vertu de renvois résultant de textes spéciaux;

2° les usages locaux obligatoires en Normandie en dehors du renvoi formel de textes spéciaux, en vertu des principes généraux que nous venons de rappeler.

---

(25) On admettra facilement la persistance d'un usage ancien passé dans la coutume écrite, — à cause de son caractère officiel et de sa diffusion; mais non à cause de son caractère législatif, — si on admet, comme nous l'avons fait, que la loi interprétative peut être abrogée par l'usage contraire (et la coutume peut sembler souvent susceptible de convention — ou usage — contraire).

PREMIÈRE PARTIE

Règles normandes anciennes et usages locaux encore en vigueur, par suite de renvois résultant de textes spéciaux.

Chapitre Premier

LE RENVOI
DE L'ART. 626 DU CODE DE PROCÉDURE
(en matière de saisie-brandon)

L'art. 626 C. Pr. Civ. contient un renvoi indirect, mais forcé, à des règles locales.

Ce texte est en effet ainsi conçu : La saisie-brandon ne pourra être faite que dans les six semaines qui précéderont *l'époque ordinaire de la maturité des fruits*. Elle sera précédée d'un commandement avec un jour d'intervalle. »

La saisie-brandon pratiquée plus de six semaines avant la maturité serait d'après la jurisprudence entachée de nullité.

D'ailleurs le texte est général et on admet qu'il s'applique, pour les bois mis en coupe, aux six semaines qui précèdent l'époque fixée pour la coupe et pour les poissons des étangs, aux six semaines qui précèdent l'époque à laquelle on a coutume de faire la pêche.

Tout le problème soulevé par le texte précité, en ce qui nous concerne, consiste à déterminer quelle est « l'époque ordinaire de la maturité des fruits » (c'est-à-dire l'époque habituelle de maturité des fruits) en Normandie.

Quelle est donc cette époque ?

Dans l'Eure, « à l'époque de la promulgation du C. Pr. Civ., le 24 juin fut reconnu comme point de départ des six semaines dans lesquelles la saisie-brandon peut être exercée ». (26)

Actuellement on observe les dates indiquées dans le tableau ci-contre dans l'Eure et l'Orne. — seuls départements pour lesquels nous ayons pu nous procurer des documents précis (27) et il faudrait observer les dates y indiquées dans la plaine de Caen (calculées d'après des renseignements qu'a bien voulu nous fournir M. le Professeur Hédiard).

(26) Eure, p. 95, note I. — Pour l'Ancien Dr. Normand, V. l'arrêt du Parlement du 6 juin 1682, qui « déclare les Saisies faites par les Créanciers « des Levées » (a) de leurs Débiteurs, la veille de la St-Jean (24 juin), bonnes et valables comme si elles avoient été faites le lendemain de la St-Jean ; ce faisant a déclaré tous les contrats de vente faits par lesdits Débiteurs, au préjudice desdites Saisies, nuls et de nul effet, et a fait défenses à tous Débiteurs, de faire vente de leurs Levées, le lendemain du jour de la St-Jean, lesquelles la Cour a dès-à-présent déclarées nulles et de nul effet pour ledit jour ». (a) Les « Levées » dont il est ici question comprenaient seulement les récoltes de céréales (Eure, p. 95, n. I).

La St-Jean était jour férié.

(27) Eure, chap. XVI, Maturité des fruits, p. 95 ; Orne, chap. XII, Saisie-Brandon : Alençon, p. 51, Domfront, p. 63, Argentan, p. 96, Mortagne, p. 51.

…aisie-Brando…

15 août	25 Août
…	…
…	…
…	…
…, carr., bett., …mmes de t.	…
…, carr., bett., …mmes de t.	…
…	…
…its à cidre …racines	…
… 1er au 15. … 15, orge, …its à cidre	…
…	Fruits à cidre restant.
…	…
…	…
…	…
…	…
…	…
…ût, Pommes …dre (1re saison)	Betteraves (20 août)

p…
g…
b…
à…
ti…
arrêt de la C. de Caen (4e ch., 4 avril 1870,
r… 1870, p. 174) les pépinières de pommiers ne
n un « usage général, non contesté dans la
qu'à 6 et 7 ans; jusqu'aux six semaines qui
pendant lequel elles peuvent être livrées au
raient immeubles, et ne pourraient pas être
; — on ne pourrait pas les considérer comme
terre de choses mobilières, parce qu'après un
ommiers sont transplantés, « selon l'usage sui-
province de Normandie », sur un autre ter-
dant cinq ans au moins leur accroissement. —
ugé (trib. Évreux, 24 juill. 1838, confirmé par
1839, S. 1839, 2.422) « que, sous l'empire de
ormandie), les pépinières étaient considérées
d'exploitation à l'âge de 6 ans; qu'aujourd'hui
tre ainsi ». (V. sur ce point Houard, Dictionn.
Pépinières). — Sic, Vaudoré, Le Dr. civ. des
3, vº Saisie-brandon, nº 1.

pensons que les dates indiquées pour le can-
vent s'entendre de l'époque de la maturité des
l convient en conséquence de les avancer de
savoir à quelle date la saisie-brandon est pos-
de cette supposition vient de la tardiveté de ces
son avec celles données pour les cantons voi-
v…

marquer que les dates les plus généralement
du 24 juin pour les céréales (on peut remar-
juin pour le canton d'Exmes; elle nous sem-
ée par les dispositions de l'arrêt de règlement
– du 1er mai pour les prairies artificielles; —
prairies naturelles (1re coupe); — du 1er sep-
its et racines; — du 1er octobre pour les cou-
Pour plus de précision, on devra se reporter
s).

Tableau des dates à observer pour la Saisie-Brandon (Orne, Eure et Plaine de Caen)

Chapitre Deuxième

LE RENVOI DE L'ART. 1648,
en ce qui concerne le délai de l'action résultant des vices redhibitoires

Aux termes de *l'art. 1648* C. C. « l'action résultant des vices redhibitoires doit être intentée par l'acquéreur, dans un bref délai, *suivant la nature des vices redhibitoires, et l'usage du lieu où la vente a été faite* ».

« Ce qui domine dans l'art. 1648, disent MM. Léo Saignat et Baudry-Lacantinerie, de la Vente et de l'échange, 3ᵉ éd. 1908, n° 441, c'est que l'action doit être exercée promptement, dans un bref délai, car le vice est d'autant plus difficile à constater qu'il s'est écoulé plus de temps depuis la vente. Quand des usages locaux sont constants et reconnus, le juge doit les respecter; l'usage ici fait loi. Dans le cas contraire, le juge a un pouvoir discrétionnaire pour décider si l'action a été intentée en temps utile » (28.

(28) Cass. 16 nov. 1853, D. 53. I. 322, S. 53. I. 673; — Aix, 8 nov. 1864, S. 65. 2. 41; — Cass. 23 août 1865, D. 65. I. 260, S. 65. I. 397; — Paris, 30 juil. 1867, D. 67. 2. 227; — Cass. 7 fév. 1872. D. 72. I. 129. S. 72. I. 222; — Chambéry, 12 juin 1875, S. 77. 2. 106; — Cass. 27 juin 1887, S. 87. I. 316, D. 88. I. 300; — Aubry et Rau, t. IV, § 355 bis, p. 390; — Guillouard, Tr. de la vente et de l'échange, 3ᵉ éd. 1902, t. 1ᵉʳ, n° 467. V. aussi les arrêts de Caen et de Rouen cités infrà.

A l'heure actuelle d'ailleurs, l'art. 1648 n'a plus beaucoup d'intérêt, les délais de l'action ont été fixés, dans les cas les plus ordinaires, — ventes et échanges d'animaux domestiques, — d'abord par la loi du 20 mai 1838, et, actuellement, par l'art. 5 de la loi du 2 août 1884, sur le Code Rural (vices rédhibitoires dans les ventes et échanges d'animaux domestiques), — texte ainsi conçu : « le délai pour intenter l'action rédhibitoire (29) sera de neuf jours francs, non compris le jour fixé pour la livraison excepté pour la fluxion périodique, pour laquelle ce délai sera de 30 jours francs, non compris le jour fixé pour la livraison » (30).

Voici, à titre de curiosité, quels étaient en Normandie les délais auxquels on se référait, à propos des ventes d'animaux domestiques sous l'empire du Code de 1804 (d'après Troplong, extrait du tableau du t. 10, p. 14) « *Normandie* (Eure, Orne, Manche, Seine-Inférieure, Calvados) : DURÉE DE L'ACTION RÉDHIBITOIRE OU QUANTI MINORIS : 30 jours pour les chevaux (arrêt de règlement du 30

---

(29) ... et l'action en réduction de prix. V. Guillouard, Tr. de la vente et de l'échange, t. 2, n° 531.

(30) Les délais de l'action rédhibitoire (et de l'action *Quanti Minoris*), qu'ils soient d'ailleurs fixés par l'article 1648, ou par l'art. 5 de la loi du 2 août 1884, sont de ceux qui ont été suspendus par l'art. 1er al. 2 du décret du 10 août 1914, relatif à la suspension des prescriptions, péremptions et délais en matière civile, commerciale et administrative (Dalloz, Guerre de 1914, 1er vol. p. 62). L'assignation qui intenterait l'action est bien en effet un « acte qui, d'après la loi, doit être accompli dans un délai déterminé » : (or, aux termes de l'al. 2 de l'art. 1er du décret du 10 août « la suspension des prescriptions et péremptions s'applique... généralement à *tous les actes qui, d'après la loi, doivent être accomplis dans un délai déterminé* ») — V. en ce sens, trib. Albi. 10 fév. 1915, Gaz. Pal. 13 nov. 1915, L. N. 1916. 2. 80. D. 1916. 2. 134 ; Rec. périod. procédure, art. 7753, 1917, p. 98. Trib. comm. Saint-Omer, 9 janv. 1917, et Bordeaux, 31 janv. 1917, cités note Rec. périod. procédure. 1917. p. 48.

janvier 1728), 9 jours depuis la vente ou délivrance, pour les vaches et moutons (arrêt de règlement du 19 juillet 1713); 9 jours pour les porcs (arrêt du 28 fév. 1721) » (31).

Actuellement, la portée de l'art. 1648 est considérablement réduite. Pour qu'on ait besoin de se reporter aux usages locaux du lieu de la vente, il faut se placer en dehors des cas de vente ou échange d'animaux domestiques. — Ce sont les usages, quand il y en a, qui déterminent le point de départ et la durée du délai dans lequel l'action doit être intentée.

Existe-t-il de tels usages en Normandie ?

Nous n'avons pu en trouver trace de particuliers à notre province, — ce qui ne veut point dire qu'il n'y en ait point (32), — et c'est pourquoi nous avons malgré tout maintenu le renvoi de l'art. 1648.

(31) *Les vices redhibitoires admis* en Normandie, dans les ventes d'animaux domestiques, étaient les suivants : « Pour les chevaux : morve, pousse, courbature (Régl. du parlemt. de Rouen du 3o janv. 1728); Pour les bœufs, vaches, taureaux : mal caduc et pommelière, rage et folie (a); Pour les moutons : mal caduc, claveau; Pour les porcs : ladrerie » (Troplong, ibid.)

(a) Flaust, t. 2, p. 63, dit qu'on ajoute à la liste des vices redhibitoires, dans l'usage de Basse-Normandie, « l'étourdissement ou le tournoiement dont sont attaqués les bœufs et les vaches ».

(32) Ce qui induirait cependant à le confirmer, c'est que les Cours de Caen et de Rouen ont parfois décidé que l'art. 1648 C. C., exigeant que l'action pour vices redhib. soit intentée dans un bref délai, mais ne le déterminant pas, a laissé à cet égard aux tribunaux un pouvoir appréciateur (C. Caen, 7 mai 1878, Leroy contre Vivier, Rec. Caen 1878, p. 183; C. Rouen 21 fév. 1868, 4e chamb, Blanchemain, Rec. Rouen, 1868, p. 144, et 13 juill. 1900, Héroult contre Oudin, 2e ch., Rec. Rouen, 1900, p. 130.

Chapitre Troisième

DES RENVOIS EN MATIÈRE DE LOUAGE

Nombreux sont, en matière de louage, les textes qui renvoient, plus ou moins directement, à l'usage des lieux.

On les rencontre : en matière de sous-location (art. 1753); en matière de réparations locatives (art. 1754); en matière de congé et de durée des baux à loyer ou à ferme (art. 1736, 1738, 1757 à 1759; art. 1774 à 1776); en matière de sortie de ferme (art. 1777); en matière de métayage (C. Rural, liv. I, tit. 4, art. 2, 3, 5, 7 et 13); en matière de louage de domestiques et ouvriers ruraux (C. Rur. Liv. I, tit. II et III, art. 15), et en matière d'accidents agricoles (L. 30 juin 1899, art. unique, § 3).

Il nous faut examiner séparément ces divers points.

SECTION PREMIÈRE

SOUS-LOCATIONS (art. 1753)

Aux termes de l'*art. 1753, al. 2 du Code Civil.,* « les payements faits par le sous-locataire, soit en vertu d'une stipulation portée en son bail, soit *en conséquence de l'usage des lieux*, ne sont pas réputés faits par anticipation. »

Il résulte de ce texte, ensemble de l'alinéa 1er de l'art. 1753, que si le sous-locataire ne peut en principe opposer au propriétaire les payements qu'il aurait faits au locataire principal par anticipation, il en est autrement cependant quand lesdits payements n'ont été que la conséquence d'une clause expresse portée en son bail, ou de cette sorte de convention tacite (33) qui résulte de l'usage des lieux.

En ces cas, en effet, le sous-locataire ne peut évidemment être soupçonné de collusion frauduleuse avec le locataire principal, vis-à-vis du propriétaire qui ferait saisir-gager les meubles garnissant sa maison.

La question qui doit ici nous préoccuper est celle de savoir si, en Normandie, l'usage des lieux permet parfois aux sous-locataires des payements par anticipation.

En ce qui concerne *la Manche*, M. Mouchel (Coutumes de Normandie et usages locaux du département de la

----

(33) Il est clair, en effet, qu'ici l'application de l'usage des lieux est de nature conventionnelle autant que légale. Le renvoi du texte ne saurait en changer la nature.

Manche, 2ᵉ éd., p. 278) nous apprend que « dans la campagne, les sous-locations se rencontrent assez rarement », et que « quand elles ont lieu, le sous-locataire principal ne perçoit pas de loyers et fermages par anticipation ». Notre question doit donc être, pour les campagnes de la Manche, résolue par la négative. Pour les villes du même département, où, dit M. Mouchel (*ibid.*), les sous-locations sont « assez fréquentes », « elles restent assujetties aux mêmes règles que les locations ordinaires (Commission des Usages locaux) ». Il faudrait donc se reporter à ce qui est admis pour les locations ordinaires (telle est d'ailleurs la règle générale à suivre) pour savoir si, dans les villes de la Manche, des payements par anticipation ont ou non lieu. Mais M. Mouchel omet de nous indiquer en quelles villes de tels payements sont en usage. Et, faute de documents, nous ferons comme lui.

Dans l'*Orne* (chapître vi, § 5 des divers volumes d'usages locaux), on n'a jamais coutume de s'acquitter par avance (34). « Il ne serait d'ailleurs pas prudent à un sous-locataire », ajoute le rédacteur des Usages locaux de l'arrondissement d'Alençon (p. 27), « de stipuler, même par écrit, qu'il soldera plusieurs termes à son entrée en jouissance, une pareille convention pouvant être considérée comme frauduleuse. En cas d'insolvabilité du locataire principal, le sous-locataire s'expose à payer deux fois ». Entendons-nous bien. Sans aucun doute, la stipulation écrite de payement au locataire principal, par anticipation, peut être par le propriétaire prétendue frauduleuse; sans aucun doute encore, ce dernier sera-t-il admis à faire la preuve de la fraude par tous moyens, même par simples présomptions; mais encore sera-t-il néces-

____

(34) Il ne paraît y avoir qu'une seule exception à cet usage, — dans le canton de La Ferté-Fresnel, où le sous-locataire d'une chambre garnie doit payer à l'avance son loyer (Argentan, p. 53).

saire que ladite preuve soit rapportée; — à l'inverse de ce que semble suggérer, à première lecture, le recueil d'Alençon, il faut poser en principe que la stipulation en question doit être considérée comme *valable*, et cela saurait d'autant moins faire de doute que la loi la suppose et la réserve formellement dans l'art. 1753.

Les « Usages agricoles de *l'arrondissement de Caen* », en disposant (p. 24) que « pour les fermes composées entièrement de terres de labour, il est d'usage de ne payer qu'après la première récolte »; que (p. 39) « dans les fermes composées d'herbages, on paye habituellement sans long crédit et le plus souvent en deux termes », et en n'établissant rien de spécial pour les « fermes dans lesquelles entrent en proportions importantes mais inégales des terres de labour et des herbages », ni pour les « fermes mixtes dans lesquelles les labours et les herbages sont en proportions sensiblement égales », non plus que pour les jardins ou les « parcelles de terre... affermées isolément sans corps de ferme », admettent implicitement mais très clairement qu'il n'est point d'usage, dans les campagnes de l'arrondissement de Caen, de faire des payements de fermages par anticipation. La question subsiste pour les villes de l'arrondissement.

Dans *l'Eure* (art. 106, al. 2 des Usages locaux, éd. de 1850), « nulle part il n'est d'usage que les sous-locataires fassent des payements avant l'échéance du terme ».

Telle est en somme la règle générale en Normandie.

RÉPARATIONS LOCATIVES:
OBLIGATIONS DE MENU ENTRETIEN

———

Le locataire et le fermier (V. art. 1728 pour le preneur en général et art. 1766 pour le fermier), doivent jouir de la chose louée en bons pères de famille : ils doivent l'entretenir en bon état; ils ne doivent donc pas dépasser les limites d'un usage normal, et par conséquent point notamment détériorer la chose louée. Bien entendu, leur faute seule est susceptible d'engendrer chez eux une responsabilité, et si quelque dommage avait été causé par cas fortuit ou force majeure, on ne saurait leur imposer de réparation locative (art. 1755). Ici, en principe, le préjudice causé doit être réparé en nature; mais il est bien évident qu'au cas de non-réparation volontaire, la condamnation à intervenir devra être une condamnation à une somme d'argent (arg. art. 1142).

Point de doute d'ailleurs sur le principe, c'est-à-dire sur ce que les « réparations locatives » ou « de menu entretien » dont le preneur est tenu ont leur base sur une faute présumée du preneur. C'est pourquoi l'art. 1755 en excepte les réparations occasionnées par la « vétusté ». D'ailleurs, la lecture de l'énumération de l'art. 1754 est à ce point de vue édifiante : *Art. 1754* : « Les réparations locatives ou de menu entretien dont le locataire est tenu, s'il n'y a clause contraire, sont celles désignées comme telles par l'usage des lieux, et, entre autres, les réparations à faire : aux âtres, contre-cœurs, chambranles et tablettes des cheminées; aux récrépissement du bas des murailles des appartements et autres lieux d'habitation, *à la hauteur d'un mètre; aux pavés et carreaux des chambres, lorsqu'il y en a seulement quelques-uns de cassés; aux vitres, à moins qu'elles ne soient cassées par la grêle, ou autres accidents extraordinaires et de force majeure, dont le locataire ne peut être tenu; aux portes, croisées, planches de cloison ou de fermeture de boutiques, gonds, targettes et serrures* ».

Nul doute (arg. des mots « entre autres ») que cette énumération ne soit qu'énonciative. Nul doute non plus que pour la dresser il ne faille se reporter à *l'usage des lieux* » (35). Le texte sur ce point est formel.

Quels sont ces usages en Normandie? C'est ce que nous devons examiner (36).

(35) V. d'ailleurs not. C. Caen, 2ᵉ ch., 8 août 1873, Thouet contre Lebreton, Rec. 74, p. 33 ; — Vaudoré, op. cit. vº réparations locatives, nº 15 ; Baudry-Lacantinerie et Wahl, Tr. du Louage, 3ᵉ T. 1ᵉʳ, nº 803 ; Guillouard, Tr. du Contrat de louage, 3ᵉ éd., T. II, nº 470, in fine.

On admet que pour les baux à ferme, c'est également l'usage local qu'il faut suivre, quoique l'art. 1754 ne renvoie aux usages locaux que pour les baux à loyer (Guillouard, Tr. du Contrat de Louage, t. II, nº 531 ; — Baudry-Lacantinerie et Wahl. Tr. du Louage, t. I, nº 803).

(36) *Bibliographie*: Orne, Chap. VII des divers recueils d'Usages locaux ; — Eure, chap. X, p. 69 et suiv. ; — Usages agricoles de l'arrondissement de Caen ; p. 47 et suiv. ; — Mouchel, op. cit., p. 287 et suiv.

Selon M. Mouchel, « en l'absence de règles précises », dans le département de la Manche, il faudrait « suivre l'usage de Paris », qui est, ajoute-t-il, magistralement attesté par Desgodets et son annotateur Goupil, dans les « Lois du bâtiment », auteurs dont, dit-il, « nous citerons presque textuellement » l'avis. — Nous croyons un tel procédé peu admissible en principe, en présence de l'art. 1754, qui dit que les réparations locatives sont

Nous examinerons successivement les réparations locatives (ou obligations d'entretien autres que celles de l'art. 1754), qui ont trait aux habitations; aux bâtiments ou objets mobiliers des exploitations agricoles; aux plantations; aux clôtures, chemins d'exploitation; aux cours d'eau; aux usines, fabriques et moulins. Nous examinerons enfin la difficulté qui provient de l'incertitude où l'on est de savoir à qui doivent incomber les réparations de menu entretien au cas de maison ou de ferme occupée par plusieurs locataires.

PARAGRAPHE PREMIER. — *HABITATIONS*

Nous n'examinerons que les points les plus importants.

En plus des réparations énumérées par l'art. 1754 (37), on admet, en général, que sont locatives, notamment, les réparations à faire « aux *peintures* et aux *papiers de tenture* déchirés ou gravement endommagés par le fait du locataire » (Eure, art. 115, 5°). Les Usages locaux de l'arrondissement d'Alençon (p. 33) expliquent à ce propos que le locataire « doit rendre en état de propreté et sans dégradations notables les peintures à l'huile et les papiers de tenture » que, « toutefois, il est admis que les peintu-

« celles désignées comme telles par l'usage des lieux ». — Il semble donc qu'on doive simplement déduire des développements de M. Mouchel, qu'aux dires de cet auteur il n'y a point de règles spéciales précises dans la Manche concernant les réparations locatives.

(37) En dépit des termes, à première vue contraires de l'art. 1754, il faut admettre en général, comme le dispose expressément le Rec. des Usages loc. de l'arr. de Mortagne (p. 33), que « le locataire est responsable des vitres cassées par la grêle, lorsqu'il existe des persiennes, volets et contre-vents qu'il pourrait fermer ».

res et les papiers de tenture, qui datent d'au moins 9 ans (38), ne doivent pas être refaits ou remplacés par le locataire, lorsque ce laps de temps correspond avec une période de location, et s'il n'est pas démontré qu'il y ait eu faute de sa part ou abus de la chose louée »; que d'ailleurs « lorsque 9 années de jouissance par le locataire se sont écoulées, celui-ci n'a pas droit au renouvellement des papiers de tenture et à la réfection des peintures »; que « le propriétaire conserve la faculté de les remplacer ou de les refaire à son gré ». Les mêmes règles sont suivies dans l'arrondissement de Domfront (Domfront, p. 31). Dans beaucoup de cantons du département de l'Orne (39), le locataire est tenu, à sa sortie, de *blanchir à la chaux* les plafonds, les murs intérieurs et les murs des escaliers, lorsque ce travail a été fait lors de son entrée en jouissance.

Il est aussi très généralement admis (Eure, *op. cit.*, art. 116), que le *ramonage des cheminées* est à la charge des locataires (V. aussi Argentan, p. 58, Mortagne, p. 32, Domfront, p. 29). Celui-ci doit aussi les rendre ramonées en fin de jouissance, à moins qu'il ne prouve qu'elles ne lui aient pas été livrées ramonées à son entrée (Argentan, p. 58, Mortagne, p. 32, Domfront, p. 29, Alençon, p. 33).

En vertu de ce principe, admis très généralement en

---

(38) De 10 ans, dans l'arr. de Mortagne (sauf dans le canton de Bazoches-sur-Hoesne (Mortagne, p. 33).

(39) Dans tout l'arr. d'Alençon (Al, p. 33 dans les cantons d'Athis, de Messai, de Tinchebray, de Juvigny (Domfront, p. 31), d'Argentan, d'Écouché, de Mortrée, de Trun (Argentan, p. 61), de Nocé, de Pervenchères et de Bazoches (Mortagne, p. 34). — Dans le canton de Bazoches, le locataire n'est point tenu de cette obligation si la jouissance a été égale ou supérieure à 9 années (*ibid.*). Cette limitation, pour être unique, n'en semble d'ailleurs pas moins justifiée.

matière de réparations locatives, que le propriétaire doit « clos et couvert », il semblerait assez naturel d'admettre, avec les « Usages agricoles de l'arrond. de Caen » (p. 47), que « *l'entretien des couvertures en tuiles, en ardoises et en pailles est à la charge du propriétaire en l'absence d'une clause spéciale insérée dans le bail, imposant au fermier l'obligation d'entretenir les couvertures en bon état* », que « *si le bail porte que le fermier est tenu à l'entretien des couvertures en paille, il doit supporter les frais de main-d'œuvre* »: mais qu' « *il peut prendre la paille nécessaire aux dépens de la récolte* ». Cependant, ce principe n'est pas admis partout : parfois, en vertu de l'usage local même, et sans clause spéciale, le fermier est tenu de réparer les couvertures en paille : il peut d'ailleurs se servir de la paille de la récolte; il en est ainsi notamment dans les cantons de Laigle et de Bazoches (Mortagne, p. 35), de Briouze. (Argentan, p. 64), dans le canton de Courtomer (Alençon, p. 35), dans tous les cantons de l'arrondissement de Domfront (sauf celui de Flers) (Domfront, p. 33). Pour le canton de Courtomer, le recueil des usages locaux de l'arrondissement d'Alençon, p. 35, spécifie que le fermier n'est pas tenu au travail de réparation des couvertures (40). Le recueil des usages locaux de l'arrondissement de Domfront indique, d'autre part (p. 33), que « s'il s'agissait d'une réfection complète, elle incomberait au propriétaire ».

En ce qui concerne les *fosses d'aisances*, l'art. 1756 dispose que leur curement est à la charge du bailleur « s'il n'y a clause contraire ». Ce texte serait sans portée réelle s'il fallait l'interpréter en ce sens que l'usage pour-

____

(40) Si le fermier n'est pas tenu parfois du travail (et n'est pas tenu de le payer), c'est parce qu'il s'agit ici, moins d'une réparation locative (qui serait basée sur une faute du fermier), que d'une obligation spéciale de celui-ci, résultant des usages locaux obligatoires en tant qu'usages conventionnels.

3

rait y apporter aussi des dérogations; il aurait suffi en
effet de placer le curement des fosses d'aisances (et des
puits) dans la liste des travaux d'entretien qui, aux termes de l'art. 1754, sont déterminés par l'usage. La question cependant est douteuse. En tout cas, il semble qu'il
soit admis en pratique qu'il puisse en être autrement
pour les baux à ferme. C'est ainsi que d'après le recueil
des Usages agricoles de l'arrondissement de Caen (p. 47),
« l'usage met, dans les fermes, à la charge du fermier
sortant la vidange des fosses d'aisance, qui doit être ef-
fectuée pour le jour de la sortie ». Aux termes du recueil
des usages locaux de l'arrondissement de Domfront (p.
31), « dans les fermes où il n'existe pas ordinairement de
fosse d'aisances, c'est au fermier qu'incombe le soin de
nettoyer l'endroit réservé ». Bien entendu, et quoique en
ce qui concerne la vidange des fosses d'aisances, elle doive être faite en principe, d'après la loi, par les soins et
aux frais du propriétaire, cependant, le locataire resterait responsable de ses fautes et abus de jouissance, notamment s'il jetait dans la fosse des objets étrangers ou
des eaux de toilette ou de vaisselle (à moins, naturellement, que les règlements administratifs locaux ne l'y obligent) (Usages locaux de l'Orne : Domfront, p. 31, Mortagne, p. 35, Alençon, p. 34, Argentan, p. 69). — Il semblerait que les opérations de nettoyage des *tuyaux* des cabinets d'aisances devraient être de principe à la charge des
locataires, car il y a lieu de présumer que l'engorgement
desdits tuyaux provient de leur fait; et il en est ainsi dans
les cantons de l'arrondissement d'Argentan (p. 70, 21°) et
d'Alençon (p. 32, 20°) et dans la plupart des cantons de
l'arrondissement de Domfront (p. 30, 22°). Mais il en est
autrement dans certains cantons de l'arrondissement de
Domfront, notamment à La Ferté-Macé et dans les cantons du Mesle-sur-Sarthe (Alençon, p. 33) et de Putanges
(Argentan, p. 60).

PARAGRAPHE DEUXIÈME

BATIMENTS ET OBJETS MOBILIERS DIVERS D'EXPLOITATION.
PLANTATIONS

Dans l'Eure (*op. cit.*, art. 117), les locataires sont tenus des réparations *de menu entretien* à effectuer notamment :

« 1° aux aires et rabat-grains des granges; aux plan-
chers en bois ou parquets destinés au battage des graines
de trèfle, luzerne, colza, etc.

« 2° aux aires des *écuries, selleries, vacheries, bergeries;* aux mangeoires, râteliers et à leurs roulons; aux piliers, barreaux ou stalles posés pour séparer les chevaux
ou d'autres animaux (41); aux lits et aux bancs placés
pour les domestiques; aux établis, crochets et autres objets qui reçoivent les colliers et les harnais;

« 3° à l'aire du *four*, qu'elle soit en terre ou pavée, à
la chapelle ou voûte, à l'étoupail, au pétrin, aux paniers,
aux pelles, fourgons et autres ustensiles de boulangerie;

« 4° à la pile des *pressoirs*, à la meule, au tablier, à
la vis et à son écrou, au hec, au rouet, au levier, aux bro-
chaux, aux clés, au couteau, aux formes, au helon et aux
autres ustensiles;

« 5° aux chantiers des *caves et celliers*, lorsqu'ils sont
emmanchés, et aux *futailles* (42);

(41) Dans l'Orne (arr. d'Argentan (p. 58), de Domfront (p. 29),
d'Alençon (p. 31) et de Mortagne (p. 32), le locataire est également responsable des dégradations commises « aux piliers et planches posés pour la séparation des chevaux ou autres animaux.
On ne peut évidemment parler ici de présomption de faute du
locataire, que dans le sens où l'on en parle à propos de l'art.
1385 du Code Civil.

(42) Dans l'arr. de Caen (Usages agr. p. 48) « à défaut de stipulation contraire dans le bail, le fermier doit fournir et faire

« 6° aux boulins, paniers et échelle tournante du colombier ;

« 7° à l'aire et aux auges des *porcheries* ;

« 8° au crépis, du haut en bas, des murs intérieurs des *remises, chartils, hangars et bûchers* ;

« 9° aux perchoirs et aux paniers des *poulaillers* ;

« 10° aux tablettes de la *laiterie*, aux auges, aux triangles sur lesquelles on fait sécher les fromages ;

« 11° aux aires en terre des *greniers* servant aux grains et fourrages, aux perchaux (43) des greniers sans plancher ;

« 12° aux *treillages* des jardins placés le long et au-dessus des murs, pour attacher les arbres d'espalier et les vignes... Le remplacement des arbres et des arbustes morts par la faute du locataire est aussi à sa charge ». Même solution est admise en ce qui concerne les branches mortes de pommier, par les usages agricoles de l'arrondissement de Caen. En ce qui concerne spécialement les arbres à fruits, dans l'arrondissement de Caen (rec. cité, p. 54), « le fermier a l'obligation de soutenir les branches des pommiers et poiriers lorsqu'ils sont chargés de fruits, et ce sous peine de dommages-intérêts en cas de rupture de ces branches. Il fournit à cet effet les perches et apemployer à ses frais les cercles et l'osier nécessaires pour l'entretien des futailles. (Dans certaines parties du pays d'Auge, la main-d'œuvre seule incombe au fermier, ainsi que la fourniture de l'osier ; mais la fourniture des cercles est à la charge du propriétaire). S'il est utile de remplacer des douves et des pièces de fond, le propriétaire est tenu de les fournir au fermier. Celui-ci doit les frais de la main-d'œuvre d'emploi. A sa sortie, le fermier doit rendre les fûts rebattus à neuf, avec osiers neufs, pour que ces fûts soient bien étanches ; ils doivent en outre être exempts de mauvais goût ».

(43) « On appelle *perchaux*, des bois bruts, mobiles, occupant la place de solives, sur lesquels on tasse des pailles et des fourrages » (Eure, p. 74, note 1).

puis nécessaires. Si, lors de son entrée dans la ferme, le fermier sortant lui en a laissé, il doit, à sa sortie, en rendre un nombre égal en bon état, parce qu'il a dû lui-même, en coupant les haies, en réserver la quantité nécessaire pour remplacer les perches ou appuis mis hors de service... — Chaque année, le fermier est tenu de faire enlever le bois sec qui se trouve dans les arbres à fruit et d'enlever les branches qui poussent le long de l'arbre et qu'on nomme *pronins*; il est, en outre, obligé à la taille des arbres d'espalier et des quenouilles de jardin. Les branches de pommier cassées par le vent appartiennent au fermier; mais, si ces branches ont été cassées par la faute ou par la négligence du fermier, il y a lieu à indemnité. Les débris de bois sec et le gui provenant de l'épluchage des pommiers appartiennent au fermier qui fait entreprendre ce travail à ses frais; il peut faire couper à son profit les branches pendantes devenues nuisibles soit aux animaux, soit au labourage. Le fermier doit, tous les trois ans, lever les blêtres, c'est-à-dire le gazon, tout autour du pied des pommiers (opération désignée dans le pays d'Auge sous le nom de « serfouissage » ou « sarfouissage »), jusqu'à ce que ces arbres soient arrivés à toute leur croissance, sur une largeur de 40 à 50 centimètres, et cela dans le but de détruire les scions qui poussent. Ce travail doit être fait en novembre et décembre; on remet les blêtres à leur place au printemps. Le fermier doit embricoler ses bestiaux, afin qu'ils ne puissent atteindre aux branches des arbres. — Il est tenu de remplacer les pommiers qui meurent ou sont abattus par le vent, lorsqu'il en profite. » Cette dernière solution est aussi celle admise, en matière d'usufruit, par l'art. 594 du Code Civil (V. sur ce texte nos observations dans le chapitre 4). Ce n'est point celle admise, en général, dans l'Orne (V. Alençon, p. 47, Domfront, p. 62, Argentan, p. 90, Mortagne p. 45). Le propriétaire a généralement au moins le tronc. Dans le canton du Theil (Mortagne, p. 45), la question est tranchée en fait : « le propriétaire a tout, s'il remplace l'arbre mort, et le fermier également tout, s'il est tenu ou autorisé par le propriétaire à le remplacer ». Il semble assez juste qu' « ubi onus, ibi emolumentum ». — La seule question serait de savoir qui doit, dans le doute de l'usage ou du contrat, remplacer l'arbre mort.

Nous disons qu'il nous semble naturel, en matière d'usufruit, que ce soit l'usufruitier. La question se pose peut-être ici en d'autres termes. Le fermier sans doute a aussi un droit de jouissance. Mais ce n'est pas un droit réel. Nous sommes en réalité dans un cas de destruction partielle de la chose louée (destruction qui ne rendra pas en général la jouissance d'ensemble impossible). Il y aurait lieu, conformément à l'art. 1722, de décider que le fermier aurait en principe le droit de demander une diminution de prix, à moins que mieux n'aime *le bailleur* remplacer l'arbre en question.

PARAGRAPHE TROISIÈME. — *CHAMPS ET PRÉS*

Pour qu'un cultivateur soit considéré comme cultivant en bon père de famille, il faut qu'il *fume* ses terres, dans des proportions variables selon les lieux (44). Les engrais

(44) Dans l'arr. d'Argentan (Arg. p. 89), il faut qu'il mette environ 30 m³ de fumier par hectare, soit 30.000 kgs. Dans le canton de Carrouges, 60 mètres cubes de fumier par hectare de blé à ensemencer, ou comme équivalent 600 kilogr. d'engrais chimiques (Alençon, p. 45). Dans le canton de Sées, le fermier doit mettre 8.000 kgs de fumier par hectare ou 600 kgs d'engrais chimiques à l'automne, et 100 kgs de nitrate à l'hectare. Dans le canton du Mesle-sur-Sarthe, le fermier doit employer de 25 à 30.000 kgs de fumier pendant la durée de la sole, ou, annuellement, une moyenne de 500 kgs de superphosphate 14/16 et 100 kgs de nitrate de soude, selon la qualité des terres (Alençon, p. 46). Il convient

chimiques ne sont jamais considérés que comme un complément facultatif, dans les usages actuels.

Il est d'ailleurs très généralement admis qu'à moins bien entendu de convention contraire expresse, le fermier ne peut, aussi bien pendant le cours du bail qu'à sa sortie de ferme, distraire du fumier de la ferme, pas plus d'ailleurs que de paille ou de fourrage (45). Parfois cependant le fermier peut enlever la quantité de fumier qui excéderait celle que lui-même aurait reçue (46). La quantité de fumier qu'il doit laisser à sa sortie ne peut par ailleurs être inférieure à une certaine fraction des pailles et foins d'une année moyenne (47).

Le fermier doit étendre les *Taupinières* (48) et *Fourmilières* (49) et arracher les *Plantes nuisibles*, ou empêcher leur multiplication. D'après les « Usages agricoles de l'arrondissement de Caen » (p. 15), « les plantes reconnues comme étant le plus spécialement nuisibles aux terres de

d'ailleurs d'ajouter qu'aux termes mêmes des divers recueils d'usages, « il paraît difficile de fixer, même approximativement, les obligations des fermiers à cet égard, car elles reposent sur des éléments trop variables. En cas de différend les experts auront à se prononcer sur chaque cas spécial (Domfront, p. 60 ; cantons d'Alençon, p. 45 ; Cf. Mortagne, p. 43).

(45) Mortagne, p. 43 ; Domfront, p. 61 ; Alençon, p. 46 ; Argentan, p. 90 ; Caen, p. 21 et 38.

(46) Cant. de Briouze et d'Exmes (Arg., p. 90).

(47) C'est du moins ce qu'admet le rédacteur des usages locaux de l'arrondissement de Mortagne (Mortagne, p. 44).

(48) Domfront, p. 32, 5° ; — Mortagne, p. 34, 4° ; Pour l'arr. de Caen (usages agric. p. 50), il est spécifié que « le fermier doit faire prendre tous les ans les taupes et faire étendre les taupinières ».

(49) Mortagne, p. 34-4°. D'après les « Usages agricoles de l'arrondissement de Caen », p. 50, « chaque année, les fourmilières doivent être tournées et laissées le dessous en dessus pendant l'hiver. Le fermier sortant doit les ouvrir immédiatement avant sa sortie... »

labour, sont : le chiendent traçant, appelé aussi chiendent ordinaire et le chiendent à chapelet, les doches (50), et les chardons. Toutefois la présence de chardons ne peut donner lieu à indemnité que la dernière année de jouissance et dans le cas où le fermier sortant ne les a pas coupés avant leur floraison... L'existence des boutures du gui, et autres plantes parasites dans les arbres à fruit donne lieu à indemnité ».

Quand le bail est muet, le fermier peut-il mettre dans les herbages des chevaux, et dans quelle mesure ? Les règles rapportées ici sont nombreuses et contradictoires. Dans certains cantons (51), il semble que le fermier ne puisse, sans autorisation, mettre de chevaux dans les herbages loués. Dans d'autres il ne peut mettre que ceux nécessaires à l'exploitation de la ferme (52). Dans d'autres enfin, il peut mettre un certain nombre de chevaux quelconques (53), à raison d'en moyenne 1 cheval pour 5 hectares ou 8 bœufs, après la première herbe.

PARAGRAPHE QUATRIEME. — *CLOTURES*

D'une manière générale le fermier doit faire les réparations de menu entretien relatives aux clôtures des her-

(50) On appelle « doches », en Normandie, les plantes que les botanistes appellent « patiences » (genre Rumex).

(51) La Ferté-Macé (Domfront, p. 77); Briouze (Argentan, p. 112).

(52) Canton de Gacé (Argentan, p. 113).

(53) Par exemple, dans les cantons d'Alençon (Al., p. 62), on admet généralement la proportion d'un cheval par 5 hectares, et le pâturage va jusqu'à la Toussaint. Dans le canton de Carrouges, 3 chevaux sont admis pour 2 hectares, et 1 cheval par 5 bêtes à cornes (ibid.).

Par contre, partout, le fermier doit mettre un certain nombre de bestiaux dans les herbages; mais on peut considérer qu'il s'agit surtout par cette règle d'assurer le gage du propriétaire.

bages, prés ou terres de labour (Eure, art. 115, 17°; arr. Caen, 2ᵉ part., §§ 10, 11, 12, 13 et 14, p. 51 et suiv.; Alençon, p. 34; Argentan, p. 61; Mortagne, p. 34; Domfront, p. 32).

C'est ainsi qu'il doit maintenir les haies sans brèches (arr. Caen, p. 51), tondre une fois l'an les haies vives qu'il est dans l'usage de tailler (ibid, p. 53) et curer les fossés (ibid.). Il doit aussi entretenir les répares ou francs-bords en bon état (V. infrà, chap. 5ᵉ, sect. 5ᵃ, § 3).

Ici, comme toujours en matière de réparations locatives, le fermier ne sera pas tenu au cas de dégradations survenues par vétusté ou force majeure (art. 1755). C'est ainsi qu'il ne sera point tenu de remplacer les poteaux, lisses et fils de fer ou ronces artificielles lorsqu'ils seront usés (Domfront, p. 32, Mortagne, p. 34). Toutefois les usages lui imposent alors de mettre en place et édifier les clôtures qui lui sont fournies par le propriétaire en remplacement (ibid.).

PARAGRAPHE CINQUIÈME. — *CHEMINS D'EXPLOITATION*

Les Usages Agricoles de l'arrondissement de Caen contiennent, à cet objet, la disposition suivante (p. 49) : « le fermier est obligé d'entretenir en bon état les chemins ou chaussées servant à l'exploitation de la ferme; mais le propriétaire est tenu de payer les matériaux à employer, à défaut de leur existence sur la ferme ».

PARAGRAPHE SIXIÈME

COURS D'EAU, ABREUVOIRS, MARES, CANAUX, DIGUES, DRAINAGE

Ici comme ailleurs le locataire n'est tenu que des réparations de menu entretien, qu'il devra effectuer s'il n'en

tretient pas en bon état comme doit le faire un bon père
de famille.

Aux termes de l'art. 118 des usages locaux de l'Eure,
« Outre le curage des fossés et des rigoles d'arrosement,
le locataire est encore tenu aux curages et au faucardement prescrits par l'administration (54) des parties de
rivières, cours d'eau et canaux qui servent à l'irrigation
des prairies; aux réparations de menu entretien des chaussées, digues ou berges en terre, des barrages de retenue,
des esseaux de prise d'eau, des vannes, vannettes, portel-
les et portillons. Le locataire est tenu enfin de rechaus-
ser ceux de ces objets qui sont fixés au sol sans maçonnerie ».

Dans l'arrondissement de Mortagne (p. 34) le fermier,
qui doit curer les mares chaque fois que besoin est, doit
entretenir en bon état les saignées ou rigoles d'assainisse-
ment ou d'irrigation existant sur la propriété : il doit réparer et entretenir les pales pouvant exister sur les cours
d'eau, sans jamais être tenu de les refaire; il doit débou-
cher les drainages quand besoin est; il doit, avant son
départ de la ferme, étendre sur les champs les boues provenant des fossés et mares (Cf. Domfront, p. 32; dans cet
arrondissement, à sa sortie, le fermier n'est tenu qu'à mettre la boue en petits tas ou en tombe le long des fossés
ou des mares qu'il avait le droit de curer). Dans certains
cantons de l'arrondissement d'Argentan, le fermier ne cure
que les mares qui servent d'abreuvoirs et les boues peuvent être d'ailleurs laissées en tas (V. usages des cantons
de Mortrée et de la Ferté-Fresnel, Argentan, p. 62). — Le
curage est fait dans ce dernier canton à frais communs.
Dans l'arrondissement de Caen, « le curage des rivières
et des cours d'eau est fait aux frais des propriétaires; il

____

(54) Cet usage serait contraire au droit commun, d'après Vaudoré, op. cit., V° ferme-fermier, n° 65.

n'en est pas de même du fauchage des herbes de la rivière, à moins d'une stipulation contraire » (p. 49). D'ailleurs l'entretien des pierrées, du drainage et autres travaux analogues, n'est pas à la charge du fermier, à moins
de conventions spéciales (p. 50).

PARAGRAPHE SEPTIÈME. — *MOULINS*

Les moulins sont loués « à la prisée », ou sans prisée.

Dans le premier cas, qui semble encore la règle, dans
l'Orne du moins (V. Mortagne, p. 36), il est fait, lors de
l'entrée en jouissance, la prisée de tout le mécanisme et
des objets accessoires. A la fin du bail, il y aura lieu à
une nouvelle prisée. Le locataire devra, ou recevra, la
différence d'estimation (et devra, en tout cas, bien entendu, rendre le matériel). Il est généralement admis, afin
d'éviter une augmentation trop grande de plus-value, que
le locataire ne peut, en cours du bail, rien ajouter aux
objets et mécanismes; il ne peut que remplacer ce qui est
usé, par des objets identiques, autant que possible (Domfront p. 35; Mortagne (55), p. 36).

En somme, et contrairement au droit commun de l'art.
1755, « la location à la prisée n'oblige pas seulement le
locataire aux menues réparations des mouvants et tour-
nants; elle l'oblige encore aux autres réparations d'entretien et au remplacement des objets qui sont endommagés
ou détruits par la vétusté et l'usage » [Eure, art. 121 (56)].

(55) Sauf cantons de Laigle, Longny et Moulins-la-Marche, où
il n'y a pas d'usage. — Bien entendu, le propriétaire serait obligé
à la plus-value s'il avait consenti au changement effectué (V. Alençon, p. 36).

(56) Dans le cant. du Mesle-sur-Sarthe (Alençon, p. 35), il est
admis que « la réparation... de la roue des moulins regarde le
propriétaire; le reste du mécanisme regarde le locataire, à moins

D'ailleurs, le locataire ne devient pas responsable des dégradations causées par une force majeure (ibid.) (57).

Dans le second cas, c'est-à-dire quand les moulins sont loués sans prisée, « les locataires ne sont obligés qu'aux réparations de menu entretien à faire aux aubes, coyeaux, chevilles du grand et du petit rouet, à la lanterne, aux fuseaux, aux pointes de fer, aux marteaux à rhabiller, à la corde sans fin, aux bluteaux, au fléau, à ses cordes, plateaux et poids, aux pinces en fer » (Eure, art. 123).

PARAGRAPHE HUITIEME

USINES, FABRIQUES, ATELIERS ET FOURS

Les machines des filatures, fabriques ou ateliers doivent être rendues marchant et fonctionnant. Pour les filatures, les réparations locatives comprennent aussi le curage et le faucardement des rivières et des canaux, au-dessus et au-dessous de la roue ou volée. — Le curage et le faucardement, l'entretien des berges en terre, sont une obligation, pour les locataires de toutes usines mues par une chute (Eure, art. 119 et 126).

Le locataire serait tenu des réparations occasionnées même par usage ou vétusté (Eure, art. 128).

Pour l'arrondissement de Lisieux, la Cour de Caen (C.

toutefois que le mécanisme et les meules viennent à être cassés ; dans ce cas, cette grosse réparation ou ce remplacement regarde le propriétaire ».

(57) Les usages sont analogues pour les moulins à foulon, les moulins à tan, ou à huile (V. Eure, art. 124 et 125). La Cour de Caen, 7 avril 1869, Lesueur, Rec. Caen, 1869, p. 231, a jugé que la prisée qui met le mécanisme à la charge du locataire et lui en laisse la disposition, sauf à en régler à la fin du bail la plus ou moins-value, ne déroge pas aux principes généraux du contrat de louage).

de Caen, 8 août 1873, Thouet contre Lebreton, Rec. Caen,
1874, p. 33), a jugé qu'en ce qui concerne les roues hydrauliques des usines, l'usage constaté par les experts,
dans l'arrondissement de Lisieux, est que l'entretien et
le remplacement des coyeaux et boulons est une réparation
locative. « Notre arrêt », dit M. Léon Lechevalier, en
note dans le Rec. de Caen, « ... proclame, d'après l'usage
et la loi, les différentes réparations que peuvent nécessiter
les roues hydrauliques et qui sont à la charge du locataire. Elles consistent dans le remplacement des pièces,
secondaires en elles-mêmes, de ces sortes de roues, mais
des pièces qui ont d'autant plus besoin d'être maintenues
en bon état constant de réparation, qu'elles sont plus fréquemment appelées, eu égard à leur nombre et à leur
faiblesse individuelle, à se détériorer, tout au moins à se
désagréger. On conçoit que, pour ces nombreux détails, la
loi s'en réfère à la vigilance quotidienne du locataire qui
est seul en mesure de surveiller l'ensemble de ce mécanisme. La solution adoptée par la Cour est d'ailleurs conforme à une pratique ancienne : c'était celle qui était
suivie dans le ressort de la Coutume de Paris, dont les
usages, en l'absence de textes contraires, avaient comme
on le sait force de loi. C'est ce que nous apprend Lepage,
sur Desgodets, t. 3, p. 162 ».

PARAGRAPHE NEUVIÈME

CAS OÙ IL Y A PLUSIEURS LOCATAIRES

Quand il y a plusieurs locataires, à qui incomberont les
réparations locatives ?

Contrairement à ce qu'on pourrait d'abord penser, certaines réparations « locatives » tombent alors à la charge
du propriétaire : ce sont celles relatives aux objets ser-

vant à l'usage commun, tels que l'escalier, les cours ou passages communs, la pompe commune (58).

Bien entendu, il n'en est ainsi qu'à défaut, par le propriétaire, *d'établir* la faute d'un locataire, ou de plusieurs.

La charge de balayage de rue, est en général imposée par l'usage au locataire du rez-de-chaussée (59). Parfois cependant elle incombe au propriétaire (60).

REMARQUE GÉNÉRALE

Il doit rester bien entendu que nous n'avons nullement eu la prétention d'énumérer tous les cas de réparations locatives admis par l'usage en Normandie.

Comme les rédacteurs des Usages locaux du département de l'Eure (p. 82, note 1), nous dirons d'une manière générale, et en principe, que : « il y a lieu à réparation locative, toutes les fois que la dégradation est présumée provenir de la faute ou de la négligence du preneur, à moins qu'il ne prouve que la chose a été endommagée ou détruite par suite de vétusté ou de force majeure. A défaut de cette preuve, la loi et l'usage mettent ces réparations à la charge du locataire ».

Il y a lieu par ailleurs d'ajouter que, dans tous les cas où les usages sont muets, on aura à se reporter à ceux

(58) Alençon, p. 34 ; Domfront, p. 31 ; Argentan, p. 63 ; Mortagne, p. 35.

(59) Alençon, p. 34 ; cantons d'Argentan, Briouze, La Ferté-Fresnel, Gacé, Putanges et Vimoutiers (Argentan, p. 63) ; cantons du Theil, de Laigle, de Longny et de Bazoches-sur-Hoesne (Mortagne, p. 63) ; et aussi, « en général ». Domfront (D., p. 31).

(60) Cantons de l'arr. de Mortagne autres que ceux du Theil, de Laigle, de Longny et de Bazoches, not. cant. de Mortagne, où il n'y a pas d'usage établi (Mortagne, p. 35) ; cant. d'Écouché, d'Exmes, du Merlerault, de Mortrée, et de Trun (où il n'y a pas d'usage constant) (Argentan, p. 63).

admis pour la coutume de Paris : « en effet », a dit Vaudoré (op. cit., avant-propos), « les lois et les règles de la juridiction des tribunaux de paix », n° 46, subdivision n° 49), « ils forment droit commun », et « on les observe en Normandie ». L'exposé de ces usages, d'ailleurs bien connus, nous entraînerait trop loin.

SECTION TROISIÈME

DÉLAIS DE CONGÉ (art. 1736, 1738, 1759, 1748, 1762)

———

Les *délais de congé* pour les baux de maisons à durée indéterminée varient selon l'usage des lieux. Aux termes de l'art. *1736* du Code Civil, qui bien que compris dans la section, intitulée « *Des règles communes aux baux des maisons et des biens ruraux* », ne s'applique point, admet-on, aux biens ruraux, « si le bail a été fait sans écrit » (c'est-à-dire, admet-on, est « de durée indéterminée »), « l'une des parties ne pourra donner congé à l'autre qu'en observant les délais fixés *par l'usage des lieux* ».

L'art. *1738*, pour la *tacite reconduction*, renvoie à ce texte : « si, à l'expiration des baux écrits, le preneur reste et est laissé en possession, il s'opère » (c'est la « tacite reconduction ») « un nouveau bail *dont l'effet est réglé par l'article relatif aux locations faites sans écrit* » (c'est-à-dire par l'art. 1736).

De même, d'après l'art. *1759*, « si le locataire d'une maison ou d'un appartement continue sa jouissance après l'expiration du bail par écrit, sans opposition de la part du bailleur, il sera censé les occuper aux mêmes conditions pour le terme fixé par l'usage des lieux, et ne pourra plus en sortir ni en être expulsé qu'après un congé donné *suivant le délai fixé par l'usage des lieux* ».

Les art. 1748 et 1762, pour les *expulsions*, renvoient aussi aux délais de congé :

Art. 1748 : « L'acquéreur qui veut user de la faculté réservée par le bail d'expulser le fermier ou locataire en cas de vente, est, en outre, tenu d'avertir le locataire *au temps d'avance usité dans le lieu pour les congés* »;

Art. 1762 : « S'il a été convenu dans le contrat de louage que le bailleur pourrait venir occuper la maison, il est tenu de signifier d'avance un congé *aux époques déterminées par l'usage des lieux* ».

L'intérêt de la détermination du délai de congé par les usages est donc multiple.

— Quels sont les usages normands ? (61).

On a dit parfois qu'en Normandie le congé était de six mois pour les corps de logis en entier et parfois pour les parties de maisons, et que, dans le ressort de la Cour de Caen, les congés étaient d'un an pour les hôtels et les maisons de pareille importance, de six mois pour les maisons moins considérables, mais ayant cave et grenier, et de trois mois pour celles qui n'en ont pas (62).

Mais comme l'a fait remarquer M° Guillouard (Tr. du contrat de louage, t. II, n° 500, p. 53), « ces usages sont loin de régner dans toute l'étendue du ressort de la Cour ».

Le délai de congé varie de un jour (63) à un an.

---

(61) Bibliographie : Guillouard, Tr. du contr. de Louage, 3° éd., n° 500; — Pannier « Les ruines de la Coutume de Normandie... », v° Location-Congé; Usages agricoles de l'arrondissement de Caen, p. 66, Chauvin, Recueil des us et coutumes des neuf cantons de l'arr. de Caen, 1890; Mouchel, op. cit., p. 264; Eure, art. 107, p. 65, Orne, chap. VI; Rec. Caen, passim.

(62) Vaudoré, op. cit., v° congés, n° 3-13°. Cet auteur invoque des jugements du trib. de Caen des 21 mars 1826 et 7 avril 1829. Sic, pour le canton de Creully, Chauvin, op. cit., p. 4.

(63) Pour le département de la Manche, M. Mouchel, op. cit., p. 265, écrit que « pour les fonctionnaires et militaires de tout grade, en cas de départ pour ordre de service », ils « ne payent

Sans avoir la prétention d'être complet, on peut par ordre de matières, dresser le tableau suivant :

A. — HOTELS ET MAISONS IMPORTANTES.

a). — Le délai de congé peut être fixé *arbitrairement* :

A trois mois (cantons de Séez, de Bazoches-sur-Hoesne, de Tourouvre);

A six mois (canton de Carrouges, arrondissement de Mortagne en général);

A une année complète : dans le canton de Douvres (usage maintenu en dépit de certaines résistances (64)) ainsi que dans les cantons de La Ferté-Fresnel, d'Exmes, de Gacé.

b). — Le plus souvent le délai *varie* en proportion : soit du prix du loyer, soit de certains éléments tels qu'une cave, un grenier, un jardin, un étage, le nombre de pièces, éléments qui peuvent être d'ailleurs plus ou moins combinés.

1° Le délai est fixe en proportion du prix de location : dans les cantons du Theil (au-dessus de 500 fr., congé d'un an), de Nocé (au-dessus de 300 fr., congé d'un an), de Tinchebray (même règle), de Flers (au-dessous de 600 fr., congé de six mois); de Domfront (même délai en-dessous de

leur loyer que jusqu'au jour de leur départ, à la condition qu'ils avertissent aussitôt qu'ils ont leur ordre (P. V. des Commissions) ». V. cep. sur la non-application de cet usage à un fonctionnaire de l'Administration des postes de La Haye-Pesnel Civ. Cass. 28 juill. 1908, Rec. Caen, 1908. 232, arrêt qui a cassé un jugement d'Avranches du 15 juill. 1904, qui se basait sur les règles admises pour les employés de la Cie des Chem. de fer de l'Ouest, alors qu'il reconnaissait que le locataire n'était pas au service de cette compagnie.

(64) D'après les Usages agricoles de l'arr. de Caen, p. 67, le délai pour ce canton serait de un an pour maison « avec jardin ou jardin seul ».

300 fr.); de La Ferté-Macé (même délai au-dessus de 200 fr.); de Juvigny-sous-Andaine (même délai au-dessus de 100 fr.).

2° On se base sur l'absence ou la présence de jardins dans le département de l'Eure pour les communes rurales et les hameaux dépendant des villes et bourgs (à l'exception des cantons d'Évreux, Fleury-sur-Andelle, Gaillon, Louviers, Pacy, Pont-de-l'Arche, Thiberville et Vernon); et dans les cantons d'Écouché, de La Ferté-Fresnel, de Mortrée, de Trun, d'Athis et de Passais. (Dans ces divers lieux le délai est de trois mois sans jardin et de six mois avec jardin.)

On se base encore sur l'absence ou la présence de jardins dans les cantons de Tilly, de Troarn, de Villers-Bocage. Dans ces trois cantons de l'arrondissement de Caen, le délai de congé est encore de 3 mois pour les maisons sans jardin et de 6 mois pour les maisons avec jardin (Usages agricoles, arr. Caen, p. 57; Chauvin, op. cit., p. 6, 5 et 8). Dans le premier et le dernier « la date de la sortie doit coïncider avec celle de l'entrée; la signification ne peut être faite que pour une époque correspondant à celle de l'entrée » (Usages agric. Caen, 67).

3° On semble se baser sur le fait que la maison n'a ou n'a pas d'étages dans le canton de Bourguébus (3 mois sans étage, « même avec cave et petit jardin », 6 mois avec étage, Usag. agric. arr. Caen, p. 66). — Cf. Chauvin, p. 7 (D'après cet auteur quand un locataire dans ce canton occuperait « une partie de maison » ou « une maison avec cave ou grange », le congé devrait être donné 6 mois à l'avance).

4° On semble se baser sur la composition du logement notamment à Caen et dans l'Eure.

Dans l'Eure, le délai de congé des baux de *maisons entières*, avec ou sans jardin, dans les villes et bourgs (la règle est différente pour les communes rurales et les ha-

meaux dépendant des villes et bourgs), est de 6 mois.
Le même délai devrait être observé pour les baux de
parties de maisons avec jardin dans les cantons de Bernay,
Conches, Evreux, Gisors, Gaillon, Louviers, Lyons, Pont-
Audemer, Pont-de-l'Arche et Thiberville. (Dans les autres
cantons le délai serait de 3 mois pour ces derniers baux.
Et le même délai de 3 mois est observé en général dans ce
département pour les parties de maison louées sans jardin.)

En ce qui concerne la *ville de Caen*, les renseignements
fournis par les divers recueils sont quelque peu contradictoires.

Si nous nous en tenons à la jurisprudence, nous cons-
taterons qu'il a été décidé pour le canton Est (M. Leber-
ton, juge de Paix) jugement du 13 août 1903, Veuve Grim-
bert contre Demoiselle Lebosse, Rec. Caen. 1905, 196,
note conforme (V. aussi en ce sens l sages agric. de l'arr.
de Caen, p. 66) que suivant la pratique « le délai pour la
signification des congés à Caen est ainsi fixé : « un an
pour une maison entière, avec ou sans jardin; six mois
pour une partie de maison avec cave et grenier, et trois
mois seulement pour un appartement d'une ou deux pièces
avec ou sans caveau ». Selon le même jugement, « le caveau se distingue de la cave en ce que le caveau ne peut
contenir que la provision pendant trois mois environ du
cidre nécessaire à un ménage ordinaire, tandis que la
cave permet de resserrer la même provision pendant un
temps beaucoup plus long ».

Cependant il a été jugé (trib. civ. Caen, 3 août 1876,
Demoiselle Mannoury contre Bacot, Rec. Caen, 1876, 213,
note Léon Lechevalier) que le délai du congé pour une
maison *entière* est à Caen de *six mois* et qu'un jardin an-
nexe à la maison ne prolonge pas le délai du congé, si,
par suite de son exiguïté, le jardin ne peut constituer une
jouissance fructifère : le jardin, en ce cas, doit être con-

sidéré comme l'accessoire de la maison. Cette maison, qui était sise rue Froide, consistait en boutique, chambres, grenier, cave (et petit jardin).

Selon Léon Lechevalier (note sous ce jugement) les règles à suivre à Caen, d'après les usages, en ce qui concerne les congés, seraient les suivantes :

« 1° Les congés ne peuvent être donnés que pour un des termes en usage de la ville de Caen; ces termes sont les jours Marchèque (25 mars), Saint-Jean, Saint-Michel et Noël de chaque année;

« 2° Trois mois suffisent lorsqu'il y a chambre, cabinet, salle, cuisine, loués ensemble ou séparément. — Le délai est-il le même lorsqu'il s'y joint un *grenier* ? — Sur ce point, opinion différente : les uns pensent que, dans ce cas, le congé est de six mois. Les autres pensent que l'existence d'un grenier ne doit pas allonger le délai du congé. Le Tribunal de Caen continue donc à décider que, pour cette hypothèse, le délai du congé reste fixe à trois mois. Ceci doit s'entendre d'une manière raisonnable : car, si un grenier n'était pas donné à bail comme accessoire d'une location, mais comme objet principal, il conviendrait de consulter les circonstances et la commune intention des parties. Ainsi pas de doute, si un grenier était loué à un individu qui, par état, doit faire des approvisionnements considérables, à un hôtelier ou aubergiste, le congé ne serait plus de trois mois, mais il devrait être signifié un an d'avance (65).

(65) Dans une note anonyme sous le jugement de paix précité du 13 août 1903 (Rec. C. 1903. 196), on signale une « erreur matérielle » qui existerait dans la note ci-dessus « Il y est dit, à reprises différentes, que le délai du congé pour une maison avec grenier est de 3 mois. C'est évidemment six mois qu'il faut lire; il suffit d'ailleurs sur ce point de se reporter aux termes mêmes du jugement ». Nous ne savons trop quelle est la bonne, de la note de M. Lechevalier, ou de la note rectificative de 1905. Il

« *Le congé est de six mois* quand il y a cave et boutique.

« Que faut-il décider quand un *jardin* est compris dans la location ? On distingue s'il est de pur agrément ou si ses produits sont d'une faible importance par rapport au surplus des objets loués; il en est réputé l'accessoire et son existence ne change pas le délai du congé exigé pour l'objet principal. C'est ce qu'a décidé le jugement que nous rapportons ci-dessus. Si, au contraire, il est d'une importance telle que ses produits ont dû être pris en sérieuse considération, lors du bail verbal, le congé ne peut être donné pour le tout qu'un an d'avance.

« Il est également *d'un an pour les maisons complètes avec écuries et remises.*

« 3° Pour les *hangars, chantiers, terrains servant de lieux de dépôt,* le congé est de six mois; il est d'un an pour les *granges; encore ne peut-il être donné que pour la Saint-Jean* ».

B. — Maisons de commerce et d'industrie et spécialement hauts-fourneaux, tanneries et moulins.

A raison de leur importance et de la nécessité où sont les commerçants et industriels de ne point trop brusquement changer de logement, les maisons de commerce ou d'industrie jouissent en général d'un délai plus long que les maisons ordinaires.

a) Maisons de commerce ou usines en général.

Dans l'arrondissement de Domfront, les maisons de commerce jouissent d'un délai de congé de six mois au

faut avouer que si on remplace dans le texte de la note ci-dessus transcrite « 3 mois » par « 6 mois », la discussion qui y est contenue n'est plus guère compréhensible. D'ailleurs le jugement ne tranche nullement la question (et M. Lechevalier ne dit pas que le jugement rapporté, la tranche).

moins. Le même délai est observé dans les cantons d'É-couché, de Gacé, de Mortrée, de La Ferté-Fresnel, de Briouze; et, pour les usines, dans les cantons de Bellême, de Regmalard, de Laigle et du Theil, ainsi que dans tout le département de l'Eure, exception étant faite pour les cantons de Routot et de Pont-Audemer, pour lesquels le délai n'est que de trois mois. Le délai n'est aussi que de 3 mois pour les usines, dans les cantons de Bazoches-sur-Hoesne et de Tourouvre.

Le délai est d'un an dans le canton de Courtomer pour les maisons de commerce et les usines; d'un an pour les usines dans les cantons de Mortagne, Moulins-la-Marche, Pervenchères, Longny, Nocé.

Cependant, comme il y a des maisons de commerce fort peu importantes, on exige parfois, pour qu'elles bénéficient d'un délai plus long, qu'il s'agisse de maison de commerce ou industrie astreinte à patente (Mortagne : délai de 6 mois en général), ou ayant un loyer supérieur à 200 francs (canton de La Ferté-Macé : délai de 6 mois).

En ce qui concerne la ville de Caen, il a été jugé qu'en l'absence de tout usage établi à Caen le juge doit se déterminer selon les circonstances (66).

(66) « Attendu qu'en l'absence de tout usage établi à Caen pour la durée du bail et pour le délai de congé d'une boutique, le juge doit se déterminer à cet égard d'après le plus ou moins de difficulté qu'il doit y avoir, soit pour le locataire à trouver un logement, soit pour le propriétaire à trouver un locataire, à raison de la nature et de l'importance des lieux; attendu qu'à Paris et dans beaucoup de localités, si le bail a pour objet une boutique située dans la rue, le délai est de six mois, quel que soit le prix du bail; att. que le petit commerce de Léonec l'oblige à avoir une petite boutique au rez-de-chaussée avec accès sur la rue, dans un quartier fréquenté et d'un prix peu élevé; att. que les locaux qui remplissent toutes ces conditions sont extrêmement rares à Caen et difficiles à trouver; qu'il y a lieu, dès lors, de

b) Moulins.

Dans l'Eure, — sauf dans les cantons de Routot et de Pont-Audemer, où le délai est de 3 mois, — le délai de congé est de six mois pour les moulins à blé, mûs par l'eau ou le vent, les moulins à tan et à huile.

Dans la Manche (Mouchel, *op. cit.*, p. 265) le congé doit être donné pour les moulins « le 22 avril au plus tard (Procès-verbal des Commissions). »

c) Tanneries.

Aucun usage particulier ne semble exister dans l'arrondissement de Caen, non plus que dans l'Orne ou la Manche.

Dans le département de l'Eure, le délai de congé pour les tanneries est d'un *an*, excepté pour le canton de Pont-Audemer, où ledit délai n'est que de six mois.

d) Hauts-fourneaux, fours et forges.

Dans l'Eure, le délai de congé pour « hauts-fourneaux et forges » est de un an.

Dans le même département, ledit délai est de six mois pour les fours à briques, à chaux ou à plâtre.

C. — MAISONS ORDINAIRES (67).

a) Le délai peut être fixe.

La Cour de Caen (2ᵉ ch.) arrêt du 13 mars 1812 (inédit), a, entérinant le certificat d'un juge de paix et un acte de notoriété, reconnu que le délai de congé était d'un an dans le hameau de La Folie (commune de Saint-Contest).

decider que le congé est de six mois... » (J. de Paix, Caen-Ouest, 25 janv. 1910, M. Meignan, Rec. Caen, 1910, 89).

(67) Quelque invraisemblable que ce soit il est rapporté pour le canton du Mesle-sur-Sarthe qu'il n'y a pas d'usage pour les maisons.

Dans la Manche, le délai est, peut-on dire, de trois mois, sauf si l'expiration du bail doit avoir lieu à la Saint-Michel, auquel cas le congé doit être donné avant la Saint-Jean, c'est-à-dire au plus tard le 23 juin (Monchet, op. cit., p. 264). Ainsi, il a été jugé, en ce qui concerne spécialement l'arrondissement de Mortain, que « d'après les usages locaux de l'arrondissement de Mortain, le congé, dans le silence des contractants, doit être donné seulement 3 mois avant l'expiration de la jouissance ou d'une des périodes de jouissance » (C. Caen, 4° ch., 30 août 1881, Rec. Caen, 1881, 235) (68).

b) *Le délai peut aussi varier selon la qualité du locataire, selon l'époque des payements, selon la durée de la jouissance.*

1° *Le délai varie rarement selon la qualité du locataire.*

Nous avons déjà indiqué le délai suivi dans la Manche pour les logements en garni des fonctionnaires (suprà, p. 49, note 63).

Le recueil des usages locaux de l'arrondissement de Mortagne, dispose, p. 29, qu' « il n'est fait aucune distinction entre les personnes qui sont locataires et les délais pour donner congé sont les mêmes pour tous, même pour les fonctionnaires, sauf pourtant à Mortagne pour les employés de chemins de fer, qui ne sont tenus que de prévenir un mois d'avance pour les locations annuelles au-dessous de 150 francs, mais seulement lorsqu'ils quittent leur résidence pour aller exercer leurs fonctions ailleurs, et à Bellême où le délai de congé est de six mois

______

(68) Pour l'arrondissement d'Avranches, il semble que pour les baux de maisons entières prenant fin à la St-Michel, le congé doit être donné avant Pâques ou avant le 1ᵉʳ avril, selon que cette fête a lieu avant ou après cette date (Legrin, Usages d'Avranches, cité par M. Monchel, op. cit., p. 264, note 1).

aux personnes obligées, en raison de leur profession, à se loger dans la ville et qui, par conséquent, ont plus de difficultés à trouver un logement, telles que maîtres de pension, receveur des postes et d'enregistrement, percepteur, juge de paix ou tout autre fonctionnaire ».

D'ailleurs, un usage spécial à une catégorie de personnes ne devrait pas être étendu : « si les mots « usages des lieux » employés par l'art. 1736 précité peuvent, dit la Cour de Cassation, indépendamment des coutumes générales qui, dans un lieu déterminé, s'imposent à tous les habitants, s'entendre également d'usages spéciaux créés en vue de certaines personnes, ces derniers usages ne doivent être appliqués qu'aux cas intéressant lesdites personnes » (Civ. cass., 28 juillet 1908, Rec. Caen, 1908, p. 232).

2° Le délai de congé varie aussi *avec l'époque des payements* : dans le canton de Vimoutiers, le délai est de trois mois si le loyer est payable par trimestre et de six mois si le loyer est semestriel ou annuel.

3° Le délai de congé varie encore *selon la durée de la jouissance* : dans le canton de Putanges, le délai est de trois mois avant la fin du terme pour les locataires d'une année et de six mois avant la fin du terme pour les locataires de plus d'un an. Dans l'arrondissement de Mortagne, — exception faite pour le canton de Regmalard en ce qui concerne les chambres meublées (V. infrà), — le délai de congé est d'*un mois* pour les maisons louées moins d'un an; le délai est de 3 mois pour les maisons (autres que celles importantes) louées à l'année dans les cantons de Bazoches-sur-Hoesne, Laigle, Mortagne, Tourouvre et Moulins-la-Marche, et dans le canton de Carrouges. — En beaucoup d'endroits, les *locations au mois* jouissent d'un délai de congé de 15 jours (cantons de Creully, de Messei, de Briouze); ce délai est d'un mois dans le canton de

Carrouges (pour les locations au mois, adde infra, chambres meublées).

4° *Parfois*, il faut tenir compte de ce que *la sortie des lieux ne peut, en tout cas, s'effectuer qu'à une certaine date* ; c'est ainsi que dans le canton d'Évrecy le délai du congé est de « six mois dans tous les cas, mais la sortie doit toujours avoir lieu à la Saint-Michel (29 septembre); tout congé doit donc être donné avant le 25 mars » (Usages agric. de l'arr. de Caen, p. 67; *sic Chauvin*, p. 9).

Pour les baux de 3, 6 ou 9 années, le délai est, dans le canton de Creully, de six mois en principe, avant l'expiration de chaque période. (Il est de un an pour les fermes et maisons de commerce.) (Usages agric. arr. Caen, p. 66). Dans la Manche, chaque partie peut donner congé à l'autre la dernière année de chaque période triennale en l'avertissant dans les délais ordinaires (Mouchel, *op. cit.*, p. 265).

D. — Chambres et appartements meublés.

S'il fallait en croire Vaudoré (*op. cit.*, v° Congés, n° 13-13°), le délai de congé serait « de six semaines pour les locations de chambre ». — A la vérité, les usages varient beaucoup.

Le délai est de 8 jours dans le canton de La Ferté-Macé et, pour les seules chambres meublées, dans le canton de Flers (dans ce canton, le délai est d'un mois pour un appartement meublé).

Le délai de congé est de 15 jours pour chambres meublées dans le canton de Regmalard, et pour appartements meublés loués au mois dans le canton de Gacé. (Pour les appartements meublés loués au mois, on doit se reporter en général, et spécialement dans le canton de Messei, aux règles données supra, p. 58, in fine, pour les locations au mois.)

Le délai de congé est d'un mois pour « chambres meublées » dans le canton de Mortrée, et pour appartements et chambres meublés dans le canton de La Ferté-Fresnel.

Enfin le délai serait de 3 mois pour appartements ou chambres meublés dans le canton d'Exmes, et de 6 mois pour les appartements ou chambres meublés loués à l'année dans le canton de Gacé (Argentan, p. 54).

OBSERVATIONS GÉNÉRALES.

1° *Parfois il n'y a pas de délai du tout* : c'est ainsi que « dans les cantons d'Alençon, l'usage est consacré par la jurisprudence du Tribunal d'Alençon (jugements des 8 juill. 1811, 26 juin 1832 et 3 avr. 1837) qui décide que les baux sans écrit finissent de plein droit à l'expiration du terme pour lequel ils étaient censés avoir été faits, et qu'il n'y a pas obligation de donner congé » (Alençon, p. 28).

On peut se demander si un tel usage est légitime en présence des termes de l'art. 1736 (qui suppose un *délai* fixe par l'usage.

2° *Les délais de congé ci-dessus rapportés ne s'appliquent qu'aux baux à loyer.* En ce qui concerne les baux à ferme, le bail prend fin en principe par l'expiration du temps pour lequel il est censé fait (art. 1775). Nous examinerons plus loin quelle force il y a lieu d'attribuer aux usages existant en matière de congés pour les baux à ferme.

SECTION QUATRIÈME

DURÉE DES BAUX A LOYER (art. 1757 à 1759)

———

L'art. 1757, en ce qui concerne la durée du bail de meubles destinés à garnir un logement, renvoie à l'usage des lieux pour l'immeuble même qui doit être garni. L'art. 1758 en ce qui concerne la durée des baux des appartements meublés renvoie aussi à l'usage des lieux (69). Enfin l'art. 1759, rapporté supra (p. 48), fait de même en ce qui concerne la durée du bail qui se forme par tacite reconduction (70).

(69) Art. 1757 : « *Le bail des meubles fournis pour garnir une maison entière, un corps de logis entier, une boutique, ou tous autres appartements, est censé fait pour la durée ordinaire des baux de maison, corps de logis, boutiques ou autres appartements, selon l'usage des lieux* ». Art. 1758 : « *Le bail d'un appartement meublé est censé fait à l'année, quand il a été fait à tant par an ; Au mois quand il a été fait à tant par mois ; Au jour, quand il a été fait à tant par jour. — Si rien ne constate que le bail a été fait à tant par an, par mois ou par jour, la location est censée faite suivant l'usage des lieux* ».

Remarque relative à l'art. 1757. Comme le dit M. Mouchel (op. cit. p. 224), le bail des meubles destinés à garnir une maison, un appartement meublé, etc., sera réputé fait pour la durée ordinaire des baux de maisons, d'appartements meublés, etc., encore qu'en l'espèce le bail de la maison ou de l'appartement meublé considéré diffère, quant à sa durée, des usages ordinaires.

(70) Cela n'a pas empêché (au lendemain du Code, et conformément à une jurisprudence antérieure) la Cour de Caen de ju-

Quelle est donc la durée des divers baux à loyer en
Normandie d'après l'usage ? (71).

PARAGRAPHE PREMIER

MAISONS NON MEUBLÉES DE PLUS D'UNE PIÈCE

D'après Houard (Dictionn. de Dr. Normand, t. 3, p.
182), le locataire est présumé avoir pris *pour un an* la
maison qu'il occupe : « De droit, dit-il, tout bail verbal
pour les biens de ville est d'une année » (Sic, Vaultier,
op. cit., v° Congés, n° 13-13°).

A. — Tel est encore aujourd'hui l'usage normand, *du
moins dans l'Orne, l'Eure et la Manche.*

Quelques observations doivent cependant être faites
relativement à ces trois départements :

1° Dans l'Eure, la durée de la location d'une maison
sans jardin, d'un rez-de-chaussée ou d'un étage est de
trois mois dans les cantons de Bernay et de Fleury;

2° Dans la Manche, il faut tenir compte des dates de
sortie du bail : cette date étant ordinairement celle de la
St-Michel, « il s'ensuit que si j'entre en jouissance le 24
mai 1905, par exemple, le bail sera censé fait, tant pour
le temps qui reste à courir jusqu'à St-Michel 1905, que

ger que le bail verbal, fait à la suite d'un bail écrit, était réputé
fait *pour le même temps* et pour le même prix que l'ancien
(Caen, 2° ch. 20 fév. 1813, Massy, cité par de Guernon, Dictionn.
de la jurispr. de la C. royale de Caen, v° Louage, n° 7). La C. de
Caen a modifié depuis cette jurisprudence (V. infrà).

Sur la question de l'applicabilité de la tacite reconduction aux
baux de meubles (et dans le sens de l'inapplicabilité) v. Caen, 14
févr. 1905, Rec. C. 1906, p. 10.

(71) Bibliog. : Pannier, op. cit., v° Location, congé; Mouchel,
op. cit., p. 222 et s.; Orne, chap. VI, § 2; Usages de l'Eure, chap.
IX, sect. 1re, art. 77, p. 46.

pour celui qui courra depuis ce dernier terme jusqu'au jour St-Michel 1906 (Pothier, n° 29; Cherbourg, 23 nov. 1885) » (Mouchel, op. cit., p. 223);

3° Dans l'Orne, la location verbale qui commence entre les termes part du jour de l'entrée en jouissance dans les cantons de Carrouges, de Courtomer, de Sées; d'Argentan, de Briouze, d'Écouché, de Mortrée, de Putanges et de Trun; mais elle est rapportée comme partant du terme le plus rapproché dans les cantons d'Alençon (sauf jugement contraire du trib. d'Alençon du 19 juin 1894), et du terme précédent dans le canton de Mêsle-sur-Sarthe, ainsi que, généralement, dans le canton de Vimoutiers (où il finirait à Noël). Il n'y aurait point d'usage pour les locations faites entre les termes d'usage dans les cantons de Gacé et du Merlerault ; le délai d'un an partira du jour de l'entrée en jouissance selon le dicton populaire « la clef porte un an » (Argentan, p. 48).

B. — Dans le Ressort de la Cour de Caen donc, notamment, dans l'*Arrondissement de Caen*, à en croire Vaudoré la durée des baux serait d'une année pour les hôtels ou maisons de pareille importance, de six mois pour les maisons moins considérables, mais avec cave et grenier, et de trois mois pour les logements sans cave ni grenier.

Mais peut-être n'y-a-t-il pas lieu d'attacher à cette opinion une trop grande autorité car les usages sont rapportés comme contraires (et d'une année en principe), ainsi que nous venons de le dire, dans les départements notamment de l'Orne et de la Manche, où la règle exposée par Vaudoré devrait également s'appliquer.

PARAGRAPHE DEUXIÈME

CHAMBRES ET APPARTEMENTS MEUBLÉS. — CHAMBRES SEULES NON MEUBLÉES

a) *Généralement, les « garnis » composés d'une ou plusieurs pièces, sont réputés loués pour un mois.* Telle est la règle effectivement suivie : dans la Manche, dans l'Eure, sauf pour les cantons de Bourgtheroulde, de Pont-de-l'Arche et de Routot, où la durée du bail verbal d'une chambre garnie serait de un an (72); dans les arrondissements d'Alençon, de Domfront, dans l'arrondissement de Mortagne en général, et, en ce qui concerne l'arrondissement d'Argentan, dans les cantons de La Ferté-Fresnel, de Putanges, de Vimoutiers, et, semble-t-il de Mortrée et de Briouze.

La durée de la location verbale d'un garni est d'*une année* dans les cantons sus-indiqués du département de l'Eure et dans les cantons suivants de l'arrondissement de Mortagne : Moulins-la-Marche et Bazoches-sur-Hoesne, ainsi que dans le canton d'Exmes (arrondissement d'Argentan). Il est rapporté, dans les Usages locaux de l'arrondissement d'Argentan (p. 10), que le temps de location est de un an pour « un appartement meublé composé de plusieurs pièces non meublées », c'est-à-dire vraisemblablement pour un appartement dont certaines pièces sont meublées et dont d'autres ne le sont pas.

Dans le canton de Regmalard, il semble que la durée d'usage de location d'un appartement meublé soit de *trois mois* (arrondissement de Mortagne, p. 25).

(72) La durée de la location d'une chambre garnie, disent les usag. loc. de l'Eure (p. 48), « est d'un jour si la ch. garnie, dépendant d'une auberge ou d'une hôtellerie, est louée par un voyageur ».

Il n'y aurait point d'usages relativement aux chambres et appartements meublés dans les cantons d'Écouché (Argentan, p. 47) et de Trun (Argentan, p. 49).

b) Chambres seules non meublées.

Elles sont parfois rapprochées des chambres meublées et elles sont censées louées *au mois* (canton de Bernay (Eure, p. 48); arrondissement de Domfront (Domfront, p. 23); cantons de Briouze, de la Ferté-Fresnel, de Mortrée. Faisant la même présomption que celle édictée par l'art. 1758, l'usage du canton de Laigle dispose que la location des chambres non meublées est faite « au mois si le paiement du loyer est fait mensuellement » (Mortagne, p. 25).

Parfois aussi on les rapproche des maisons non meublées et on les répute en conséquence louées *pour un an*. Il en est ainsi dans l'Eure (art. 77, p. 46), réserve faite pour le canton de Bernay, dans les arrondissements d'Alençon (Alençon, p. 24) et Mortagne (Mortagne, p. 25), réserve faite pour le canton de Laigle; dans les cantons de Briouze, Écouché, Exmes, Gacé, Putanges, Trun (Argentan, p. 46 et suivantes).

PARAGRAPHE TROISIÈME

BATIMENTS ISOLÉS AUTRES QU'UNE CHAMBRE

D'après les usages locaux de l'Eure (art. 77, p. 47), « sont... censés faits *pour un an* les baux verbaux des granges, pressoirs, caves... écuries, remises, loués isolément (ou qui forment l'objet principal de la location) ».

D'après M. Mouchel (*op. cit.*, p. 225), les bâtiments détachés se louent également à l'année dans la Manche.

PARAGRAPHE QUATRIÈME

MAISONS DE COMMERCE, BOUTIQUES OU MAGASINS.
USINES, MOULINS

a) Maisons de commerce, boutiques ou magasins. — Ici encore le délai généralement suivi est d'*une année.* C'est celui suivi pour les « magasins et boutiques » dans l'Eure en général (Eure, p. 47), dans les arrondissements d'Alençon (Alençon, p. 24) et de Domfront (Domfront, p. 23), dans les cantons de Briouze (Argentan, p. 46), d'Écouché (Argentan, p. 47), de La Ferté-Fresnel (ibid.), de Gacé (Argentan, p. 48), du Merlerault (ibid.), de Putanges (Argentan, p. 49), et, pour les « boutiques » dans les cantons de Mortrée (Argentan, p. 48) et de Trun (Argentan, p. 49).

La durée de la location est de 3 ans dans le canton de Thiberville (Eure, p. 47), pour les maisons de commerce en gros ou en détail, les auberges, les maisons où sont établis un limonadier, un maître de pension, une entreprise de roulage, de messageries.

Elle est de 3, 6 ou 9 années pour les « boutiques et magasins » du canton de Mortagne.

b) Usines, Moulins. — Le délai ordinaire est ici encore d'*une année.* Il en est ainsi dans l'Eure (p. 47), pour les moulins à blé, à tan, à foulon, à huile; pour les ateliers, « usines, forges, hauts-fourneaux, papeteries, scieries, fours à briques, à chaux, à plâtre »; dans l'arrondissement de Mortagne pour les « usines sans exploitation agricole associée » (Mortagne, p. 25); dans les cantons de La Ferté-Fresnel et de Putanges (Argentan, p. 47 et 49) pour les « usines ».

Cependant, les usages donnent au bail verbal d'usines

une durée de 3 ans dans les cantons d'Alençon, de Carrouges et de Courtomer; pour les « ateliers et fabriques » dans les cantons de Thiberville et de Saint-André (Eure); pour les « tanneries » dans les cantons de Saint-André et d'Evreux.

Il n'y aurait point d'usages dans les autres cantons de l'arrondissement d'Alençon (Alençon, p. 25), non plus que dans les cantons de Brionze et d'Ecouché (Argentan, p. 16 et 17).

SECTION CINQUIÈME

DURÉE DES BAUX A FERME (art. 1774 à 1776)

———

Relativement à la durée des baux à ferme, le Code civil pose la règle suivante :

« *Art. 1774* : Le bail, sans écrit, d'un fonds rural, est censé fait *pour le temps qui est nécessaire afin que le preneur recueille tous les fruits de l'héritage affermé.* — Ainsi le bail à ferme d'un pré, d'une vigne, et de tout autre fonds dont les fruits se recueillent en entier dans le cours de l'année, est censé fait pour un an. — Le bail des terres labourables, lorsqu'elles se divisent par soles ou saisons, est censé fait pour autant d'années qu'il y a de soles ». — Disons tout de suite que l'assolement est le nombre minimum de soles, saisons ou années, nécessaires pour tirer parti du sol au moyen de récoltes, dans une exploitation normale (Cf. Vaudore, *op. cit.*, v° Assolement). Il résulte de l'art. 1774 que le bail d'une ferme sera censé fait pour la durée de l'assolement ainsi défini. Or l'assolement variera évidemment selon les lieux (selon le sol, les vents dominants, le régime des pluies, les cultures en usage, etc.). D'où une première question : quel est cet assolement en Normandie ?

L'art. 1775 ajoute que « le bail des héritages ruraux, quoique fait sans écrit, *cesse de plein droit à l'expiration du temps* pour lequel il est censé fait, selon l'article précédent » (73). Il n'y aurait donc pas besoin ici de congé. Seulement, un congé, donné dans un délai variable selon les lieux, est parfois exigé par l'usage; nous aurons, dans une seconde partie de cette section, à nous demander quelle est la portée de l'art. 1775 : si c'est un texte impératif ou simplement interprétatif de la volonté des co-contractants, et, par suite, conformément à la distinction faite suprà (Introduction), s'il faut suivre ce texte ou au contraire l'usage local.

Il faut ajouter que *l'art. 1776* prévoit pour les « baux écrits » la possibilité d'une *tacite reconduction*, et, en ce qui concerne *la durée du bail* qui se formera ainsi, décide naturellement que « si, à l'expiration des baux ruraux écrits, le preneur reste et est laissé en possession, il s'opère un nouveau bail *dont l'effet est réglé par l'art. 1774* » (74).

(73) Sic, Cour de Caen, 1re ch., 29 flor. an XII, Valsemey; 2 juill. 1806, Letourneur (De Guernon, Dictionn. précité, v° Louage, n° 62); 2e ch., 25 nov. 1865, Beaufils contre Gosselin et Lancé, Rec. Caen, 1866, 53.

(74) Nous avons déjà signalé que, d'après une jurisprudence très ancienne de la Cour de Caen, citée par M. de Guernon (Dictionn. v° Louage, n° 7) « le bail verbal qui fait suite à un bail écrit » serait « réputé fait pour le même temps que l'ancien ». Cette jurisprudence a été formellement condamnée par la Cour de Caen elle-même : arrêt de la même chambre, rendu sous la présidence de Blanche, le 11 mars 1880 (Saoul contre Gastebois, plaid. Mes Desruisseaux et Lanfranc de Panthou, Rec. Caen, 1880, 192, arrêt approuvé par l'annotateur du Recueil de Caen, Me Léon Lechevalier, qui le déclare « très juridique ». V. aussi Bruxelles, 25 juin 1817, D. Répert. v° Louage n° 834, note 2; Cf. Angers; 29 avr. 1808, qui confirme un jugement du trib. de Laval du 7 déc. 1807, intéressant en ce qui concerne les usages du Maine. (D. Répert. ibid., note 3); Paris, 15 déc. 1897, S. 99. 2. 293 et sur pourvoi, Req. 13 avr. 1899, D. 99. 1. 598, S. 1900. I. 17, note Esmein; Guillouard, Louage, 3e éd., t. I, n° 419; Aubry et Rau, 5e éd., t. 5, § 369, p. 356, texte et note 22 bis; Baudry-Lacanti-

PARAGRAPHE PREMIER

QUEL EST « LE TEMPS QUI EST NÉCESSAIRE AFIN QUE LE PRENEUR RECUEILLE TOUS LES FRUITS DE L'HÉRITAGE AFFERMÉ » ET SPÉCIALEMENT LE BAIL DES TERRES LABOURABLES, DOIT-IL ÊTRE DIVISÉ EN « SOLES » EN NORMANDIE ET QUEL EST LE NOMBRE DE CES SOLES? (75).

A. — TERRES LABOURABLES ET FERMES.

Un arrêt du Parlement de Rouen du 28 janvier 1701(76) avait décidé que « la tacite reconduction pour les fermes de la campagne est de *trois ans* en Normandie », et, d'après un autre arrêt du 1er juin 1742 (77), cette règle devoit être observée « même dans les endroits où les baux sont ordinairement de cinq ans ».

Actuellement, l'autorité du Parlement de Rouen n'est plus qu'une autorité morale et il convient de considérer uniquement, pour la question qui nous occupe, l'assolement des lieux.

En ce qui concerne l'*arrondissement de Caen*, nous avons trois témoignages concordants. D'après les « Usa-

nerie et Wahl, Tr. du Louage, 3e éd. t. 2, n° 1455 bis et n° 1456; Planiol, Tr. élém. dr. civ. 5e éd., t. 2. n° 1733.

(75) Bibliogr. Usages agric. arr. Caen, p. 13; Léon Lechevalier, note sous trib. civ. Caen, 3 août 1876, Rec. Caen, 1877, 313, 4° et 5°; Orne, chap. VI, § 2; Eure, chap. IX, p. 45; Mouchel, op. cit., p. 226 et suivantes.

(76) « Coutumes du pays et duché de Normandie, anciens ressorts et enclaves d'icelui, avec les édits, déclarations, arrêts et règlemens, tant du Conseil que de la Cour, corrigés de nouveau et augmentés jusqu'à présent... » à Rouen chez Richard Lallemont, imprimeur du Roi, 1764, p. 349.

(77) Ibid. V. ce deuxième arrêt analysé et discuté dans Planst. t. I, p. 646 et suivantes.

ges agricoles de l'arrondissement de Caen » (78), « généralement » l'assolement « est triennal ». D'après M. Léon Lechevalier (note sous Trib. Caen, 3 août 1876, Rec. C. 1876, 243, à la fin de la note) : « pour les terres de labour, on a toujours suivi l'arrêt du Règlement du 28 janvier 1704 d'après lequel le bail en Normandie est présumé fait pour trois ans; on sait qu'en se fondant sur les progrès de l'agriculture qui auraient fait disparaître les jachères et sur ce que l'assolement triennal serait devenu biennal, l'on avait essayé, notamment pour plusieurs communes voisines de la ville de Caen de faire décider que la jouissance d'une terre en labour se terminerait au bout de deux ans. Mais le Tribunal civil de Caen a pensé, et avec raison, selon nous, que l'on devait se conformer à l'ancien usage ».

Aujourd'hui même d'ailleurs, d'après M. le professeur d'agriculture Hédiard, « l'assolement en vigueur dans la plaine de Caen est composé d'une série de périodes triennales :

« Sainfoin, blé, avoine;

« Betteraves, blé, avoine;

« Fourrages annuels, blé, avoine;

« Mais le sainfoin est laissé en terre pendant 2 ou 3 ans ».

Dans l'*Eure*, l'assolement est de 2 ou 3 années; mais le bail doit être réputé fait pour 8 ou 9 ans si à la ferme ou aux labours s'adjoignent des bois-taillis exploités annuellement (Eure, p. 45).

Dans l'*Orne*, l'assolement est très généralement de trois années; il est de 4 années pour les fermes de plus de 25 hectares dans le canton de Bazoches-sur-Hoesne; de 5

(78) p. 13. Cependant pour les fermes composées d'herbages et de prés, « la durée des baux est d'une année » (même rec., p. 32). Cela d'ailleurs ne pouvait faire de doute : V. art. 1774, al. 2.

années dans les cantons de La Ferté-Macé, de Flers et de Domfront généralement; de 6 années dans le canton de Briouze. Il est signalé que la durée de la loctaion d'une ferme est de 3, 6 ou 9 ans dans les cantons de Gacé et du Merlerault. Les terres labourables détachées suivent très généralement dans l'Orne les périodes locatives admises pour les fermes (79).

Dans la *Manche*, l'assolement serait beaucoup plus variable : il serait de 3 ans dans les arrondissements de Cherbourg et de Valognes; de 4 ans dans l'arrondissement de Coutances et dans les communes de Saint-Eny, Raids, Auxais, Saint-Georges-de-Bohon, Auvers, Méautis, et Saint-André-de-Bohon, de même que dans l'arrondissement d'Avranches pour les parcelles détachées et les petites fermes jusqu'à 3 hectares (Mouchel, p. 227-228). Il est à noter cependant que dans une espèce dans laquelle la Cour de Caen a eu à statuer, une enquête a établi que dans la commune de Carnet (arrondissement d'Avranches), « les baux verbaux (de pièces de terre) sont réputés faits pour une période de trois ans » (80). L'assolement serait quinquennal dans les arrondissements

---

(79) Pour certains cantons tels que celui de Briouze (Argentan, p. 73), il est indiqué qu'il existe « une exception » à l'art. 1774, consistant « en ce que les pièces de terre détachées dites pièces « volantes » sont louées pour 3 ans, bien que l'assolement ordinaire dans le canton soit plus long (6 ans dans ce canton). — Il s'agit là d'un usage contraire à l'art. 1774. Faut-il l'admettre ? L'art. 1774 n'est peut-être pas un texte absolument impératif; le bail, dit-il, est « censé » fait. Le texte implique donc, semble-t-il, une présomption de volonté. L'usage contraire pourrait donc sembler parfaitement légal (V. suprà, introduction).

(80) « ...considérant, dit l'arrêt, qu'il résulte de l'enquête à laquelle il a été procédé que dans la commune de Carnet, où est située la pièce de terre louée à Beaufils, les baux verbaux sont réputés faits pour une période de 3 ans... » (C. Caen, 1re ch., 25 nov. 1865, Beaufils contre Gosselin et Lanoe, appel d'un jugement d'Avranches du 11 fév. 1865, Rec. Caen, 1866, p. 53).

d'Avranches (pour les fermes de 3 à 6 hectares), de Saint-Lô et de Mortain en général (Mouchel, *op. cit.*, p. 228). Toutefois, il est à noter ici encore que la Cour de Caen, à propos d'une propriété rurale située au village de La Renaudière (canton de Juvigny-le-Tertre), a décidé que la durée de location « en usage dans la contrée où l'immeuble » était « situé » était « une durée triennale » (81). L'assolement serait de six années dans quelques communes des cantons de Saint-Pois, Juvigny et Saint-Hilaire-du-Harcouët, ainsi que dans l'arrondissement d'Avranches pour les fermes de 6 à 20 hectares. Quelquefois même, pour les « très grandes fermes », dans l'arrondissement d'Avranches, l'assolement serait de sept années (Mouchel, *op. cit.*, p. 228-229).

B. — Jardins.

Les fruits d'un jardin peuvent, semble-t-il, se recueillir tous dans une année : il y aurait donc lieu d'appliquer ici la disposition de l'art. 1774, § 2. Aussi le Tribunal de Caen a-t-il décidé par de « nombreux jugements » et notamment par celui du 13 juillet 1852 (Robert contre Vimard) (82) que le bail d'un jardin devait être présumé fait pour un an. Cela est d'ailleurs conforme aux usages effectivement rapportés pour la Normandie (83).

(81) C. de Caen, 2ᵉ ch., 11 mars 1880, Saoul contre Gastebois (Rec. Caen, 1880, p. 303).

(82) Et non du 15 juillet 1857, comme l'écrit à tort M. Léon Lechevalier (note dans Rec. Caen, 1876, p. 413 ; 4°). « Attendu » dit le jugement (inédit) « que le sieur Robert jouissait verbalement d'un jardin appartenant au sieur Vimard... ; att. que le 7 janvier 1852 le sieur Vimard a intenté action en déguerpissement audit Robert et que son action a été rejetée par le juge de paix par le motif qu'il y avait eu tacite reconduction ; att. que le bail était fait sans écrit et *tous les fruits du jardin se recueillant dans l'année* la jouissance se terminait à Noël dernier... »

(83) Usages de l'Eure ; des arrondissements de Domfront et d'A-

On connaît la question qui a été posée relativement aux jardins qui produisent plus d'une récolte par an : peut-on admettre pour eux une durée de location moindre d'un an ? Pour la solution de cette question, qui sort du cadre normand que nous nous sommes tracé, V. not. D. Répert., v° Louage, n° 827; cf. Vaudoré, *op. cit.*, v° Jardin, n° 5.

PARAGRAPHE DEUXIÈME

QUELLE EST LA PORTÉE
DES CONGÉS DONNÉS EN CERTAINS LIEUX,
CONFORMÉMENT À L'USAGE, EN MATIÈRE DE BAUX A FERME?

D'après *l'art.* 1775 du Code Civil, le « bail des héritages ruraux, quoique fait sans écrit, cesse de *plein droit* à l'expiration du temps pour lequel il est censé fait... » Qu'est-ce à dire ? Si ce texte a une signification, c'est de dispenser des délais de congé pour lesquels l'art. 1736 (en ce qui concerne les baux à loyer) renvoie à l'usage des lieux. Il n'y aura donc pas besoin d'un congé *pour que le bail prenne fin* (Sic, Cour de Caen, 1re ch., 29 floréal an XII et 2 juillet 1806, Letourneur (de Guernon, Diction., v° Louage, n° 62; 2° ch., M. Daigremont-Saint-Manvieux, pr., 25 novembre 1865, Beaufils contre Gosselin et Lanne, Rec. Caen, 1866, p. 78; V. aussi D. Répert. Louage, n° 831; cf. Mouchel, *op. cit.*, p. 232; Domfront, p. 25; Mortagne, p. 28).

Est-ce à dire qu'un congé soit absolument inutile ? Aux termes de l'art. 1759 du Code Civil, « lorsqu'il y a un congé signifié, le preneur, quoiqu'il ait continué sa jouis-

lençon; des cantons de Vimoutiers, de Mortrée, du Merlerault, de Putanges, de Gacé, de la Ferté-Fresnel, d'Écouché, de Briouze. Nous ne connaissons pas d'usage formellement contraire.

sance, *ne peut invoquer la tacite reconduction* ». Nul
doute qu'il ne faille appliquer ce texte en matière de baux
à ferme comme en matière de baux à loyer. Non seulement, il est compris dans la section première du chapitre
II, titre VIII, livre III du Code Civil, section intitulée :
« *Des règles communes aux baux des maisons et des
biens ruraux* » (84), mais encore, et surtout, son application aux baux à ferme se justifie par les mêmes excel-
lentes raisons que pour les baux à loyer : le fait de donner congé est en effet l'expression d'une volonté formelle, indubitable, de la part de celui qui donne congé, de
mettre fin au bail : or, la tacite reconduction suppose essentiellement l'absence de l'expression formelle d'une
telle volonté; on peut dire que c'est une présomption de
volontés naturelle et légale, en vertu de laquelle celui qui
« reste et est laissé » en possession de la chose objet d'un
contrat portant sur la possession (85) pourra continuer
d'en jouir et user comme par le passé, c'est-à-dire dans
les mêmes conditions et pour une durée, soit indétermi-

(84) Cela ne serait peut-être pas une raison déterminante. D'a-
bord, d'une manière générale, l'ordre de nos textes législatifs
n'est pas si parfait que l'on puisse tirer un argument décisif de
la seule place d'un texte (Un argument de ce genre doit être à
tout le moins corroboré par d'autres). Et puis, spécialement ici,
il est certain que des textes de notre section doivent être, en dépit de son titre, réservés à la seule matière des baux à loyer (tel
est, par ex., l'art. 1758, de l'avis de tous); dès lors, l'argument
tiré de la place de l'art. 1759 baisse considérablement de portée
(à supposer qu'il doive en conserver une).

(85) Le mot « possession » ne doit pas être pris ici dans le sens
qu'on lui donne généralement; il ne s'agit pas de possession à
titre de propriétaire; mais, à proprement parler de détention.
Le contrat porte seulement sur la « jouissance » de la chose (et
n'y porte même pas d'une façon « réelle » : le locataire n'ayant,
admettrons-nous, qu'un droit de créance; créance relative à l'u-
sage et à la jouissance de la chose pour un temps qui peut être
indéterminé mais qui n'est point illimité).

née (cas du bail à loyer), soit déterminée par la nature même des choses (cas du bail à ferme). Il est clair qu'en cas de conflit entre une volonté simplement présumée et une volonté réelle, manifestée extérieurement, c'est cette dernière qui devra l'emporter (86). Le congé aura donc l'utilité qui se trouve indiquée dans l'art. 1739.

Mais *y a-t-il lieu d'observer ici certains délais*. Et quelle est la valeur de l'usage qui impartirait un délai pour le congé ?

A. — *Supposons d'abord qu'il n'y ait point d'usage*. — Dans ce cas, nous nous trouvons en présence du seul article 1739 et des principes généraux. L'article 1739 n'exige point l'observation d'un délai; il se borne à constater que « lorsqu'il y a un congé signifié », la tacite reconduction n'opère pas, encore que le preneur « ait continué sa jouissance », il ne dit pas à quel moment le congé doit intervenir.

Que nous enseignent les principes généraux ? Tout d'abord que quand une chose n'existe plus, il n'y a pas lieu d'y mettre fin. Si donc la jouissance a été interrompue en fait, la tacite reconduction, qui suppose que le preneur est resté « en possession », n'aura pas lieu; dès lors, il sera inutile de la prévenir : le congé sera inutile.

On pourrait songer à dire que les principes généraux conduisent à décider que le congé doit en tout cas être donné, pour remplir son but, *avant la fin du bail*. S'il intervenait après, en effet, dirait-on, le preneur étant resté par hypothèse dans la ferme, la tacite reconduction s'est légalement opérée, et puisqu'on ne l'a pas fait déguerpir légalement, il a le droit strict de rester en possession pour

---

(86) A supposer que la présomption légale ne soit pas *juris et de jure*, par application de l'art. 1352 du Code Civil (Il n'en est pas ainsi ici).

la durée ordinaire des baux qui se forment par tacite réconduction.

Cependant, on a décidé que le congé pourrait être donné après la fin du bail, s'il n'y a point eu d'acte de culture (87).

La solution de la question dépend peut-être en effet, pour partie du moins, de celle de savoir quels sont les actes d'usage et de jouissance qui doivent être considérés comme constitutifs de la tacite reconduction. Les actes normaux d'usage et de jouissance, nécessaires de la part du preneur pour qu'il y ait reconduction, varient, dans une certaine mesure, selon la chose louée. Et l'on conçoit qu'en ce qui concerne les fermes on puisse considérer qu'il n'y aura pas de la part du preneur d'acte suffisant d'usage-jouissance pour qu'il y ait formation d'un nouveau bail tant qu'il n'aura pas fait, par exemple, de nouvel acte de culture : c'est par la culture qu'on exploite une ferme; tant qu'il n'y a pas de nouvel acte de culture, on peut songer à dire que le fermier, même si par exemple il continue de loger dans la maison manable, n'a pas manifesté une intention certaine de rester sur la ferme.

— Mais la tacite réconduction ne se forme pas uniquement par des actes du preneur; elle suppose aussi l'absence d'intervention du bailleur. Beaucoup disent à ce point de vue que la tacite reconduction ne se formera pas si cette intervention se produit quelque temps (mais peu de temps) après la fin du bail.

Cette opinion pourrait peut-être, de fait, se justifier,

(87) Liège, 10 août 1838, D. Rép. v° Louage, n° 850, p. 476, note 3. Cf. Eure : chap. XI. Tacite reconduction, p. 83, note 1 : la tacite réconduction semble consister essentiellement dans ce département, dans « la continuation de la jouissance jusqu'à l'époque où doit être fini *le premier labour* de la sole, par laquelle commence la nouvelle jouissance et l'exécution de ce labour par le fermier ».

si l'on songe que le bailleur croira naturellement que, le bail expiré, le fermier s'en ira (celui-ci en effet en a parfaitement le droit). Il faut donc nécessairement qu'un certain temps s'écoule, après l'expiration du bail, pour que le bailleur sache si le fermier s'en ira ou ne s'en ira pas (on peut parfaitement concevoir qu'un propriétaire, même en bons termes avec son fermier, ignore les intentions de celui-ci).

Cette période d'attente sera plus ou moins longue selon les distances qui sépareront les parties, selon le désir du nouveau fermier d'entrer plus ou moins vite en possession, etc... (Ce seront les tribunaux, juges des circonstances de fait, qui diront si le bailleur a trop tardé, et si, en dépit de ses protestations actuelles, la tacite reconduction doit être réputée avoir eu, ou n'avoir pas eu lieu.) Peu importerait, puisque la tacite reconduction suppose le concours de la volonté des deux parties, que dans le délai qui devrait être, à cause des circonstances, réservé au propriétaire, le fermier ait ou non accompli des actes de culture (88).

On pourrait peut-être songer à objecter que l'abstention du bailleur jusqu'à la fin du bail ne saurait lui profiter au détriment du fermier : le bailleur qui veut reprendre sa ferme a à sa disposition un moyen bien simple, il n'a qu'à donner congé; s'il ne l'a point fait, pourrait-on songer à dire, il y a eu là de sa part une négligence, qui ne saurait lui profiter : le fermier devrait être admis à rester sur la ferme.

Que vaut en réalité cet argument de la négligence

(88) Des actes de nature à opérer en eux-mêmes la tacite reconduction ne l'opèrent point cependant, s'ils ne sont pas faits « au vu et au su » du propriétaire (Euze, p. 85). D'ailleurs, si le fermier avait fait sans fraude (en temps normal) des actes de culture, il aurait droit à une récompense du propriétaire en vertu de l'idée d'enrichissement sans cause.

présume ? Peut-être pas beaucoup plus que pour expliquer certaines prescriptions extinctives. Le bailleur a pu, non seulement ignorer l'obligation légale où il aurait été de donner congé (89), mais encore être trompé par l'attitude de son fermier, ou se méprendre sur cette attitude, sans qu'il y ait de faute de sa part. On peut donc concevoir des hypothèses où aucune négligence ne pourra être reprochée au bailleur.

Il n'en reste pas moins, insistera-t-on, que le moyen légal d'empêcher la tacite reconduction est un congé. Et que, par a contrario de l'art. 1739, « lorsqu'il n'y a pas de congé signifié, le preneur, (surtout s'il a continué sa jouissance) *peut* invoquer la tacite reconduction ». Cet argument a contrario est peut-être douteux; à la vérité, il faut reconnaître que l'art. 1739 ne dit nullement à quel moment le congé doit intervenir; il ne fait qu'indiquer l'effet du congé signifié. La présomption de tacite reconduction sera sans doute plus forte (et ceci du moins résulte du texte) si après l'expiration du bail, et alors qu'il n'y a pas de congé, le preneur continue sa jouissance. Mais la présomption de tacite reconduction ne doit être réputée existante qu'à partir du moment où elle est susceptible de s'appliquer au propriétaire comme au fermier (cette présomption est celle en effet du concours de leurs deux volontés pour un nouveau bail).

Il est bien évident d'ailleurs que toujours un moment arrivera où le propriétaire devra, en dépit de ses protestations ultérieures, être présumé avoir consenti tacitement à la reconduction, et, qu'à partir de ce moment le congé ne doit plus être admis.

Comment déterminer ce moment ? Nous avons dit que

(89) Et que l'on ne dise point que « nul n'est censé ignorer la loi »; cet adage ne semble pas devoir être appliqué en matière civile.

ce sont les tribunaux qui auront à l'arbitrer dans chaque espèce particulière. A défaut d'élément de fait de nature à les éclairer, la question se pose de savoir s'ils devront suivre l'usage des lieux ? C'est une de celles que nous allons examiner dans notre 2ᵉ hypothèse.

B. — Supposons qu'un usage impartisse un délai pour le congé en matière de baux à ferme. — Il convient de distinguer selon que le congé est donné avant ou après l'expiration du bail.

a) Si le congé était donné *avant,* nous avons dit que, par application de l'art. 1775 du Code Civil, il fallait décider que le bail n'en prendrait pas moins fin à l'époque fixée : le congé n'aura alors pour effet que d'empêcher la tacite reconduction de se produire par la suite (art. 1739). En somme on peut dire qu'il est utile, mais qu'il n'est point obligatoire.

Que si le congé *devait* être donné avant l'expiration du bail d'après l'usage, il pourrait au premier abord sembler qu'il n'aura point pour effet d'empêcher la tacite reconduction d'opérer si le preneur « reste et est laissé » *ensuite* en possession; mais il y a peut-être lieu de remarquer que, la tacite reconduction supposant, ainsi que nous l'avons dit, le concours d'une jouissance du preneur et d'une abstention du propriétaire, on peut être, ici encore, tenté de dire *qu'elle ne se produira point,* car le propriétaire a clairement indiqué sa volonté, qui est contraire à celle que la loi présume en établissant la tacite reconduction. (Toutefois, comme une volonté tacite peut déroger à une volonté expresse, il y aurait sans doute lieu de faire des réserves pour le cas où un propriétaire, qui aurait signifié un congé, laisserait pendant très long-temps ensuite son fermier en possession : peut-être son abstention prolongée pourrait-elle alors être interprétée (ce sera en tout cas l'œuvre du juge du fait) comme une

renonciation au bénéfice du congé précédemment signifié).

Une question se pose : si *un délai* est imparti par
l'usage, doit-il être observé à peine de nullité du congé
(au point de vue du seul effet qu'il puisse avoir) ? Nous
ne le pensons pas : en effet, le congé donné 2 mois, par
exemple, au lieu de 6, avant l'expiration du bail, indique-
ra toujours l'intention formelle de la partie qui l'a signifié de ne point se laisser former un nouveau bail par
tacite reconduction.

Une double objection peut cependant être faite. D'une
part, pratiquement, dès avant la fin du bail en cours,
le fermier (et le propriétaire) ont grand intérêt à savoir
si un nouvel bail s'ensuivra : les travaux de culture se
préparent longtemps à l'avance, et on a même écrit (Vaudoré, v° Congés, n° 13-13°) que « six mois seraient in-
suffisants, parce que, ordinairement, les semestres ne
s'écoulent pas sans travaux pour l'année suivante ». D'autre part, aux termes de l'art. 1748 du Code Civil, « l'acquéreur qui veut user de la faculté réservée par le bail,
d'expulser le *fermier* ou locataire en cas de vente, *est*, en
outre, *tenu* d'avertir le locataire *au temps d'avance usité
dans le lieu pour les congés* ». Non seulement, pourrait-
on songer à dire, ce texte suppose qu'il peut y avoir
dans les usages des délais de congé même pour les baux
à ferme, mais il prouve qu'on est « tenu » de les observer.

Cependant la question semble bien se poser en termes
différents pour *l'acquéreur* que pour le bailleur. Qu'il y
ait des délais observés en pratique cela se conçoit, étant
donné l'intérêt pratique qu'on attache justement à ces
délais. Mais la question est de savoir ces délais sont
obligatoires en droit pour d'autres que l'acquéreur. Nous
croyons que l'art. 1775 du Code Civil serait un texte
tout théorique s'il fallait admettre l'opinion affirmative :

6

il n'y aura point, dirons-nous, de délais de congé obligatoires, parce que le congé n'est point obligatoire (si l'art. 1775 a un sens, c'est en dispensant de congé pour que le bail prenne fin). Les délais de congé pour les baux à ferme ne sont, dirons-nous, obligatoires que pour l'acquéreur, dans le cas spécial de l'art. 1748 (et il fallait bien qu'un délai fût observé ici, pour une expulsion qui a lieu en cours de bail et alors que le fermier n'a pu prévoir la cessation de son exploitation pour une date déterminée).

On peut remarquer que, pour l'acquéreur du moins, il n'est pas sans intérêt d'indiquer les délais de congé observés en pratique.

Quels sont donc ces délais en Normandie ?

D'après Vaudoré (vº Congés, nº 13-13º), les congés pour les fonds arables se donneraient « un an d'avance (arg. art. 1748 du Code Civil)... Quant aux congés pour les prairies, ils se donnent six mois à l'avance : *Noël et Jean partagent l'an* ».

Les Usages agricoles de l'arrondissement de Caen ne donnent guère de renseignements que relativement aux jardins (1 an dans le canton de Douvres).

On observe le délai d'un an pour les fermes dans les cantons suivants de l'Orne : Mesle-sur-Sarthe, Ecouché, Exmes, La Ferté-Fresnel, Gacé, Mortrée, Trun. Le délai est de 6 mois dans les cantons de : Vimoutiers, du Merlerault, de Sées. (Pour les prairies ou herbages, le délai serait de « 1 an ou 6 mois » dans le canton de Courtomer, de 6 mois dans les cantons de : La Ferté-Fresnel (Ecouché, Exmes) Gacé, (Le Merlerault), Trun, (Vimoutiers.) Il serait de 3 mois dans les cantons du Mesle-sur-Sarthe et de Sées; de 2 mois dans le canton de Carrouges).

Dans l'Eure, (V. p. 65 note 1) les délais varient de 18

mois (canton de St-Georges) à 3 mois (cantons de Breteuil, Cormeilles, Ecos, Neubourg, Pont-Audemer et Routot). Les délais ordinaires sont de 1 an (cantons de Bourgtheroulde, Étrepagny, Évreux, Fleury, Nonancourt, Saint-André pour les locations peu étendues, Thiberville et Verneuil). Ces délais s'étendent en général aux terres de labour et prés loués séparément.

Nous avons admis qu'en principe un congé, pour produire l'effet indiqué dans l'art. 1739, n'a pas besoin, pour les baux à ferme, d'être donné *dans les délais* que l'usage imposerait (réserve faite du cas de l'art. 1748), et que le congé était purement facultatif en ce sens qu'il est inutile pour la cessation du bail (art. 1775). Que si cependant, faute de congé, le fermier *avait fait des ensemencements* (alors qu'il n'y était point tenu par l'usage ou parce qu'il les avait trouvés faits à son arrivée sur la ferme (90), le propriétaire lui en devrait-il récompense ?

Peut-être aurait-il contre le fermier entrant ou le propriétaire l'action « de in rem verso » ? Cependant il est peut-être en faute d'avoir ensemencé avant la fin du bail sans être sûr de pouvoir rester sur la ferme. La question peut apparaître cependant comme devant être tranchée plus volontiers dans le sens de la possibilité pour le fermier d'actionner le propriétaire (car il est d'utilité générale que les ensemencements se fassent en temps).

b) Que si le congé pouvait, d'après l'usage, être donné *après l'expiration du bail,* — c'est notre seconde hypothèse, — il y aurait lieu semble-t-il de s'en rapporter grandement à l'usage *pour la fixation de la période pendant laquelle il empêchera la tacite reconduction.* Bien entendu les ju-

(90) Sic, Ozanne, Obligations du preneur dans le bail à ferme, Th. Caen, 1900, p. 264-265.

— 84 —

ges du fait auront ici encore un large pouvoir d'appréciation.

Il n'en reste pas moins qu'ici l'usage doit être pris en considération (en tant qu'interprétatif de la volonté des parties et par arg. de l'art. 1159 du Code Civil), si ladite volonté ne s'est point spécialement exprimée.

Quels sont ici les *usages normands* ? (91).

Dans l'Eure (p. 83 et suiv.), pour les fermes, il n'existe sur ce point que des « opinions douteuses et contradictoires » (p. 83, note 1). Dans le même département la tacite reconduction s'opère « pour les *prés*, lorsque le fermier a continué d'y faire paturer ses bestiaux pendant 15 jours après la fin de sa jouissance; pour les *bois taillis*, *aulnaies*, *joncs marins*, *genêts*, *oseraies*, lorsque 15 jours après l'époque fixée pour commencer la coupe, le fermier a effectivement commencé une nouvelle coupe... pour les *vignes*, *masures*, *jardins*, lorsque le preneur a été laissé en jouissance pendant 15 jours après celui fixé pour sa sortie; dans le canton de Gaillon pendant un mois ».

Dans les arrondissements de Domfront (Domfr. p. 62) et *de Mortagne* (Mort. p. 48), « il n'y a pas d'usage déterminant le temps après lequel la tacite reconduction est acquise; chaque cas est apprécié d'après ce qui apparaît être la commune intention des parties, et selon les circonstances ».

Arrondissement d'Alençon. Point d'usages dans les cantons d'Alençon, de Carrouges, de Sées. Dans le canton de Courtomer, la tacite reconduction serait acquise au bout de « 3 ou 4 ans pour les fermes, suivant l'assolement, et 1 an pour les jardins, prés, prairies, etc. Dans

(91) Bibliogr. : Eure, art. 130 (Chap. XI, p. 84). Orne, chap. IX, § 1er (Mortagne, p. 48; Alençon, p. 48; Domfront, p. 62; Argentan, p. 92).

celui du Mesle-sur-Sarthe, la tacite reconduction est acquise pour le temps indiqué au bail expiré si ce laps de
temps est inférieur à 3 années; dans le cas contraire, la
durée est de trois années » (Alenç., p. 49). Ces délais nous
semblent tout à fait exagérés. La tacite reconduction doit
être présumée avant l'expiration du temps pour lequel
un bail indéterminé est censé fait. Peut-être les rédacteurs du recueil des usages locaux de l'arrondissement
d'Alençon ont-ils confondu le temps nécessaire pour la
formation d'un nouveau bail par voie de tacite reconduction, avec la durée que doit avoir le bail qui se sera formé ainsi. En ce qui concerne cette dernière, pas de doute;
la question est tranchée par l'art. 1776 : la durée du
nouveau bail sera la même que celle indiquée par l'art.
1774 : ce sera donc en principe celle nécessaire pour
que le preneur recueille tous les fruits de l'héritage affermé.

Arrondissement d'Argentan « Il n'y a pas d'usage établi dans les cantons d'Argentan, Briouze, Écouché, Putanges, Trun et Vimoutiers... Dans le canton d'Exmes, la
tacite reconduction est généralement acquise au bout
d'une année. Dans ceux de La Ferté-Fresnel et Gacé, elle
est acquise au bout de 3 ans pour les fermes, 1 an pour
les jardins, prés et prairies. Dans le canton du Merlerault elle est de 3 ans pour les labours, et d'une année
pour les herbages. Dans le canton de *Mortrée*, la tacite
reconduction est acquise pour les fermes, les jardins,
avant les premiers travaux à faire; trois mois pour les
prés et les prairies, et un mois pour les terres volantes »
(Argentan, p. 92-93). Il convient de faire pour cet arrondissement la même observation que pour le précédent,
réserve faite pour le canton de Mortrée. Encore ne s'ex-
plique-t-on pas bien 1° que la tacite reconduction s'opère
pour les fermes et jardins « avant » les premiers travaux
à faire; et 2° la différence de délai de 3 à 1 mois entre

les prés ou prairies d'une part et les « pièces volantes » d'autre part, les pièces détachées d'une ferme pouvant, semble-t-il, comprendre des prairies comme des labours.

En ce qui concerne *l'arrondissement de Caen*, le tribunal de Caen, dans le jugement Vimard contre Robert du 13 juillet 1852, dont il a déjà été question suprà, a décidé (M. Deslonchamps, président), que « lorsque le preneur reste ou est laissé en jouissance par le bailleur il s'opère une tacite reconduction aux mêmes conditions et pour la même période de temps, que le Code n'a pas indiqué le nombre de jours qui devaient s'écouler depuis la fin du bail pour qu'il y ait tacite reconduction, qu'il doit être tel que le preneur ait pu croire qu'il était laissé en jouissance, qu'il ne se soit pas mis en mesure de se pourvoir d'un autre jardin et qu'il ait pu se mettre en mesure de donner la culture au jardin; attendu que du 25 décembre au 7 janvier il s'est écoulé 12 jours pendant lesquels le sieur Robert a été laissé en possession, qu'ainsi il a dû penser que le jardin lui était laissé, qu'il s'est opéré une tacite reconduction; qu'ainsi c'est avec raison que l'action a été rejetée...: P. C. M. le Trib...confirme, etc... ». Ce jugement (inédit) qui indique que la tacite reconduction doit être censée opérée après 12 jours pour un jardin est le seul document qui soit à notre connaissance pour l'arrondissement de Caen.

SECTION SIXIÈME

RAPPORTS DU FERMIER ENTRANT
ET DU FERMIER SORTANT (art. 1777)

———

Aux termes de *l'art. 1777* du Code Civil, « le fermier sortant doit laisser à celui qui lui succède dans la culture, les logements convenables et les autres facilités pour les travaux de l'année suivante; réciproquement, le fermier entrant doit procurer à celui qui sort les logements convenables et autres facilités pour la consommation des fourrages, et pour les récoltes restant à faire (92). Dans l'un et l'autre cas, *on doit se conformer à l'usage des lieux* ».

(Sic, Caen, 21 août 1855, 1re ch. M. Barbé-Lelonpre, cons., (Rec. Caen, 1855, 204) : « considérant, dit la Cour, ...que le fermier entrant et le fermier sortant sont nécessairement mis en rapport; que les intérêts qui peuvent naître des relations ainsi forcées ne doivent pas prévaloir les uns sur les autres; que ces divers intérêts doivent se concilier; qu'en l'absence de toute convention à cet égard, *l'usage*, c'est-à-dire tout ce qui se pratique

(92) Ce paragraphe fut introduit dans l'art. 1777 par suite d'un amendement proposé par le tribunal d'appel de Caen qui fit observer qu' « il y a nombre de contrées où le fermier sortant récolte les gros grains ; il a donc besoin de granges, d'emplacement pour ses fourrages, d'étables, d'écuries ; un article exprès fera cesser beaucoup de difficultés » (Fenet, t. 3, p. 456).

daus le pays, en pareille circonstance doit servir de règle ». V. aussi Caen, 29 nov. 1907; Rec. 1907 253. Cela au surplus n'est pas contesté, ni même contestable en présence de l'art. 1777).

Le renvoi aux usages locaux que fait ce texte était nécessaire, parce qu'il importait aux propriétaires et à l'État que les baux à ferme se succédassent sans interruption, et que les travaux de culture (achèvement des récoltes, préparation de la future récolte) doivent être entrepris à des époques plus ou moins concomitantes (selon leur mode local et les époques d'entrée en jouissance) par le fermier entrant et le fermier sortant.

La variété de ces usages locaux « est infinie », a pu justement écrire M. Guillouard (Tr. du contr. de Louage, t. 2, n° 545).

Quels sont les usages normands ? (93).

Ces usages sont très touffus. Nous ne relaterons que les plus importants et les plus généralement suivis ou ceux qui ont été consacrés par un jugement ou arrêt.

Auparavant d'entrer dans leur exposé nous devons présenter quelques brèves observations relatives à l'art. 1778 du Code Civil.

« Le fermier sortant, ajoute *l'art. 1778*, doit aussi laisser les pailles et engrais de l'année, s'il les a reçus lors de son entrée en jouissance; et quand même il ne les aurait pas reçus, le propriétaire pourra les retenir suivant l'estimation ». Ce texte, qui s'appliquerait aux fourrages et dont on pourrait aussi concevoir l'application aux semences (V. sur ces deux points, Ozanne, des obli-

(93) Bibliogr. Troplong, de l'échange et du louage, 3e éd. 1859, t. 2, n° 778; Vaudoré, op. cit., v° fermier entrant, n°° 10 et 14; v° pailles et engrais n° 15; Orne, Usages loc., chap. VIII; Eure, p. 103; Mouchel, op. cit., p. 308 et suiv.; Usages agr. arr. Caen, p. 26 et suiv., 40 et suiv.; Rec. Caen, passim.

gations imposées au preneur par le contrat de bail à ferme, th. Caen, 1900, p. 251 et 264-265; Guillouard, t. II, n° 551; Troplong, n° 786; cf. C. Caen, 2ᵉ ch. 7 mai 1852, Rec. 52, p. 179, note de A. Londel), s'applique-t-il au colza (dont la culture était autrefois importante en Normandie) ? Il est probable que les rédacteurs de l'art. 1778 n'ont point songé aux pailles de colza, qui ont un usage tout spécial. D'ailleurs le colza, à la différence des pailles et engrais (et fourrages) n'est point indispensable à une exploitation agricole (cf. Ozanne, th. préc., p. 251). La C. de Caen a cependant autrefois décidé le contraire (arrêt du 12 nov. 1858, Rec. Caen, 1859, p. 117) tout en n'obligeant pas, à raison d'un usage, le fermier à laisser sur la ferme toutes les pailles de colza. (V. aussi Caen, 21 février 1849, Rec. Caen, 1849, p. 58).— Ceci nous amène à nous demander si l'art. 1778 pourrait être combattu par des usages contraires. En dehors de l'arrêt de 1858 précité, la C. de Caen a décidé (arrêt du 7 mars 1876, Rec. Caen, 1876, p. 171) que l'art. 1778 du Code Civil qui règle, relativement aux pailles et engrais, les rapports du bailleur et du fermier, n'intéresse en aucune manière l'ordre public; que, par suite, les parties contractantes peuvent déroger aux dispositions du texte précité, et que lorsque ces dérogations sont claires, elles doivent être observées. En faveur du caractère impératif de l'art. 1778 on pourrait dire que son but, qui est un but de justice (tenir compte de la réception ou de la non-réception des pailles et engrais lors de l'entrée en jouissance pour décider de l'obligation ou de la non-obligation de les laisser lors de la sortie), est en même temps de donner satisfaction aux intérêts du propriétaire *et de l'agriculture* par la faculté donnée au propriétaire de retenir les pailles indispensables à une exploitation rationnelle de la ferme : il s'agit là, pourrait-on dire, de buts généraux contre lesquels des conventions privées ne sauraient être admises (Cf. Usages ruraux de l'arr. d'Évreux, Eure, p. 110, note 1). Cette solution est difficilement acceptable, en ce qui concerne le premier objet qu'on assigne à l'art. 1778 du moins : c'est le fermier qui doit être juge de son propre intérêt ; et si, moyennant sans doute une diminution correspondante dans les fermages, il croit pouvoir accepter l'obligation de restitution qui lui serait imposée sans indemnité pour l'époque de sa sortie de ferme, en vertu de quel principe le lui défendre ? Inversement, s'il n'y avait en jeu que l'intérêt du propriétaire (indépendamment de li'ntérêt général de l'agriculture), pourquoi interdirait-on à celui-ci la possibilité de renoncer au droit onéreux de retenir les pailles et engrais ? ne doit-il pas, lui aussi, être juge de son propre intérêt ? Mais, dira-t-on, l'art. 1778 est surtout édicté en vue des intérêts généraux de l'agriculture : grâce à lui le propriétaire est mis à même de se procurer aisément ce qui est indispensable à l'exploitation de la ferme : Il est donc de l'intérêt de l'agriculture qu'il ne puisse pas renoncer à ce droit d'expropriation. Peut-être ne convient-il pas d'exagérer l'importance de soi-disant «intérêt général de l'agriculture » : le droit d'un chacun dans notre législation est de cultiver comme il l'entend (du moment où il ne nuit pas au voisin); s'agissant ici d'un intérêt *surtout particulier*, au fond, on ne doit point admettre facilement qu'en temps normal du moins le propriétaire agriculteur soit protégé malgré lui. D'ailleurs il ne faut point raisonner in abstracto : les conventions qui seront contraires à la disposition de l'art. 1778 contiendront vraisemblablement aussi en pratique d'autres avantages, et par exemple un loyer plus élevé, au profit du propriétaire.

Toutefois, comme la règle de l'art. 1778 est de nature à favoriser l'agriculture, et qu'elle est très précieuse pour le propriétaire, on ne devra point admettre trop facilement en fait qu'on est en présence d'une clause contraire :

la convention obscure sur ce point devra être interprété
plus volontiers comme n'ayant point apporté de dérogation à l'art. 1778. (V. Ozanne, th. précitée, p. 260). Il a
été jugé en ce sens que la clause d'un bail portant que
« le preneur enlèvera les pailles à sa sortie, n'en ayant
pas trouvé à son entrée sur la ferme » n'emporte pas
par elle-même renonciation du propriétaire à la faculté
que lui donne l'art. 1778 de les retenir suivant estimation (Cour de Rouen, 4 juill. 1881, S. 81, 2, 264). Il a de
même été jugé que si par les clauses d'un bail le fermier devait consommer sur la ferme tous les foins et
fourrages et toutes les pailles produits par la ferme et
laisser à sa sortie tout ce qui n'aurait pas été consommé,
ces clauses ne sont que l'application du principe posé
dans l'art. 1778 du C. Nap., auquel elles n'ont pas expressément dérogé; qu'ainsi l'obligation imposée était subor-
donnée à la condition que le fermier aurait trouvé à son
entrée en jouissance, les pailles et engrais de l'année
(Cour de Caen, 1re ch. M. Mégard, 1er pr., 12 juill. 1859,
aff. Petit contre de St-Aignan, plaid. Mes Trolley et Tré-
butien, Rec. Caen, 1859, p. 236. Cf. Caen, 12 juill. 1905,
Rec. 1905, p. 212; Rouen, 7 octobre 1864, S. 65, 2, 143;
Guillouard, Tr. du contr. de Louage, 3e éd., t. II, n° 554
et références. Nous devons toutefois signaler qu'on en a
parfois décidé autrement : Douai, 4 juin 1849, S. 1850, 2,
507, D. 1852, 2, 98; Troplong, t. II, n° 785; Cf. J. Roblot,
du bail à ferme en dr. rom. et en fr., th. Caen, 1880).

A défaut de convention expresse, un simple usage local devrait-il être préféré à la disposition de l'art. 1778 ?
Cette question semble n'être qu'une forme de celle générale : l'usage doit-il être préféré à la disposition légale
qui n'est point *d'ordre public* (en ce sens que la convention contraire est possible). L'usage semble bien devoir
être assimilé à une volonté tacite (V. suprà, Introduction).
Dès lors la question posée devient celle-ci : une volonté

tacite peut-elle déroger à une disposition qui est susceptible d'être écartée par une convention contraire ? En
principe on admet que la volonté tacite (mais certaine)
doit être assimilée quant à ses effets à la volonté expresse.
Nous serions donc tentés d'assimiler, au point de vue de
la question de savoir si des usages contraires peuvent y
apporter dérogation, la loi qui n'est pas d'ordre public à
la loi qui est certainement une simple loi interprétative.
La question est cependant plus douteuse, car la force de
l'usage ne vient que d'une volonté présumée (et qui par
conséquent au fond n'est point indiscutable); et d'autre
part, ici, il faut, admet-on, une convention particulièrement nette. Cependant la force de l'usage vient d'une
présomption légale autant que naturelle, et de ce qu'il
faut une convention précise, nous en déduirons simplement qu'il ne faudra admettre non plus que les usages
précis.

Y a-t-il donc des usages contraires à l'art. 1778 en
Normandie ?

A part l'usage auquel l'arrêt susrelaté (p. 89) du 12
nov. 1858 fait allusion, il convient d'ajouter que, selon
Troplong, dans quelques communes de Normandie, la
paille de seigle appartiendrait au fermier (op. cit. n° 606)
et qu'il en serait de même des foins, « considérés comme
objets de commerce », dans certaines parties de l'Eure et
du Calvados (n° 607). Selon Vaudoré (op. cit. v° Fermier
entrant, ferm. sortant, n° 10 in fine) « cet usage s'est
introduit dans beaucoup de fermes à herbes, situées dans
l'Orne ». En ce qui concerne les pailles, cet auteur dit
aussi (eod. v°, n° 7) qu'en quelques contrées du pays de
Caux « les fermiers sortants les enlèvent et les fermiers
entrants en apportent... Houard, v° pailles ».

Abordons maintenant l'étude des usages à valider par
application de l'art. 1777.

PARAGRAPHE PREMIER

DROITS DU FERMIER ENTRANT AVANT L'EXPIRATION DU BAIL CONSENTI AU FERMIER SORTANT

« Le bon aménagement des terres, écrivent MM. Mettais-Cartier et Papavoine (93 bis), exigeant des travaux qui précèdent de longtemps leur ensemencement, *l'entrée en jouissance préparatoire* est une nécessité impérieuse. On peut la définir : l'occupation d'une partie de la chose louée, de la part du nouveau fermier, afin de préparer les terres à recevoir l'ensemencement, au moment de son entrée en jouissance réelle. L'entrée en jouissance préparatoire n'a lieu que pour les terres soumises à l'assolement, et pour lesquelles on doit remettre des jachères ». Il faut en effet que le fermier entrant puisse effectuer certains labours préparatoires des semailles : à cet effet, il doit être mis en possession de certains bâtiments et on doit lui concéder certaines « facilités », dès avant la fin du bail consenti au fermier sortant. Quels sont ces logements et facilités ? Et à partir de quand y-a-t-il droit ?

A. — QUAND SE FAIT L'ENTRÉE EN POSSESSION PROVISOIRE ?

C'est, dans l'arrondissement d'*Évreux*, et sauf pour les cantons de Rugles et de Verneuil (où la prise de possession provisoire n'a pas lieu), le jour *St-Michel* (29 septembre) « qui suit l'avant-dernière récolte du fermier sortant » (Eure, usages rur. arr. d'Évreux, art 11, p. 104), du moins en ce qui concerne les bâtiments et certains usages.

Dans l'arrondissement des *Andelys* et celui de *Louviers*, « le *11 novembre* qui précède la dernière récolte du fer-

---

(93 bis) Eure, appendice, usages ruraux de l'arr. des Andelys, p. 135 et de l'arr. de Louviers, p. 166.

mier sortant, celui-ci doit laisser à son successeur le tiers des terres de la ferme, en état de jachère, afin qu'il puisse les labourer ». Toutefois « dans les communes de la vallée de la Seine, cette délivrance a lieu dès le 29 septembre » (Eure, Usages rur. Arr. des Andelys, p. 136, arr. Louviers, p. 166). « Avant ce jour, mais dans les 10 qui le précèdent seulement, le fermier sortant, sur la demande de son successeur, doit lui indiquer chacune des pièces de terre composant la sole de jachères et leurs limites » (ibid.). « Pour le 1ᵉʳ janvier suivant » le fermier sortant, sur la demande de son successeur, doit de même lui indiquer (ou faire indiquer) chacune de toutes les autres terres de la ferme, ainsi que les prés, pâtures et bois (ibid).

Que si le fermier sortant n'avait point reçu de jachères et si son bail ne l'obligeait point à en laisser, « cependant, comme toute récolte ne doit pas être impossible dans la première année de jouissance du fermier entrant, son prédécesseur doit lui délivrer *96 heures après l'enlèvement* » de ses produits *et au plus tard le* 1ᵉʳ *octobre* qui suit sa dernière récolte, un tiers de la totalité des terres, en état de pouvoir produire du blé à la récolte suivante... Le surplus des terres doit être laissé entièrement libre au fermier entrant, au plus tard *le 11 novembre* qui suit la dernière année de jouissance du sortant (eod. op., p. 137). Quant aux « logements convenables », c'est « le 11 novembre qui précède la dernière récolte du fermier sortant (eod. op., p. 138 et 160) qu'ils doivent, dans les deux arrondissements, être livrés au fermier entrant.

Dans les cantons de Bernay et Beaumont-le-Roger, qui sont les seuls de l'arrondissement de Bernay où ait lieu une entrée en jouissance préparatoire, les logements convenables sont délivrés « vers le 10 ou le 15 avril » (Eure, arr. Bernay, p. 153).

Dans l'arrondissement de Pont-Audemer (Eure, p. 181).

il n'y a pas non plus en général d'entrée en jouissance préparatoire.

Dans l'arrondissement de Caen « dès le 24 juin qui précède son entrée en jouissance, le fermier entrant prend possession des jachères, s'il en existe, et il a le droit de les faire labourer aussitôt. Les terres plantées en seigle, trèfle incarnat, et autres fourrages qui doivent être dépouillés en vert, sont mises à la disposition du fermier entrant dans la dernière année de jouissance du fermier sortant, *aussitôt après l'enlèvement des récoltes* » (Usages agricoles de l'arr. de Caen, p. 26).

Dans la Manche, le fermier sortant doit « dès le mois de juin » permettre au fermier entrant de planter dans le jardin, des légumes d'hiver tels que poireaux, choux de milan, etc... » (Mouchel, op. cit., p. 313). « Dès le 24 juin » le fermier entrant peut apporter des fumiers dans la cour de la ferme (eod. op., p. 316). Même, « dès le 20 mars », il peut semer des trèfles et trémaines sur les labours du fermier sortant (ibid.; mais il lui faut pour cela payer une indemnité dans la Hague). D'une manière générale « dans la dernière année du bail », il peut surveiller l'irrigation des prairies, remuer les terreaux, y mêler de la chaux après la coupe des foins et donner aux engrais et composts destinés aux prairies, les préparations nécessaires pour qu'ils puissent être répandus à son entrée » (ibid.); ainsi que, parfois, profiter seul des foins, pailles, genêts, bruyères et fougères et faire les travaux d'irrigation et curage des ruisseaux.

Dans les cantons d'Argentan « dès le 1ᵉʳ novembre qui précède sa sortie », le fermier entrant a comme pied à terre le fournil... D'autre part, « les labours préparatoires qui peuvent être nécessaires » aux menus grains sont faits par l'entrant (Argentan, p. 66); de même « si le sortant au 1ᵉʳ mai n'est pas tenu d'ensemencer du trèfle ou du sainfoin dans les mêmes grains, il doit laisser l'entrant le faire ». Enfin, le sortant au 1ᵉʳ mars et le sortant au 1ᵉʳ mai cessent de jouir des prés et herbages « dès le 25 décembre » qui précède leur sortie (Argentan, p. 67). Dans le *canton d'Écouché*, « lorsque l'entrée en jouissance a lieu le 29 septembre, le fermier sortant doit laisser le fermier entrant faire les labours nécessaires pour les semailles d'automne, *à partir du 1ᵉʳ mai* qui précède son entrée » (Argentan, p. 74). Il est indiqué, pour le *canton de La Ferté-Fresnel*, que le fermier sortant doit livrer à l'entrant divers bâtiments « lorsque les travaux d'exploitation l'appelleront sur la ferme » (Argentan, p. 78). Dans le *canton de Mortrée*, il est précisé qu'à partir du 1ᵉʳ novembre et pendant le temps nécessaire l'entrant a droit au fournil (Argentan, p. 82).

Dans l'*arrondissement de Domfront*, « lorsque l'entrée en jouissance a lieu à Pâques ou 25 mars, le fermier sortant laisse le fermier entrant semer des grains dans l'avoine, mais ces grains devront être semés « avec l'avoine ou quelques jours après ». Le fermier sortant doit prévenir quelques jours à l'avance le fermier entrant du jour où il sème son avoine. Le fermier entrant sème le sarrasin. Si l'entrée en jouissance a lieu au 29 septembre, le fermier sortant fait tous les ensemencements» (Domfront, p. 36). Dans le canton de Domfront, il est indiqué que « le fermier entrant à Pâques pourra commencer ses labours préparatoires pour faire ses grains de printemps « dès le 1ᵉʳ janvier » qui précède son entrée en jouissance. Il a droit à un appartement à feu et à un logement pour ses chevaux (Domfront, p. 44).

B. — Logements et facilités auxquels a droit le fermier entrant lors de la prise de possession provisoire.

Les droits du fermier entrant varient, dans une certaine mesure, selon les lieux.

Nous indiquerons, à titre d'exemples, les usages suivis dans l'arrondissement de Caen, dans l'arrondissement d'Évreux, dans la Manche et dans l'arrondissement de Domfront.

Dans l'arrondissement de Caen, le fermier entrant a droit, à partir de l'entrée en possession provisoire (Usages agricoles de l'arrondissement de Caen, p. 26 et suivantes) :

1° de faire briser toutes les éteules (après l'enlèvement de la récolte);

2° de labourer les jachères;

3° de récolter le regain de sainfoin de 2 ou 3 ans, qui est considéré comme compost à blé ou, s'il le préfère, de le briser (à partir de la mise en meule de la première coupe et au plus tôt à partir du 24 juin, date de la prise de possession provisoire);

4° de faire dépouiller les fourrages verts après l'enlèvement de la récolte (mais ces deux droits et surtout le dernier constituent plus des actes de jouissance définitive que des actes provisoires en vue d'une récolte ultérieure);

5° d'avoir un logement provisoire : chambre et appartement à feu, ou à défaut boulangerie; droit à une portion de cellier pour y mettre le cidre nécessaire à sa consommation pendant les travaux préparatoires de culture; droit aussi, semble-t-il, au pressoir, pour brasser les pommes nécessaires à la boisson de sa famille ou de son personnel pendant l'année (le fermier entrant et le fermier sortant peuvent brasser chacun leur semaine); droit à une écurie pour loger les chevaux nécessaires aux labours préparatoires, — ou, à défaut, à bâtiment convenable et suffisant; — droit à un grenier à fourrages, ou, s'il n'y en a qu'un, à portion de grenier « pour y loger ce qui est nécessaire à la nourriture des chevaux employés aux travaux préparatoires de culture ».

Dans la Manche (Mouchel, *op. cit.*, p. 313 et 316 et suivantes), le fermier entrant a droit, à partir des dates sus-indiquées d'entrée en possession provisoire :

1° de planter dans le jardin des légumes d'hiver, tels que poireaux, choux de milan, etc.;

2° de semer du trèfle ou de la trémaine dans les labours de printemps du fermier sortant;

3° de profiter des engrais des cours, ainsi que des terreaux et d'apporter des fumiers dans la cour de la ferme;

4° d'avoir à sa disposition une partie des fenils (94), pour qu'il puisse y déposer, si bon lui semble, les fourrages nécessaires pour les besoins de l'hiver suivant;

5° de surveiller l'irrigation des prairies, remuer les terreaux, y mêler de la chaux après la coupe des foins et donner aux engrais et composts destinés aux prairies, les préparations nécessaires pour qu'ils puissent être répandus à son entrée;

6° dans les arrondissements d'Avranches et de Mortain, de faire les travaux d'irrigation et curage des ruisseaux.

Dans l'arrondissement d'Evreux, au 29 septembre, le fermier sortant laisse à la disposition de l'entrant :

« 1° une chambre à feu, ou le four, s'il n'existe pas de chambre; si le four est inhabitable (sic), le propriétaire pourvoit à ce logement du fermier entrant;

« 2° la plus petite écurie; et s'il n'en existe qu'une, le propriétaire pourvoit encore au logement des chevaux du fermier entrant;

« 3° un grenier pouvant contenir 100 bottes de 3 à 4 kilos chacune, de fourrage par tête de cheval, et 6 hecto litres d'avoine;

« 4° une cave, un cellier ou une place dans l'un ou

(94) Les fenils (du latin *fenile*, de *fenum*, foin) sont les greniers où l'on serre le foin (*Nouveau Larousse Illustré*).

l'autre de ces bâtiments pour y déposer une futaille de la capacité de 300 litres au moins;

« 5° à l'époque des semailles, le bâtiment qui sert au chaulage des grains;

« 6° le 24 juin qui précède la dernière récolte du fermier sortant, la grange à mars, lorsque la ferme est prise par les mars » (Eure, p. 105) (94 bis).

Outre ces logements, le fermier entrant a les droits limitativement énumérés suivants :

1° de cuire son pain au four;

2° d'abreuver ses bestiaux aux mares et réservoirs qui ont cette destination;

3° de prendre de l'eau au puits, à la citerne ou à la mare nette, pour les besoins du ménage, de laver son linge là où ce travail est habituellement fait;

4° d'entrer et de sortir par la porte extérieure quand bon lui semble; d'en faire faire à ses frais une clef pour son usage;

(94 bis) Qu'est-ce que *prendre une ferme* « par les mars » (ou « par le mars »)? Cela s'oppose à « *prendre une ferme par le guéret* ». Selon les usages ruraux de l'arrondissement d'Evreux, (art. 7 à 9), « *prendre une ferme par le guéret* signifie que le nouveau fermier entre en jouissance par les terres de labour sur lesquelles le fermier sortant a fait son avant-dernière récolte de plantes semées au printemps. La 1re récolte du fermier entrant, sur une ferme ainsi prise, comprend celles du blé et du mars ». « *Prendre une ferme par le mars*, signifie que le fermier entrant commence sa jouissance sur les terres de labour sur lesquelles le fermier sortant a fait son avant-dernière récolte de blé d'automne; il prend aussi les terres de la sole de guéret. De sorte qu'au mois d'août qui suit son entrée en jouissance, le fermier entrant fait la récolte des plantes semées au printemps sur la sole de mars, et le fermier sortant celle des blés d'automne ou sole de blé. Ces récoltes, ainsi faites par les 2 fermiers, obligent le fermier sortant à payer au bailleur les 2/3 de son fermage annuel, et le fermier entrant le 1/3 de celui qu'il a consenti. Les contributions, quand les fer-

5° de prendre de la paille, dite « défoure », pour la litière de ses chevaux, à raison de 5 à 6 kilos par jour et par tête (95); s'il n'existe pas de défoures, de prendre la même quantité des pailles employées par le fermier sortant pour la litière de ses chevaux;

6° de prendre des légumes dans le jardin;

7° d'avoir une vache;

8° de disposer d'un chartil ou d'une portion de ce bâtiment;

9° de disposer de « menus » et de menue paille (96).

En ce qui concerne les terres, « le fermier entrant dispose d'une manière absolue des terres composant les soles par lesquelles il commence sa jouissance. Néanmoins, lorsque la ferme est composée de terres de plaine et de vallée, au fermier sortant appartient le droit d'ensemencer en surcharge celles des terres de vallée qui dépendent de la sole du guéret. Cet ensemencement est fait de plantes dont la récolte a lieu en temps opportun pour que le fermier entrant puisse donner les labours, les façons et les engrais convenables au blé qu'il sème à l'automne qui suit la récolte de la surcharge » (97).

Dans l'arrondissement de Domfront, nous avons déjà relaté (p. 96) les droits concédés au fermier entrant en ce qui concerne les ensemencements. Ajoutons (encore que ceci soit plus une application de l'art. 1778 que de l'art. 1777) que « le fermier sortant doit prévenir 8 jours au moins à l'avance le fermier entrant du jour du bat-

miers en sont chargés, sont acquittées dans les mêmes proportions ».

(95) On nomme « *défoure* », « la gerbée de paille de blé retirée des râteliers des bestiaux, après qu'elle a été fourragée; chaque botte de défoure doit représenter le poids d'une gerbée non fourragée (8 à 9 kgs.) » (Eure, Évreux, p. 118).

(96) Eure, p. 105.

(97) Eure, Évreux, art. 14-15, p. 106-107.

tage, afin que ce dernier puisse recueillir les pailles, les engranger ou les mettre en tas » (Domfront, p. 37). Il est indiqué spécialement pour le canton de Messei (cod. op., p. 51), que la paille pour la litière des chevaux nécessaires aux labours préparatoires « sera fournie par le fermier sortant »; mais que « leur nourriture est apportée par le fermier entrant ». Dans le canton d'Athis, « il est d'usage d'accorder au fermier entrant la permission de faire des poireaux dans le jardin, à l'époque ordinaire » (Domfront, p. 40); cf., pour le canton de Juvigny-sous-Andaine, cod. op., p. 49.

Pour ce qui est de la répartition des locaux et bâtiments, « d'une manière générale, lorsque le fermier entrant vient faire les travaux qui lui incombent sur sa nouvelle ferme, il peut exiger de son prédécesseur un local suffisant pour s'abriter, préparer ses aliments et déposer dans la cave de la ferme la boisson qui lui est nécessaire ». Il a aussi droit d'avoir place dans les écuries ou étables « pour remiser ses chevaux; le fermier occupant doit, en principe, avoir la garde des clefs, puisqu'il est responsable de son domicile » (Domfront, p. 38). — Pour le canton de Domfront, il est indiqué (p. 42), que « le fermier sortant devra livrer le fournil au fermier entrant, s'il n'y a qu'une maison, à partir du 24 décembre, s'il entre à Pâques, et à partir du 24 juin s'il entre à la Saint-Michel »; et pour le canton de Messei (p. 51), que « si le fermier entrant fait les labours pour les menus grains, le sarrasin, etc., ces travaux se faisant en octobre, novembre et mars, le fermier sortant doit lui laisser user du fournil ou lui procurer une chambre et du feu dans la maison d'habitation, et le logement pour ses chevaux dans l'écurie, ou tout autre lieu convenable »; il est indiqué pour le même canton que « le fermier sortant a seul droit jusqu'au 1ᵉʳ mars » (p. 52), ce qui implique certains droits de l'entrant postérieurement.

PARAGRAPHE DEUXIÈME

DROITS DU FERMIER ENTRANT LORS DE SON « ENTRÉE EN JOUISSANCE DÉFINITIVE »
DROITS QUE CONSERVE LE FERMIER SORTANT

Ce n'est que pour nous conformer au langage habituel que nous parlons d' « entrée en jouissance *définitive* » : il doit être bien entendu que le fermier sortant conserve pendant quelque temps des droits comparables à ceux qu'avait jusqu'ici l'entrant; et qu'il s'agit uniquement d'un changement plus important que les autres se produisant dans la détention de la chose louée à une époque donnée.

Il nous faut examiner successivement : à quelle époque a lieu ce qu'on est convenu d'appeler « l'entrée en jouissance définitive », quels sont les droits qu'acquiert alors le fermier entrant, quels sont ceux que conserve le fermier sortant.

A. — Époque de l'entrée en jouissance définitive.

La date de l'entrée en jouissance définitive varie beaucoup : ce peut être le 2 février (cant. de Mortagne; communes du Pin-la-Garenne et d'Eperrais [cant. de Pervenchères], Mortagne, p. 37 et 38), le 1ᵉʳ mars (cantons de Sées, du Mesle-sur-Sarthe et aussi généralement d'Alençon [Alenç., p. 37], du Merlerault [Argentan, p. 65], de Pervenchères en général [Mortagne, p. 38]), le 25 mars (« Pâques Fleuries »), il en est ainsi, parfois, pour les corps de ferme, dans l'arrondissement de Domfront (Domfront, p. 39); le 15 avril parfois (arrondissement des Andelys, Eure, p. 146); le 23 avril (la Saint-Georges) (commune de Céaucé [Domfront, p. 41]). *le 29 septembre*, c'est la date la plus généralement adoptée (V. not. Usages agr. arr. Caen, p. 14; Mouchel, op. cit., p. 308, Eure, p. 197 (Evreux), 160

(Bernay), 172-173 (Louviers), 184 et 188 (Pont-Audemer);
le 25 décembre (Noël) (cant. de Vimoutiers [Argentan, p.
87], arr. de Caen, pour les fermes composées d'herbages
[Usages agr., p. 40]). On rencontre aussi les dates de la
St-Jean (24 juin). Il en serait ainsi parfois dans le canton
de Trun (Argent., p. 86), et de Pâques, « quelle que soit
la date de cette fête » (parfois pour le cant. de Putanges,
Argentan, p. 85).

B. — Droits qu'a le fermier entrant lors de l'entrée
en jouissance définitive.

1° L'entrée en jouissance définitive se marque d'abord
par la prise de possession des terres. « Le 29 septembre,
est-il dit, pour l'arrondissement de Caen (Usages agric.,
art. C., p. 27), le fermier sortant doit livrer à son successeur l'exploitation des terres, sauf de celles où, par exception, il existe encore des récoltes non enlevées, telles que
betteraves, carottes, et autres racines analogues dont l'enlèvement ne peut être retardé au-delà du 10 novembre ».
Au 11 novembre, après la dernière récolte du fermier sortant, on remet à l'entrant, dans l'arrondissement des Andelys (Eure, p. 143), « toutes les terres labourables, prairies
artificielles et bois ». V. aussi arr. Louviers (Eure, p. 172),
arr. Pont-Audemer [Eure, p. 184], etc.

2° L'entrant a droit aussi à certains *logements*, particulièrement importants maintenant. « En Normandie »,
dit Vaudoré (op. cit., v° fermier entrant, fermier sortant,
n° 14-1°), « le fermier sortant à la St-Jean évacue alors
les bâtiments et le siège de l'exploitation ». (Sic, pour la
Manche, Mouchel, op. cit., p. 308, arr. Domfront. (Domfront, p. 38), canton d'Alençon (Alençon, p. 37); cf. canton d'Argentan (Argentan, p. 68). Pour l'arrondissement
d'Évreux, il est indiqué que le fermier entrant prend possession du logement principal, « c'est-à-dire de la cuisine,

de la chambre, des cabinets, de la laiterie; des écuries, des vacheries, des bergeries, des greniers aux menues pailles, des greniers aux fourrages, du four, du colombier, des poulaillers, des chartils et des hangars » (Eure, p. 107) (Sic, arrondissement des Andelys (Eure, p. 146); arrondissement de Pont-Audemer (Eure, p. 189), arrondissement de Bernay, Eure, p. 160).

Selon M. Mouchel, *op. cit.*, p. 310, « dans l'arrondissement de Saint-Lô et, en général, dans les localités baignées par la Vire, le Merderet et la Douve, le fermier sortant a... droit à la *laiterie* jusqu'à Noël, et, par suite, aux burets à porcs attendu que ces animaux consomment le gros lait. Nous pensons », ajoute cet auteur, « que par analogie, il doit en être de même partout où l'entrée en jouissance des herbages n'a lieu qu'à Noël ».

Dans le canton de Sées (Alençon, p. 41), l'entrant a droit à la *moitié* de la grange et *des greniers à grain*. Ce droit est exceptionnel : très généralement, le fermier sortant conserve ces greniers jusqu'à la Saint-Jean qui suit son départ. (Voir arrondissement d'Évreux et arrondissement de Louviers, Eure, p. 146; *sic* Vaudoré, op et loc. cit., n° 14). Il a été jugé par le Tribunal civil de Caen (1re chambre, 12 janvier 1857, M. Deslongchamps, président, Bompain c/ Coudray, Rec. Caen, 1857, p. 32), que « les greniers d'une ferme ne sont pas destinés à servir de séchoir au linge » (le sieur Bompain, fermier entrant, demandait qu'on lui remît les greniers nécessaires pour sécher son linge), « mais bien à recevoir et à conserver les récoltes, que, quant à présent, le sieur Bompain n'en a pas à mettre dans les greniers; *qu'il ne peut exiger que l'emplacement nécessaire à ses fourrages et aux grains nécessaires à sa nourriture et à celle de ses domestiques;* que le surplus doit appartenir dès à présent au fermier sortant, qui peut conserver dans les greniers les bois de chauffage nécessaires à son usage, mais non des bois à travailler... » (Voir au surplus sur ce genre de questions, infra, droits du fermier sortant).

3° « Les *légumes* appartiennent au fermier entrant, à la charge de remettre au fermier sortant journellement ceux nécessaires au besoin de son chauffe-pied » (Tribunal civil de Caen, 12 janvier 1857, précité). Dans l'arrondissement de Pont-Audemer (Eure, p. 185), « au 29 septembre, le fermier entrant prend la jouissance des parties du jardin qui sont déchargées de légumes; au 15 avril qui suit, il peut exiger que le jardin entier en soit déchargé; il peut, dans tous les cas, en prendre possession ». Ceci semble moins exorbitant que cela (car il semble juste que le fermier sortant puisse enlever les légumes qu'il a semés). C'est ce que disent les usages de l'arrondissement de Bernay (Eure, p. 157) : « Le fermier sortant n'a droit qu'aux légumes qu'il a semés... La remise du jardin au fermier entrant se fait en général dès son entrée en jouissance sur le ferme... ». Dans la Manche, le fermier sortant doit « permettre, dès le mois de juin, au fermier entrant, de planter dans le jardin des légumes d'hiver... » et de plus « laisser à sa sortie un quart du jardin légumier en choux communs ». Il y a aussi des obligations de laisser un certain nombre de choux au fermier entrant dans les cantons d'Athis et de Domfront (Domfront, p. 40 et 41). Il semble que même pour les choux dont il est permis au fermier sortant de faire son profit, il ne soit pas entièrement libre toujours (Voir canton de Juvigny-sous-Andaine, Domfront, p. 49). D'ailleurs, d'une manière générale, le fermier sortant a l'obligation de ne pas détruire ce qu'il aurait planté dans le jardin de la ferme et qu'il ne peut emporter (Voir Eure, p. 144, 157, 173, 186; Mortagne, p. 42 etc.); parfois le fermier ne peut enlever aucune plantation [par exemple, voir canton de Mesle-sur-Sarthe (Alençon, p. 43) (cf. canton de Sées (ibid.)]; « il a droit, est-il dit, pour l'arrondissement de Mortagne, d'enlever les plantations par lui faites à défaut d'entente avec le propriétaire qui a le droit de les conserver en en payant la valeur (art. 555 du Code Civil). » Cette solution est sans doute celle qu'il faudrait admettre partout si, ici, les usages ne faisaient point loi. — En ce qui concerne les *pépinières*, le fermier sortant peut les enlever (canton de Carrouges et de Courtomer, Alençon, p. 43; arrondissement de Mortagne, p. 42), si du moins le propriétaire a consenti à leur création (canton de Putanges, Argentan, p. 86). Cf. *Cout. de Normandie, art. 517* (que, selon Vaudoré, *op. cit.*, v° Pépinière, n° 2, il faudrait suivre, à titre d'usage). Ce texte contenait la disposition suivante : « les fermiers ayant planté pépinières, chênotières, oulmières, et autres nourritures de semblable qualité, les peuvent enlever après leur bail expiré, en laissant la moitié aux propriétaires, pourvu qu'elles aient été faites du consentement du propriétaire, ou six ans avant la fin du bail ».

Le fermier entrant a, du jour de son entrée en jouissance définitive, droit au *bois mort* et au produit du nettoyage des arbres (arrondissement des Andelys, Eure, p. 144; arrondissement de Pont-Audemer, Eure, p. 185; cf. arrondissement de Louviers, Eure, p. 144).

4° D'une manière générale, l'entrant a droit aux *pailles* (Voir Usages agricoles arrondissement de Caen, p. 21, Mouchel, *op. cit.*, p. 317; Eure, p. 121, 162, 175, 191, 147, etc.). Voir cep. Troplong (n° 666) et Vaudoré (v° fermier entrant, fermier sortant, n° 7), rapportés suprà, p. 92.

5° Il a souvent aussi droit au *foin* (Mouchel, *op. cit.*, p. 316; cf. Flers, Domfront, p. 47).

6° Il a droit encore aux *fumiers et engrais* (V. art. 1778, suprà).

7° Relativement à ces divers produits, le fermier entrant est, de plus, parfois créancier sur le fermier sortant de certaines *obligations de faire* ;

a) C'est ainsi qu'il a parfois droit à ce que le sortant fasse la récolte des foins (voir canton de La Ferté-Macé, Domfront, p. 45; canton de Briouze, Argentan, p. 71);

b) Relativement aux pailles, le fermier sortant doit parfois, outre faire la récolte, les lier (Voir not. arrondissement de Caen, p. 21, note 2), parfois les tasser et engranger (Voir not. Mouchel, *op. cit.*, p. 312, voir aussi p. 319) en tout cas, leur donner tous soins de conservation nécessaires (Évreux, Eure, p. 120. — En ce qui concerne le *battage*, les usages semblent encore varier beaucoup : autrefois, le fermier sortant devait aménager son battage en plusieurs reprises (très anciennement même peut-être battre tous les jours, de façon à ne point laisser le fermier entrant manquer de paille pendant l'hiver (Voir Troplong, *op. cit.*, n° 778) et à éviter des détériorations par suite de vermine ou humidité (Vaudoré, v° pailles et engrais, n° 13). En un certain nombre de lieux, le fermier sortant doit encore battre en plusieurs reprises (canton de Courtomer, Alençon, p. 40, La Ferté-Fresnel, Argentan, p. 78, Bernay et Évreux, Eure, p. 157 et 117, etc.). Mais l'emploi de la machine à battre a eu en général pour résultat de modifier ces usages, en diminuant le nombre des battages (canton de Mortrée, Argentan, p. 84), ou même en faisant admettre un battage unique (Voir not. canton de Briouze, Argentan, p. 73, arrondissement de Domfront, Domfront, p. 50). — Depuis qu'on bat à la machine, l'usage tend, d'ailleurs, à s'établir du transport de la machine, par le cultivateur qui vient de battre, chez celui au domicile duquel il doit être ensuite battu [cantons de Domfront, de La Ferté-Macé, d'Athis, de Juvigny-sous-Andaine (Domfront, p. 60), canton de Briouze (Argentan, p. 73]. Dans le canton de Tinchebray, ce serait au cultivateur qui a besoin de la machine à battre à l'aller chercher (Domfront, *loc. cit.*).

c) Parfois, le fermier sortant doit aussi curer les ruisseaux, après la récolte du foin (Voir art. 79, Usages rur. arr. Évreux, Eure, p. 124; Mouchel, op. cit., p. 317, etc.). Dans les arrondissements d'Avranches et de Mortain, cette obligation est à la charge du fermier entrant (Mouchel, ibid., V. supra, p. 98-6°).

d) Enfin parfois le fermier entrant a droit de trouver les fumures et labours préparatoires faits, si, du moins, le sortant les avait trouvés de même lors de son entrée (Voir not. canton de Messei (Domfront, p. 50), canton d'Argentan (Argentan, p. 68), canton de Carrouges (Alençon, p. 39). Il en doit être ainsi partout où l'entrée en jouissance préparatoire n'est pas admise ; c'est ainsi que dans l'arrondissement de Pont-Audemer, où il n'y a pas de jouissance préparatoire, le fermier sortant est tenu de préparer en bon père de famille les terres qu'il doit remettre prêtes à être ensemencées et qu'il doit notamment « avoir porté tous les fumiers provenant de son avant-dernière récolte sur les jachères, et donné au franc guéret et aux terres de labour sortant de blé l'année précédente, 4 labours, à une profondeur convenable, et 4 hersages (dans le canton de Routot, 3 labours et 3 hersages seulement) », à certaines époques déterminées, et aussi avoir donné 2 ou 3 labours d'une profondeur convenable et 2 ou 3 hersages aux jachères sortant de menus grains « immédiatement après la récolte de chaque espèce de menus grains » (Eure, p. 182 et suiv.).

C. — Droits conservés par le fermier sortant après l'entrée en jouissance définitive du fermier entrant.

Ce sont en général les mêmes que ceux concédés au fermier entrant lors de l'entrée provisoire (sic, Usages agr. arr. Caen, p. 29, Usages rur. arr. Évreux, art. 30 [Eure, p. 108]).

Ils semblent provenir de ce qu'il faut reconnaître au fermier sortant le droit de *terminer les récoltes* qui n'ont pu l'être auparavant. Ce droit primordial lui est reconnu par les usages et la jurisprudence. C'est ainsi que la Cour de Caen a décidé, arrêt Beaudoin contre Yver du 29 novembre 1907, 2ᵉ chambre, M. Vaudrus, pr., Mᵉˢ Delahaye et Bénard, plaidants, (Rec. Caen, 1907, p. 253, Rec. Somm. 1908, nᵒ 3901), « qu'il résulte des usages dans la plaine de Caen que Beaudouin (fermier sortant) devait avoir tout le temps nécessaire pour terminer sa récolte, en tirer profit... » (Cf. Trib. civ. Caen, 2ᵉ ch., 16 janvier 1862, Bosnières, Rec. Caen, 1862, p. 171; et, en ce qui concerne les pommes, Troplong, op. cit., nᵒ 778, p. 211).

Quels sont, d'une manière plus précise, les droits du fermier sortant ?

1ᵒ Le fermier sortant a le droit de conserver certains *logements*. Ce sont, en général, un logement à feu ou, à défaut, la boulangerie; la grange à grain; une écurie avec un ou deux chevaux; la cave, et l'usage du pressoir.

D'une manière plus précise, il convient de distinguer selon les lieux et selon les logements.

La Cour de Caen a reconnu dès 1818 (1ʳᵉ ch. 19 mai 1818, de Goulhot contre Guérard, arrêt rapporté en note dans le Rec. Caen, 1859, p. 236) « qu'il est dans l'usage de conserver au fermier sortant à l'expiration du bail, des logements convenables sur la ferme tant pour le battage des grains provenant de la dernière récolte, que pour donner à une partie des terres les premières cultures et faire emploi des engrais existant ou que procurent, pendant ce temps, les bestiaux qui restent sur la ferme ». En ce qui concerne spécialement la *plaine de Caen*, la même Cour a reconnu que d'après les usages, le fermier sortant a droit « d'après l'importance de l'exploitation » (La ferme de M. Baudouin était louée 5.800 francs par an) « à un certain nombre d'appartements à titre de *chauffe-pied* notamment à une chambre pour lui ou ses gens, à une écurie pour quelques chevaux, à une étable, un grenier à foin, un grenier à grain » et de plus, « à une boulangerie », et qu'il peut « rester sur les lieux ci-dessus, suivant l'usage local, jusqu'à la St-Jean, 24 juin... » (arrêt Beaudouin contre Yver, précité).

En ce qui concerne les *logements personnels* que peut conserver le fermier sortant, il a droit, en général, à une chambre à feu, et, à défaut, à une boulangerie. Dans la Manche, le fermier sortant a droit « à un logement pour le batteur et à une pièce à feu pour préparer les aliments. À défaut de maison habitable, on lui donne ordinairement la boulangerie... » (Mouchel, op. cit., p. 308). Dans les cantons de Thiberville, Broglie, Brionne et Beaumesnil, le fermier sortant conserve « une chambre à coucher, et, autant que possible, avec cheminée et à feu; le fournil ou autre bâtiment à feu » (Eure, p. 160). De même selon Troplong (loc. cit.) dans le Calvados (et l'Eure), le fermier sortant aurait droit à « un logement et un four pour 1 ou 2 batteurs en grange, et pour une servante ». Dans les cantons de Mortagne, Pervenchères, Moulins-la-Marche et Bazoches-sur-Hoesne, le fermier sortant a droit « à la communauté du fournil pour s'y abriter et manger, lui et ses gens, pendant la moisson, ou tout autre appartement convenable au choix de l'entrant » (Mortagne, p. 38). — Pour l'arrondissement des Andelys, il est indiqué (Eure, p. 145) que le fermier sortant conserve jusqu'au 15 avril la cuisine et le fourneau destinés à faire cuire des légumes pour les bestiaux.

En ce qui concerne les *pressoirs*, un arrêt de la Cour de Caen, en date du 12 août 1865 (Chemin contre Beaumont, 2e ch. M. Formeville, cons., appel de Lisieux, 31 mai 1865, Rec. Caen, 1866, p. 22), considère « que l'usage d'un pressoir n'est pas toujours limité au pressurage des fruits, et que la cage qui le renferme est quelquefois

aussi destinée à servir de cave; qu'il en est ainsi dans la
cause... Il suit de là que le fermier sortant doit avoir le
droit de se servir du pressoir pendant un temps quelconque qu'il s'agit de déterminer;... il fut convenu que le
four serait débarrassé par B... pour Pâques 1865, mais
que, quant au pressoir et aux tonnes, la remise n'en serait faite par celui-ci que suivant l'usage des lieux; or,
comme il n'existe, selon l'usage non contesté, aucune
époque intermédiaire, pour ces sortes de remises, entre
Pâques et Saint-Michel, il s'ensuit que les parties ont entendu que B. ne quitterait cette jouissance qu'à la Saint-
Michel ». En dehors de cet arrêt, il est à noter que, selon
les Usages agricoles de l'arrondissement de Caen (p. 40),
dans les fermes composées d'herbages, le fermier sortant
« a droit à l'usage du pressoir jusqu'à Pâques, mais seulement pour le pressurage des fruits récoltés sur la ferme, — et il peut loger son cidre dans les futailles de la
cave jusqu'à la Saint-Michel qui suit sa sortie. Dans le
cas où il y a plusieurs caves, le fermier entrant a droit
à partir de Noël à la plus petite d'entre elles ». La disposition jusqu'à Pâques du marc de pommes produit sur
la propriété, « appartient au fermier sortant pour le faire
consommer sur la ferme ». — Dans la Manche, le fermier « sortant » laisse le marc au fermier entrant » (Mouchel, op. cit., p. 309). — Dans l'arrondissement des Andelys, le pressoir est remis le 15 avril, « à moins qu'il n'y
ait pas de cellier, et qu'il en tienne lieu, alors il est remis au plus tard le 24 juin » (Eure, p. 164). Les caves
et celliers à cidre sont « remis à mesure qu'ils se trouve-
ront libres, et au plus tard le 1er septembre » (ibid.). (Cf.
arr. Pont-Audemer [Eure, p. 189]). — Dans l'arrondissement d'Evreux, le pressoir doit être remis « après la confection des cidres du fermier sortant, et au plus tard à
Pâques (25 mars) » (Eure, p. 107). (Cf. cant. d'Athis, et
de Messei [Domfront, p. 39 et 52]. V. aussi cant. de Dom-

fr. [eod. op., p. 42]). — En général et sauf les exceptions
déjà rapportées, le fermier sortant a droit à la cave jusqu'au 24 juin (Sic, Troplong, Tr. du louage, n° 778; —
cant. d'Athis [loc. cit.] de Messei [Domfr., p. 51], de
Briouze [Argentan, p. 71], de l'Inchebray [Domfront, p.
55]; « le fermier sortant, est-il dit pour ce dernier canton,
a droit à la cave jusqu'à la Saint-Jean qui suit sa sortie,
c'est-à-dire pendant 3 mois, en laissant son successeur y
mettre le cidre qui lui est nécessaire » (Cf. cant. d'Argentan [Argent., p. 67]).

En ce qui concerne les *granges*, dans l'Eure et le Calvados, selon Troplong (op et loc. cit.), le fermier sortant
« a droit... à laisser ses blés engrangés dans la ferme jusqu'à la Saint-Jean suivante, au plus tard, et le fermier
entrant est tenu de lui laisser un logement et un four
pour 1 ou 2 batteurs en grange, et pour 1 servante ». La
Cour de Caen a reconnu, dès 1818 (arrêt cité p. 109),
« qu'il est dans l'usage de conserver au fermier sortant
à l'expiration du bail, des logements convenables sur la
ferme » notamment « pour le battage des grains provenant de la dernière récolte », et l'arrêt de la même Cour
du 29 novembre 1907 (cité aussi p. 109) déclare « qu'il
résulte des usages dans la plaine de Caen » que le fermier sortant a droit « d'après l'importance de l'exploitation, à un certain nombre d'appartements à titre de chauffe-pied », notamment à « un grénier à foin, un grenier à
grain et ce jusqu'à la Saint-Jean, 24 juin ». (Cf. trib.
civ. Caen, 12 janv. 1857, cité suprà, p. 104. Adde usages
des cant. de Messei [Domfr., p. 50], Mortrée [Argent.,
p. 82], du Merlerault [p. 81], arr. d'Evreux [Eure, p.
108]. Cf. cant. d'Athis [Domfront, p. 39]). Dans le canton
de Carrouges, « le fermier sortant a droit aux grains
jusqu'au 1er janvier exclusivement... » (Alenç., p. 38) (Cf.
arr. de Mortagne [Mortagne, p. 41 et 38]). Dans l'arrondissement d'Evreux (loc. cit.), le fermier sortant a bien

droit aux granges et greniers aux grains jusqu'au 24 juin, mais il doit remettre les greniers aux menues pailles et les greniers aux fourrages le jour de sa sortie, 29 septembre (Eure, p. 107). — Dans le canton de Mortrée, le fermier conserve le grenier à blé, mais non le grenier aux menus grains (loc. cit.). — Dans le canton de Domfront (D., p. 42), le fermier sortant doit « avoir battu sa récolte avant sa sortie s'il quitte à la Saint-Michel et avant la fin d'août s'il quitte à Pâques ou à la Saint-Georges. *Il n'a pas droit aux greniers de la ferme* et doit enlever son grain, soit à son départ, soit aussitôt battu ». De même dans le canton de Flers, le fermier sortant « n'a pas droit à la jouissance du grenier à grain, et doit emporter toute sa récolte aussitôt qu'elle est battue » (Domfront, p. 50), et, dans le canton de Passais, « la récolte doit être battue avant la fin de septembre. Le fermier sortant garde l'usage du grenier jusqu'à sa sortie, le 16 octobre, et ne doit laisser aucun grain sur la ferme après cette époque » (Domfront, p. 53) (V. aussi arr. de Mortagne, p. 41; mais v. p. 38).

En ce qui concerne les *écuries et étables*, dans l'Eure et le Calvados, selon Troplong (Louage, n° 778), le fermier sortant « a... droit à une place aux écuries pour une vache et pour un ou deux chevaux, suivant ce qui lui est nécessaire pour porter au marché les blés battus ». — Le Tribunal civil de Caen (1re ch., 12 janv. 1857, cité suprà, p. 104) a déclaré « que le fermier sortant n'a pas le droit de conserver un porc sur la ferme, et qu'en règle générale une vache ne lui est pas non plus nécessaire », « Toutefois, ajoute le Tribunal, les sieurs Coudray allèguent que l'usage dans la contrée est de laisser une vache au fermier sortant; l'expertise devra porter sur ce point. » — Pour le canton de Briouze (Argentan, p. 71), il est indiqué que le fermier sortant à la Saint-Michel « doit emmener tous ses bestiaux à sa sortie ». Parfois au contraire le fermier sortant a le droit (et même souvent l'obligation) de laisser ses bestiaux pendant un certain temps sur la ferme pour y consommer l'excédent des pailles et fourrages (V. infra). — L'arrêt de la Cour de Caen du 20 novembre 1907 (cité p. 109) reconnaît qu'il résulte des usages dans la plaine de Caen que le fermier a droit « d'après l'importance de l'exploitation », notamment « à une écurie pour quelques chevaux, à une étable ». Selon les Usages agricoles de l'arrondissement de Caen (p. 28, — par suite du renvoi contenu p. 29), le fermier sortant a droit « à une écurie pour loger les chevaux que nécessite sa culture ». On lui laissera la plus petite écurie s'il y en a deux, ou un nombre suffisant de places dans la grande, ou à défaut, une étable ou tout autre bâtiment « convenable et suffisant ». — Dans l'arrondissement d'Évreux, le fermier sortant a le droit de conserver « un nombre de chevaux égal à celui des charrues employées habituellement et simultanément dans la ferme » (Eure, p. 109). — Relativement à ces chevaux, le fermier sortant a droit à une certaine quantité de paille : par exemple, dans l'arrondissement de Caen, « à partir de la Saint-Michel, le fermier sortant a droit à une botte de paille, par jour et par cheval occupé, pendant le temps nécessaire au battage et à l'enlèvement de ses dernières récoltes... ». (V. aussi, pour l'arrond. d'Évreux, Eure, p. 109; pour l'arrond. des Andelys, Eure, p. 149, etc.).

2° Tels sont les « logements » que conserve le fermier sortant. Quelles sont les « *autres facilités* » qui lui sont accordées ?

a) Il a droit à certains *légumes*. « Les légumes, — dit un jugement du Tribunal civil de Caen (12 janvier 1857, précité) — appartiennent au fermier entrant, *à charge de remettre* au fermier sortant, journellement, ceux nécessaires au besoin de son chauffe-pied ». — En tout cas, il

semble qu'il faille admettre que le fermier sortant, ayant
le droit de terminer ses récoltes, pourra emporter ses
pommes de terre, ses pois, sa vesce et autres récoltes analogues (Usages agr. de l'arr. de Caen, p. 29).

b) Selon Troplong (*op. cit.*, n° 667), « il y a des localités où les *foins* sont considérés comme objets de commerce appartenant au fermier. — Cet usage existe dans
certaines partie des départements de l'Eure et du Calvados ». Vaudoré, après avoir fait allusion à ce passage de
Troplong (op. cit., v° fermier entrant, fermier sortant, n°
10 in fine), ajoute : « Cet usage s'est introduit dans beaucoup de fermes à herbes, situées dans l'Orne ». Les recueils actuels d'usages ne semblent pas cependant faire
allusion à ce droit du fermier sortant. Toutefois, les Usages agricoles de l'arrondissement de Caen portent que
« les *fourrages* que le fermier sortant peut emporter sont:
les luzernes, les trefles, les sainfoins... » (p. 29). — Par
ailleurs, cet usage ne semble point admis partout (V. par
ex., arr. Évreux, art. 25, Eure, p. 110). Sa validité a
même été contestée : il serait, a-t-on dit (note sous l'art.
25 des Usages ruraux de l'arr. d'Évreux), « manifeste-
ment en opposition avec les dispositions législatives des
art. 524, 1777 et 1778 du Code Civil, qui témoignent du
grand intérêt que la loi attache à l'emploi et à la consommation des fourrages sur la propriété qui les a produits »
Nous avons admis cependant que l'art. 1778 était susceptible d'être renversé par clause ou usage contraire (suprà,
p. 89 et suiv.). Peut-être pourrait-on ajouter que cette
disposition, relative aux pailles et engrais (de même que
l'art. 524), est hors de cause en ce qui concerne *les foins*,
et qu'il résulte de l'art. 1777 (V. ce texte) que les facilités
relatives aux « fourrages » sont réglées par l' « usage des
lieux »; la loi s'en remet pour le tout aux usages, pourquoi ceux-ci ne pourraient-ils donner au fermier sortant un
droit de propriété; d'ailleurs l'art. 1777 parle de « con-

sommation » des fourrages, la consommation implique le
« jus abutendi », les usages pourront donc porter sur le
« jus abutendi » (donc aussi, par a fortiori, sur les autres
éléments du droit de propriété) (Nous avouons cependant
(et c'est pourquoi nous préférons nous placer directement en face de l'art. 1778) que cet argument tiré de l'art
1777 est douteux, car « facilités relatives à la consommation des fourrages » peut s'entendre seulement de l'exce-
cédent des fourrages, que parfois le fermier est tenu de
faire consommer sur la ferme [V. infra, c.)].

En ce qui concerne les « *regains* », nous lisons, dans
le recueil des « Usages agricoles de l'arrondissement de
Caen » (p. 29) que « en l'absence d'une clause spéciale,
le fermier sortant n'a droit qu'à la première coupe du
sainfoin de 3 ans. Cette première coupe étant enlevée, le
regain de ce foin est considéré comme compost à blé ».
La Cour de Caen a considéré (2ᵉ ch., 19 nov. 1846, Dela-
rue, Rec. Caen, 1846, p. 561) « qu'en règle générale.... le
récroît d'une année appartient au fermier qui paie les
fermages de ladite année ». Il est admis, dans le canton
de Carrouges, que « le fermier sortant a.... droit de faire
pâturer les regains des prairies naturelles ou artificielles;
pour ces dernières, il peut faire faucher les regains de
trèfle pour les faire manger à l'étable ou pour en récolter la graine » (Alençon, p. 38). (V. aussi, pour les
regains de trèfle, cant. de Briouze, (Argentan, p. 71.)

c) Le fermier sortant *peut*, en général, — et est parfois
obligé de — *laisser des bestiaux sur la ferme, pour consommer l'excédent des pailles et fourrages.* (Cet usage
est certainement de ceux qui doivent être validés aux termes de l'art. 1777 : V. ce texte.) — C'est ainsi que, dans
le canton de Gacé (Argentan, p. 80) « le fermier sortant
a le droit de faire consommer en dehors de l'étable les
fourrages qui restent en plus de ceux qu'il doit laisser, et
le fermier entrant doit fournir un logement pour le gar-

dien des bestiaux. Le droit de faire consommer les fourrages après la fin du bail expire au 1ᵉʳ avril... » (V. aussi not. cant. du Merlerault, (Argentan, p. 81); arr. de Mortagne, Mortagne, p. 40.) Il semble que le droit de faire consommer les fourrages sur la ferme après la sortie n'existe dans l'arrondissement de Caen qu'en vertu de conventions spéciales (V. Usages agricoles de l'arrondissement de Caen, p. 40). Mais le fermier sortant peut en tout cas faire consommer sur la ferme le marc de pommes produit sur la propriété, jusqu'à Pâques (ibid). — Dans certaines localités, et par exemple dans le canton d'Exmes, « c'est non seulement un droit, mais une obligation pour le fermier sortant de faire, après sa sortie, consommer les fourrages qui restent en plus de ceux qu'il doit laisser ». (Argentan, p. 76). « L'usage du pays », est-il ajouté pour le canton d'Exmes (ibid), « est de faire dépenser dehors, autant que possible, les fourrages de la ferme sur les prairies les plus saines et ayant le plus besoin d'engrais. Le fermier entrant n'est pas obligé de fournir un logement au gardien des bestiaux de son prédécesseur. — Généralement, il est admis que les bestiaux du fermier sortant doivent quitter les prairies lors de la pousse de l'herbe, c'est-à-dire approximativement au 15 avril; s'il reste des fourrages, ils seront consommés dans les étables, et il y aura une écurie pour les chevaux de l'ancien fermier ». Dans la mesure où il s'agit ici d'une obligation, elle semble résulter de celle d'usage de convertir toutes les pailles et fourrages de la ferme en fumiers et engrais.

d) Le fermier sortant a *droit aux pâturages* subsistants lors de sa sortie (en vertu de son droit général de terminer les récoltes) (V. not. arr. Caen, p. 43; arr. Pont-Audemer, Eure, p. 185, etc.). Le fermier qui a droit aux pâturages a droit aussi à la *laiterie* et par suite aux *burets à porcs*, « attendu que ces animaux consomment le gros lait » (Mouchel, op. cit., p. 310).

c) Souvent le fermier a encore droit à la « colombine » (97 bis) du colombier et des poulaillers. — Il en est ainsi notamment dans l'arr. d'Évreux « pourvu qu'elle soit sans aucun mélange de paille, menue paille, poussier ou toute substance pouvant entrer dans la composition du fumier « Eure, p. 109). (V. aussi pour l'arrondissement de Mortagne, Mort. p. 41 in fine; cant. de La Ferté-Fresnel (Argentan, p. 79), de Flers et Messei (Domfront, p. 38, etc.) — Mais cet usage n'est pas admis partout, du moins sans distinction : c'est ainsi que, dans le canton d'Exmes, « si la ferme est composée de terres arables, et que les volailles aient été nourries avec les menus grains en provenant, il est d'usage que la colombine reste à la ferme. — Si la propriété comprend à peu près exclusivement des prairies, le fermier a été obligé d'acheter des grains pour sa basse-cour; par suite, l'engrais du poulailler lui appartient » (Argentan, p. 77-78).

*
* *

Les droits concédés au fermier sortant ne sont point illimités dans le temps. L'arrêt de la Cour de Caen du 29 novembre 1907 (cité p. 109), après avoir énuméré les logements auquel il a droit en vertu des usages de la plaine de Caen, ajoute qu'il peut « rester sur les lieux ci-dessus, suivant l'usage local, *jusqu'à la St-Jean, 24 juin* ». C'est à cette époque que, plus généralement, dans tout l'arrondissement de Caen, « cessent tous les droits concédés par l'usage au fermier sortant » (Usages agricoles de l'arr. de Caen, p. 31). Cependant, dans les fermes composées

(97 bis) « La *colombine* ou fiente des pigeons et des oiseaux de basse-cour (la fiente des poules est quelquefois nommée *pouline* ou *poulaitte*) constitue un engrais actif, généralement moins riche en azote que le *guano*, mais d'ailleurs très analogue à ce dernier ». (Nouveau Larousse Illustré).

d'herbages (où l'époque de sortie est Noël) le fermier sortant « peut loger son cidre dans les futailles de la cave jusqu'à la St-Michel qui suit sa sortie » (eod. op., p. 40). — De même, aux termes de l'art. 19 des usages ruraux de l'arrondissement d'Evreux (Eure, p. 108), à partir du jour Saint-Jean-Baptiste (24 juin), « le fermier sortant n'a plus aucun droit sur la ferme ». (V. aussi usages rur. de l'arr. de Bernay (Eure, p. 161). — Dans l'arr. de Domfront « que le bail finisse à Pâques ou à la St-Michel, le fermier sortant doit avoir complètement quitté la ferme au plus tard *un an* après sa sortie » (Domfront, p. 38).

SECTION SEPTIÈME

MÉTAYAGE (Loi du 18 juillet 1889)

————

En matière de bail à colonat partiaire ou métayage, la loi du 18 juillet 1889, — qui a été insérée dans le Code Rural (liv. 1ᵉʳ, titre IV), — contient un certain nombre de renvois formels aux usages locaux (art. 2, 3, 5, 7, et 13).

On doit suivre ainsi l'usage des lieux : s'il impose une règle contraire à celle du partage par moitié (art. 2), ou à celle qui oblige le colon à tenir les bâtiments en bon état de réparations locatives (art. 3); — pour déterminer l'étendue de l'exercice du droit de surveillance des travaux et de direction générale de l'exploitation appartenant au bailleur (art. 5); — en ce qui concerne le congé que doit donner l'acquéreur de l'héritage rural (art. 7); — enfin, aux termes de l'art. 13 : « les dispositions de la section première du titre du louage contenues dans l'art. 1718 et dans les art. 1736 à 1741 inclusivement, et celles de la section III du même titre, contenues dans les art. 1766, 1777 et 1778, sont applicables aux baux à colonat partiaire. Ces baux sont *en outre régis, pour le surplus, par l'usage des lieux* ». — (Addᵉ, art. 6, al. 2.)

Quels sont les usages normands admissibles en vertu de ces textes en matière de métayage ?

Il est évident qu'il n'y a lieu de s'en occuper que si le métayage est en usage en Normandie. — Selon les Usages agricoles de l'arrondissement de Caen (p. 58) « le métayage et le cheptel sont, pratiquement, à peu près inconnus dans le Calvados ». — D'après une déclaration verbale qu'a bien voulu nous faire M. le Bâtonnier Guillouard, il n'y a guère de métayage pour le Calvados que dans le canton d'Harcourt. Encore est-ce un métayage « importé » et pour lequel il n'y a pas d'usage local... — (De même, dans l'arrondissement de Mortagne, les baux à colonat partiaire qui existent « font l'objet de conventions écrites, qui par conséquent les régissent. Il n'y a pas d'usage général » [Mortagne, p. 50]).

SECTION HUITIÈME

DURÉE DU LOUAGE DES DOMESTIQUES ET OUVRIERS RURAUX (L. 9 juill. 1889, art. 15) ET FIXATION DE L'INDEMNITÉ DUE AUX VICTIMES, N'AYANT PAS UN SALAIRE FIXE, D'ACCIDENTS DU TRAVAIL AGRICOLES CAUSÉS PAR L'EMPLOI DE MACHINES MUES PAR DES MOTEURS INANIMÉS (L. 30 juin 1899, art. unique, § 3),

---

PARAGRAPHE PREMIER

DURÉE DU LOUAGE DES DOMESTIQUES ET OUVRIERS AGRICOLES

Aux termes de l'*art. 15 de la loi du 9 juillet 1889,* — qui a été insérée dans le Code Rural (liv. 1ᵉʳ, titre 2 et 3), « la durée du louage des domestiques et des ouvriers ruraux est, sauf preuve d'une convention contraire, *réglée suivant l'usage des lieux* ».

Quels sont les usages de la Normandie ?

Comme le dit fort exactement Vaudoré (op. cit., vᵒ Domestiques, nᵒ 19-2ᵃ) : « le service des domestiques attachés aux travaux agricoles comme vignerons, garçons de labour, servantes de basse-cour, est, en général, réputé *pour un an.* V. nouv. Dénisart, Troplong, nᵒ 861... » C'est ce que supposait déjà Flaust (t. 1ᵉʳ, p. 649-650). Les usages actuels sont conformes à la règle ancienne : V. Mouchel, op. cit., p. 326, Argentan, p. 100 et suiv.; Domfront, p. 67; Mortagne, p. 53; Alençon, p. 54. — Tel est aussi l'usage dans l'arrondissement de Caen, et spécialement dans la plaine de Caen (renseignements fournis par M. le Bâtonnier Morin, et par M. le Professeur Hédiard) (Cf. Usages agr. arr. Caen, p. 58). — Les domestiques exclusivement attachés à la personne et au ménage seraient loués sans durée limitée (V. Argentan, p. 102; sic, Pothier, cité par Flaust, t. I, p. 650); mais V. cant. d'Exmes (Argent. ibid.).

En ce qui concerne les *ouvriers ruraux* ils sont loués à la journée (M. Hédiard). Tel serait en effet le principe pour les « journaliers ». Dans l'arrondissement de Caen, pour les moissonneurs l'engagement a lieu souvent à forfait pour toute la récolte ou à tant l'hectare. Beaucoup d'ouvriers se louent à la semaine, au mois ou à la journée » (arr. Caen, p. 59). — Selon Vaudoré (eod v°, n° 19-3°) « les gens occupés aux moissons et à serrer les diverses productions, sont réputés loués pour le temps nécessaire à en opérer la rentrée, c'est-à-dire pendant la *campagne* ». Dans l'arrondissement de Domfront, les moissonneurs sont loués pour trois mois (Domfront, p. 68).

Terminons en rappelant que, comme le dit Vaudoré (eod. v°, n° 33) « le louage dont la durée est déterminée expressément ou tacitement, comme serviteurs agricoles, servantes de basse-cour, est susceptible de tacite reconduction. V. Flaust, cout. Norm. 1. 650... »

PARAGRAPHE DEUXIÈME

INDEMNITÉ DUE AUX VICTIMES, NON SALARIÉES OU N'AYANT PAS UN SALAIRE FIXE, D'ACCIDENTS DU TRAVAIL, CAUSÉS, DANS LES EXPLOITATIONS AGRICOLES, PAR DES MOTEURS INANIMÉS.

Aux termes du § 3° de l'art. unique de la *loi du 30 juin 1899*, concernant les accidents causés dans les exploita tions agricoles par l'emploi de machines mues par des moteurs inanimés, « si la victime n'est pas salariée ou n'a pas un salaire fixe (98), l'indemnité due est calculée, selon les tarifs de la loi du 9 avril 1898, *d'après le salaire moyen des ouvriers agricoles de la commune* ».

Il est bien évident que ce salaire moyen est susceptible de varier, dans une certaine mesure, selon les communes.

Nous ne pouvons entrer ici dans des détails qui seraient trop fragmentaires, et pour lesquels d'ailleurs nous ne possédons aucun document.

Nous noterons simplement qu'il serait utile d'avoir des documents sur ce point : il a été jugé en effet qu'il appartient à la victime d'établir le salaire moyen des ouvriers agricoles de la commune et que cette preuve peut être faite par tous moyens (Trib. Angers, 12 déc. 1899, sous Angers, 16 janv. 1900, S. 1901, 2. 89, D. 1900, 2. 117).

(98) « Il s'agit ici uniquement, dit M. Loubat (des accidents agricoles, n° 451), des travailleurs qui ne sont pas habituellement salariés. Ce ne sont pas des ouvriers proprement dits (rapp. de M. Legludic...), mais de petits cultivateurs vivant du travail de leurs champs ; ce sera peut-être aussi un passant qu'on aura embauché pour quelques jours. Ou bien ces travailleurs ne reçoivent aucune rémunération : ce sont des obligeants (rapp. de M. Legludic) se prêtant entre voisins ou amis une mutuelle assistance (ibid.) gracieusement et à charge de revanche (rapp. de M. Mirman) ; ou bien ils reçoivent une rétribution pour le concours qu'ils apportent, et dans ce cas, ce sont des ouvriers sans salaire fixe, puisque ce n'est qu'exceptionnellement qu'ils se livrent à un travail salarié suivi. C'est pour tous ces ouvriers que la loi de 1899 a dû choisir un salaire moyen fictif. Il eût été injuste, en effet, de calculer la rente à laquelle ils ont droit, d'après le salaire tout à fait exceptionnel que quelques-uns peuvent gagner au moment de l'accident, et, au surplus, cette base aurait fait défaut pour ceux qui ne reçoivent aucune rémunération » (Adde, eod. op., n° 444).

Chapitre Quatrième

LE RENVOI DES ART. 590 ET SUIVANTS EN MATIÈRE D'USUFRUIT

———

Aux termes de *l'art. 590* du Code Civil, « si l'usufruit comprend des bois taillis, l'usufruitier est tenu d'observer l'ordre et la quotité des coupes, conformément à l'aménagement ou à l'usage *constant des propriétaires* », — c'est-à-dire que, comme l'écrivent MM. A. Colin et Capitant (Cours élément. de dr. civ. franç., t. 1ᵉʳ, p. 800) « s'il n'y a pas un aménagement déterminé, créé par le propriétaire, l'usufruitier se guidera sur l'usage des autres propriétaires de la même région », — c'est-à-dire sur *l'usage des lieux* (991).

L'alinéa second de l'art. 590 confirme cette interpréta-

(991) Il faut avouer d'ailleurs que l'art. 591 paraît à première vue contraire à cette interprétation, car, à propos des bois de haute futaie, il décide que l'usufruitier en jouira « toujours en se conformant aux époques et à l'usage des anciens propriétaires », ce qui ne peut s'entendre des « autres » propriétaires de la même région ; mais on comprend très bien une disposition toute spéciale pour le cas de l'art. 591 (arbres de haute futaie) ; le seul usage dont il puisse être ici question est celui des anciens propriétaires ; car l'usufruitier ne peut toucher à ces bois qu'à cause et dans la mesure de l'aménagement de ceux-ci (V. art. 592).

tion, car il dispose que « les arbres qu'on peut tirer d'une pépinière sans la dégrader, ne font *aussi* partie de l'usufruit qu'à la charge par l'usufruitier de se conformer *aux usages des lieux* pour le remplacement ». — Le texte indique lui-même (argum. tiré du mot « aussi ») l'intention de ses rédacteurs d'adopter pour les pépinières la même solution que pour les coupes de bois. Dans les deux cas, on devra donc suivre d'abord l'usage du propriétaire précédent, s'il est déterminé (même pour le remplacement des arbres dans les pépinières [100]), — et, à défaut, l'usage des lieux.

L'art. 593, relatif à ce que l'usufruitier peut prendre dans les bois, n'oublie pas, quant à lui, de mentionner l'usage du propriétaire : *art. 593* « Il (l'usufruitier) peut prendre, dans les bois (taillis ou de haute futaie), des échalas pour les vignes; il peut aussi prendre, sur les arbres, des produits annuels et périodiques; le tout *suivant l'usage du pays ou la coutume des propriétaires* ».

En résumé, — car il n'y a pas de raison pour ne pas donner à tous ces textes, d'ailleurs connexes, la même interprétation, — on peut dire que l'usufruitier jouira des bois suivant l'aménagement (c'est-à-dire la façon de faire) du propriétaire, ou, *à défaut*, en se conformant à l'usage des lieux.

Il est bien évident que cet usage des lieux, pour n'obliger l'usufruitier que subsidiairement, n'en est pas moins utile à connaître.

Il convient d'ajouter que d'une manière générale, en matière d'usufruit, il résulte des termes exprès de l'art. 608 du Code Civil, que l'usufruitier est tenu des charges qui, « dans l'usage » sont censées charges des fruits. —

(100) En dépit du silence sur ce point de l'art. 590 al. 2 (Cf. Baudry-Lacantinerie, Précis de dr. civ., t. I. 11ᵉ éd. 1912, n° 1566 in fine, p. 896).

Ce texte peut être considéré comme une simple application des principes posés par les art. 1135 et 1160.

Quels sont les usages normands sur ces divers points ? Telle est la question que nous devons nous poser. Nous ne l'examinerons que pour ce qui est relatif à l'usufruit des bois (101).

Trois points sont à examiner en cette matière : ce qui est relatif aux produits périodiques et autres droits de l'usufruitier sur les bois (art. 588); — ce qui est relatif à l'ordre et à la quotité des coupes (art. 590, al. 1er); — ce qui est relatif au remplacement des arbres des pépinières (art. 590, alin. 2°).

(101) Bibliogr. : de Vilade, Cout. de Norm., p. 98; Mouchet, op. cit., p. 13 et suiv.; Eure, p. 5 et suiv., 8 et suiv., 9 et suiv.; Orne, V. les divers recueils d'usages, p. 1 et suiv.

DES COUPES (art. 590-591 du Code Civil)

———

La distinction des bois taillis et des bois de haute futaie domine la matière : car, tandis que l'usufruitier ne peut point en principe toucher aux arbres de haute futaie, il peut mettre en coupe les bois taillis ; en suivant l'aménagement du propriétaire, ou, à défaut, l'usage des lieux, pour « l'ordre et la quotité des coupes » (V. art. 590, précité). — Quand un bois cesse-t-il d'être taillis pour devenir bois de haute futaie ? — On admet généralement, qu'à *défaut d'aménagement du propriétaire*, le bois sera réputé taillis jusqu'à 30 ans d'âge, et de haute futaie s'il est plus vieux. On applique ainsi l'art. 69 de la loi du 3 frim. an VII, relative à l'assiette et au recouvrement de la contribution foncière. — texte ainsi conçu : « Tous les bois au-dessus de 30 ans sont réputés taillis et seront évalués conformément aux dispositions des 2 articles précédents » (Sic. C. de Cass. 13 juin 1823, arrêt cité par de Vilade, op. cit., p. 143) (102).

(102) Peut-être n'est-il pas de très bonne méthode de prendre comme critère, au point de vue du fond du droit, une distinction posée uniquement dans un but fiscal apparent ; les bois de haute futaie ne sont estimés qu'à un revenu de 2 $\frac{1}{2}$ % de leur valeur, tandis que les bois taillis voient leur revenu évalué d'après le prix moyen des coupes (qui est très probablement de plus de 2 $\frac{1}{2}$ %).

Quel est l'ordre et la quotité des coupes de bois taillis en Normandie ?

En ce qui concerne la quotité des coupes, selon M. Mouchel (op. cit., p. 15), dans la Manche, « on divise les coupes ordinairement *par tiers*, en réservant quelques jeunes arbres, les mieux venants que l'on nomme baliveaux » (103). L'art. 1er, chap. 26 de l'ordonn. des eaux et forêts de 1669 prescrivait de réserver 16 baliveaux par arpent (50 ares) et l'ordonnance sur l'exécution du Code Forestier (art. 70), 50 par hectare (pour les bois et forêts du domaine de l'État).

En ce qui concerne l'ordre des coupes, dans la Manche (Mouchel, op. cit., p. 16) « l'usage généralement suivi est de couper les taillis pour la première fois à l'âge de 25 ans. Les coupes suivantes se font (généralement) tous les 9 ans (Procès-verbal des Commissions). » Cet intervalle de 9 ans constitue également « l'usage le plus général » dans l'Eure (art. 1er des Usages locaux de l'Eure). « Cet intervalle, dit ce texte, est observé sans exception pour les bois-taillis loués avec des terres de labour soumises à l'assolement triennal. L'intervalle est de 8 ans seulement, pour les bois affermés avec des terres de labour cultivées suivant l'assolement biennal, excepté dans le canton de Broglie, où il est, dans tous les cas, de 9 ans ». (Cf. Mortagne, p. 2 [9 ou 8 ans en général, quelquefois plus pour les bois durs surtout]). Dans le canton d'Argentan, « les propriétaires exploitent les taillis tous les 12 ans » (Arg., p. 2), etc.

(103) Cf. Alençon, p. 4, Mortagne, p. 3 et 5 in fine, Domfront, p. 3, etc..

SECTION DEUXIÈME

CE QUE L'USUFRUITIER
PEUT PRENDRE DANS LES BOIS (art. 593)

———

1° Aux termes de l'art. 593, l'usufruitier « peut prendre dans les bois, des échalas pour les vignes ». On s'accorde à interpréter ce texte largement, et à n'y voir qu'un exemple-type, auquel d'autres peuvent être assimilés : c'est ainsi qu'on admet que l'usufruitier pourra prendre dans les bois des *perches* pour les houblons, des *gaules* et des *tuteurs* pour les arbres fruitiers, et aussi, règle de nature à s'appliquer plus fréquemment en Normandie, « des *appuis* » pour les pommiers (Monchel, *op. cit.*, p. 21). — Dans l'Eure, les propriétaires n'auraient point l'usage de prendre dans leur bois des échalas pour les vignes avant l'âge où ces bois sont habituellement coupés (Eure, p. 9, art. 11).

2° L'usufruitier a droit aussi, en vertu de l'article 593, aux « produits annuels ou périodiques ». On peut en déduire qu'il n'a pas droit aux produits non périodiques.

a) *Produits annuels ou périodiques.*

Les produits sont périodiques ou non périodiques. Les produits « annuels » semblent être des produits périodiques dont la périodicité est, plus spécialement, une « annualité » : c'est pourquoi il nous semble contestable de dire, avec les rédacteurs des Usages locaux du départe-

ment de l'Eure (art. 12, p. 9), que les « produits annuels»
comprennent les arbres entiers détruits par force majeure, évènement essentiellement impériodique. — Les produits périodiques semblent être, outre les fruits proprement dits, le produit de la taille, de l'émondage et du nettoyage des arbres (Cf. Baudry-Lacantinerie et Chauveau, Des Biens, 3° éd., n° 621). — Nous devons présenter
quelques brèves observations relativement à l'*émondage*.

1° Quand procède-t-on à l'émondage ? Cela varie suivant l'endroit où les arbres sont plantés et suivant les espèces d'arbres.

Il est généralement admis que « les branches des arbres forestiers existant dans les *taillis* et soumis à l'émondage sont coupées en même temps que les taillis » (art.
15 Usages de l'Eure; cf. Mortagne, p. 6). De même, les
joncs marins et genêts croissant dans les taillis sont coupés généralement lors de l'exploitation du taillis; ils sont
coupés à 3 ans dans le canton de Nonancourt (Eure, p.
20, note I).

Il est assez généralement admis aussi que les arbres
forestiers « placés dans les *haies* » sont émondés lorsque
les haies sont coupées (Eure, *loc. cit.* V. aussi Mortagne,
p. 6).

Restent les arbres *isolés, en massifs* ou *en lignes*. Leurs
branches sont coupées périodiquement, à des dates qui
varient suivant les essences d'arbres, suivant les cantons
(ou même suivant les communes). Il est naturel que ces
dates varient selon les lieux, car elles doivent être subor-
données, comme le fait remarquer M. Mouchel, à « la
nature végétative du sol ». — Certains arbres ne peuvent
être émondés. Dans la Manche, voici les règles rapportées par M. Mouchel (*op. cit.*, p. 20) : « Les arbres qu'il
est permis d'émonder sont : le saule, le bouleau, le chê-
ne, l'orme, le frêne, le châtaignier, l'aune, le peuplier,
lorsqu'ils l'ont déjà été... Quant aux arbres fruitiers et

arbres verts, à ceux d'ornement ou de décoration, ils ne peuvent être élagués qu'avec l'autorisation du propriétaire ». D'après M. Mouchel (*op. cit.*, p. 17), « les ajoncs des haies et les jannières se coupent tous les 3 ou 4 ans, du 1er novembre au 15 janvier. Les oseraies, les ajoncs destinés à la nourriture des chevaux, les ajoncs, ronces et bois courants tous les ans ».

La période de l'année où l'on procède à l'émondage est, du moins dans la Manche, pour les bois-taillis, généralement du 1er novembre au 15 avril. « Il serait cependant préférable, dit M. Mouchel (p. 19), de n'y procéder qu'à partir du 1er février, afin d'éviter la gélivure des bois ».

2° Comment procède-t-on à l'émondage ?

Il semble admis, du moins dans l'Eure (Eure, p. 19, note 1), qu' « on conserve à la cime des arbres de haut jet et soumis à l'émondage, des branches formant *houppe, bouquet, nid de pie ou couronne* ». — M. Mouchel (*op. cit.*, p. 20) note aussi que, dans la Manche, « à l'exception du saule commun, l'usufruitier ne peut *écouronner* aucun arbre sans l'autorisation expresse du propriétaire »; que d'ailleurs, « l'usufruitier, en émondant, doit conserver, au sommet de chaque arbre, un nombre de branches suffisant pour activer la montée de la sève ». — Cela semble venir de ce que l'usufruitier n'a pas le droit de commettre d'abus de jouissance et qu'il doit avant tout conserver la substance de la chose objet de l'usufruit (Adde, sur la hauteur de l'émondage, not. Alençon, p. 6).

L'exploitation des joncs marins, ou genêts, des oseraies s'effectue par un émondage total qui est une véritable coupe.

b) *Produits non périodiques.*

Par *a contrario* de l'art. 593, on peut déduire que l'usufruitier n'a pas droit aux produits non périodiques des bois (qui d'ailleurs ne sont pas des fruits).

Quels sont par ailleurs les produits non périodiques des bois ?

1° On pourrait songer au bois mort; mais pour lui il n'y a pas de question : V. les art. 594 et 592 du Code civil. Aux termes de l'art. 594 : « les arbres fruitiers qui meurent, ceux même qui sont arrachés ou brisés par accident, appartiennent à l'usufruitier — à la charge de les remplacer par d'autres ». Pour les arbres de haute futaie, il résulte de l'art. 592 qu'en principe l'usufruitier n'a pas droit au chablis ; il ne peut toucher aux arbres de haute futaie que pour les réparations dont il est tenu. — Que faut-il décider pour les bois-taillis ne consistant pas en arbres fruitiers ? — Il semblerait au premier abord que l'art. 594 du Code civil dût être considéré comme une exception au droit commun, relative aux arbres fruitiers, et qui pourrait être expliquée peut-être par cette considération que la destination de ces arbres étant de produire des fruits, — dont jouit l'usufruitier, — il est assez naturel qu'au cas où ils viennent à périr, l'usufruitier du moins ait, par une sorte de dédommagement, la propriété de leur bois; au contraire, pour les arbres qui ne sont pas arbres fruitiers, il faudrait en revenir au droit commun, et celui-ci serait que la pleine propriété de l'arbre devenu improductif aille au nu-propriétaire. — Il semble plus conforme aux principes de l'usufruit, et à la réalité des choses, de dire que, quand l'arbre meurt, on peut encore en jouir : en le consommant (en le brûlant ou en fabriquant avec divers objets) : l'usufruit deviendrait seulement un quasi-usufruit. C'est ce qu'on admet en pratique (Eure, art. 12, p. 9) assez généralement : l'usufruitier deviendra propriétaire de l'arbre mort (car il ne peut en jouir sans en disposer); mais ce ne sera qu'à charge d'en rendre un pareil : de le remplacer par un autre. En somme, l'art. 594 nous semble exprimer le droit commun plus que l'art. 592 : nous expliquerions ce dernier texte par cette considération que les bois de haute futaie ne sont pas objet d'usufruit; mais en ce qui concerne les bois-taillis, il n'y a pas de raison de faire obstacle à la règle générale posée par l'art. 594, — si du moins, — car en matière d'usufruit de bois-taillis, à défaut d'aménagement du propriétaire, il faut suivre les usages, — il n'y a point d'usage contraire. — (Dans l'Orne, des usages très divers seraient suivis : V. Alençon, p. 7; cf. p. 47). — Cependant, la question ne se pose pas seulement sur le terrain des art. 594 et 592; mais aussi sur celui de l'art. 593 : s'il fallait considérer le bois mort comme un produit non périodique, il faudrait décider que, ne s'agissant pas d'un fruit véritable, l'usufruitier de par l'art. 593, ne saurait y avoir droit (mais la règle admise par l'art. 594 semble bien assimiler le bois mort, quoique de sa nature non périodique, à un fruit).

2° Il faudrait en tous cas considérer les arbres de haute futaie non aménagée comme des produits non périodiques (Baudry-Lacantinerie et Chauveau, des Biens, 3° éd., n° 485). Mais pour eux encore la disposition de l'art. 593 semble inutile : il est certain en effet que l'usufruitier n'y a aucun droit, de par les art. 591 et 592.

SECTION TROISIÈME

USAGES RELATIFS AU REMPLACEMENT
DES ARBRES DES PÉPINIÈRES (art. 590, alin. 2°)

Il semble qu'il faille, sauf usage contraire, et en tant
qu'elle représentait l'usage général obligatoire de la province, appliquer à l'usufruitier la disposition de *l'art. 517*
de la Coutume de Normandie, relatif au fermier, — quand
il s'agit de pépinières qui auraient été *établies par lui*,
— ce qui n'est pas le cas le plus ordinaire. Cet article
est ainsi conçu : « Pareillement, les fermiers ayant planté
lesdites pépinières, chénotières, oulmières, et autres
nourritures de semblable qualité, *les peuvent enlever
après leur bail expiré, en laissant la moitié aux propriétaires*, pourvu qu'elles aient été faites du consentement
du propriétaire, ou six ans avant la fin du bail ». — Pourquoi cette condition de pépinières remontant à six années au moins ? « parce que, dit Godefroy sur l'art. 517,
c'est le temps qu'elles sont probablement prestes à lever ». — Quant à la raison d'être générale de l'article, il
« a été employé, dit Bérault (sur l'art. 517), pour inviter
les fermiers à faire et nourrir pépinières sans appréhen-
sion de n'y avoir rien s'il avenait que le bail expirast
avant qu'estre levées... » (Cf. Usages du cant. de Regmalard, Mortagne, p. 5. — Ne provient-il pas d'une façon plus ou moins directe de la longue application de
l'art. 517 l'usage qui veut que dans le canton de Vimou-

tiers [Argentan, p. 12] l'usufruitier ne puisse planter une pépinière sur la propriété dont il jouit qu'à la condition d'y être autorisé par le propriétaire ?)

Au cas de pépinières existantes dès *avant l'ouverture de l'usufruit*, il faut admettre sans doute qu'elles suivent le fonds « comme partie d'icelluy », disait Daviron, — aujourd'hui comme sous l'empire de l'art. 516 Cout. Normandie, — en principe du moins (V. Caen, 1ʳ ch., 4 avr. 1870, Jardin contre Aluan, Rec. Caen, 1870, p. 124); mais il faut admettre, pendant la durée de l'usufruit, un certain droit de disposition de l'usufruitier : on peut déduire en effet du texte de l'art. 590 que les arbres qu'on peut *tirer* d'une pépinière sans la dégrader font partie de l'usufruit : c'est dire que les pépinières sont, dans une mesure à déterminer, considérées comme des fruits; *lorsqu'elles sont en âge d'être levées*, dit l'arrêt précité, elles « deviennent des fruits industriels,comme tous ceux qu'on obtient par la culture » (Sic. trib. Évreux, 24 juill. 1838 et Cour de Rouen, 1ᵉʳ mars 1839, S. 1839, 2, 422). — D'ailleurs, les arbres des pépinières n'appartiennent jamais à l'usufruitier « qu'à la charge par l'usufruitier de *se conformer aux usages des lieux pour le remplacement* ». — Dans quelle mesure celui-ci sera-t-il tenu, par l'usage des lieux, de remplacer les arbres ? — Cela varie.

S'agit-il de pépinières établies par le propriétaire en vue d'entretenir d'arbres sa *propriété*, — ces pépinières « doivent être maintenues et renouvelées au fur et à mesure de leur épuisement, par l'usufruitier qui peut seulement y prendre des arbres pour remplacer ceux qui meurent pendant le cours de l'usufruit » (Manche. Procès-verbal des Commissions, rapporté par Monchel, op. cit., p. 21; cf. not. Usages du cant. de Briouze, Argentan p. 9). — La raison en est, semble-t-il, qu'il y a là un aménagement du propriétaire, tel que l'usufruitier ne peut

user des pépinières pour autre objet que la propriété dont
il jouit. — D'ailleurs, il est parfois admis en ce cas, et
cela semble plus juste (V. Usages de la plupart des cantons de l'arr. de Mortagne, Mortagne, p. 5, Usages du
canton d'Exmes, Argentan, p. 10, etc.), que l'usufruitier
n'est pas tenu de remplacer les arbres enlevés de la pépinière, ni d'en créer une nouvelle, ni de donner une indemnité au nu-propriétaire, — « ce qui s'explique par ce
fait que c'est la propriété seule qui a profité de la pépinière » (Mortagne et Domfront, p. 5).

S'agit-il au contraire de pépinières destinées à être *ex-
ploitées commercialement* en vendant les arbres au fur et
à mesure de leur venue, l'usufruitier, d'après certains
usages, pourrait garder le prix de vente *sans remplacer*
les pépinières quand elles sont en âge d'être transplan-
tées (P.-V. de Barneville et de Valognes, rapporté par
M. Mouchel, *op. cit.*, p. 22. — Adde cant. d'Alençon
[Alenç., p. 5] et la plupart des cant. de l'arr. de Mortagne [Mort., p. 5]). — Toutefois, nous aurions quelque
peine à admettre le dégarnissement complet de la pépinière, en présence, tant des principes généraux de l'usufruit, qui interdisent à l'usufruitier les abus de jouissance
et la destruction de la chose objet de l'usufruit, que des
termes mêmes de l'art. 590, al. 2, qui décide que l'usufruitier devra se conformer aux usages des lieux « pour
le remplacement », — ce qui implique qu'il devra y avoir
un remplacement. Il sera donc prudent pour l'usufruitier
d'établir, dans cette seconde hypothèse, une *nouvelle pépinière* contenant autant de sujets que d'arbres enlevés.
— V. en ce sens, dans la Manche, P. V. des Commissions
de « Valognes, Barneville » et Saint-Lô, et Usages d'A-
vranches, par Legrin, cités par M. Mouchel, *op. cit.*, p.
23; cant. de Pervenchères et de Bazoches-sur-Hoesne
(Mortagne, p. 5), cant. d'Exmes (Argentan, p. 10), et de
Mortrée (Argent., p. 11), et la plupart des cant. de l'arr.

de Domfront (Domfr., p. 5). — L'usage le plus notable
est peut-être celui du canton d'Écouché, dans lequel « si
la pépinière est destinée à être vendue, elle est estimée
à l'ouverture de l'usufruit et l'usufruitier doit tenir compte
de ladite estimation, lors de la cessation de l'usufruit »
(Argentan, p. 10). Il s'agirait donc d'une sorte de quasi-
usufruit dans le cas de pépinières destinées à être ven-
dues; — mais avec cette différence que, dans le véritable
quasi-usufruit, l'usufruitier a le choix de rendre en nature, s'il le préfère, des choses de même valeur et quantité que celles objet du quasi-usufruit (V. l'art. 587 du
Code Civil).

Chapitre Cinquième

DES RENVOIS
EN MATIÈRE DE SERVITUDES RÉELLES

———

C'est en la matière des servitudes réelles qu'on trouve peut-être le plus de renvois aux règles anciennes et usages locaux; et c'est certainement en cette matière que le nombre des textes anciens applicables, est le plus élevé. On doit indubitablement appliquer encore de nos jours certains textes de la Coutume de Normandie, et, parfois d'arrêts de Règlement du Parlement de Normandie, — sans que, souvent, les usages contraires puissent même y apporter de dérogation.

Les renvois faits par le Code aux règles anciennes ou usages locaux en cette matière concernent plus spécialement, comme nous l'avons déjà indiqué (Introduction, p. 8) le régime des eaux (art. 645), la hauteur de la clôture forcée (art. 663), la distance pour les plantations (art. 671), et d'une manière plus générale les constructions susceptibles de nuire au voisin (art. 674), et les servitudes rurales d'intérêt privé (art. 652).

Nous rapprocherons de ces divers textes, que nous allons examiner successivement au point de vue normand, les lois que nous avons déjà citées (Introduction, p. 8).

———

SECTION PREMIÈRE

DES RENVOIS EN MATIÈRE DE RÉGIME DES EAUX

(art. 645 du Code Civil; Loi du 8 avril 1898,

sur le régime des eaux, art. 9, 15 et 20)

1° En matière d'eaux de source privées formant un cours d'eau offrant le caractère d'eaux « publiques et courantes », l'art. 645 du Code Civil renvoie aux « règlements particuliers et locaux » pour ce qui est relatif au « cours » et à l' « usage » de ces eaux : *Art. 645* : « s'il s'élève une contestation entre les propriétaires auxquels ces eaux peuvent être utiles, les tribunaux, en prononçant, doivent concilier l'intérêt de l'agriculture avec le respect dû à la propriété; et, *dans tous les cas, les règlements particuliers et locaux sur le cours et l'usage des eaux doivent être observés* ».

De même, pour les cours d'eau non navigables, ni flottables, *l'art. 9 de la loi du 8 avr. 1898* (C. Rur., liv. II°, tit. II) décide que « des décrets rendus après enquête dans la forme des règlements d'administration publique fixent, s'il y a lieu, le régime général de ces cours d'eau, de manière à concilier les intérêts de l'agriculture et de l'industrie avec le respect dû à la propriété et aux droits et *usages antérieurement établis* ». — Il ne semble pas douteux que le règlement qui malgré cette recommandation violerait le droit de propriété serait illégal, du moins vis-à-vis de celui dont la propriété aurait été méconnue. (Cf. Watrin et Bouvier, op. cit., n° 517, — p. 524.) Le texte plaçant sur la même ligne les « droits et usages antérieurement établis », la violation de ces droits et usages entraînerait aussi, pourrait-il sembler, l'illégalité du règlement, du moins vis-à-vis de ceux auxquels l'usage conférait des droits.

Mais quels sont ces « règlements particuliers et locaux » ou ces « droits et usages » en Normandie ? (104).

Aux termes de *l'art. 209* de la coutume en Normandie « roteurs (105) ne peuvent être faits en eau courante; et si aucun veut détourner eau pour en faire, il doit vuider l'eau dudit roteur, en sorte que l'eau d'icelui roteur ne puisse retourner au cours de la rivière ». — Un *arrêt de règlement du Parlement de Normandie du 14 décembre 1719* a de même « fait défenses à toutes personnes de quelqu'état et condition qu'elles soient, de mettre ni faire mettre aucuns Lins ni Chanvres à rouir dans les Rivières, Fossés courants, Mares publiques, et autres lieux y aboutissans, et d'y jeter ou porter aucunes ordures, immondices ni autres choses qui en puissent corrompre les eaux » (106).

Ces dispositions devraient, croyons-nous, être considérées comme encore applicables en principe, en vertu des textes de renvoi précités (Sic, Mouchel, op. cit., p. 29). — Il faut d'ailleurs immédiatement ajouter que, le lin et le

(104) Bibliogr. : Mouchel, op. cit., p. 27 et s.; usages agr. arr. Caen, p. 49; Orne, chap. II, (Alenç. p. 9, etc.)) Eure, chap. XII, p. 86.

(105) Nous dirions sans doute « routoirs »; il s'agit des lieux où l'on procède au « rouissage » des plantes textiles.

(106) « A peine, ajoutait l'arrêt, de confiscation des Lins et Chanvres, et de cinquante livres d'amende;.. ». Cf., pour la Manche, arrêté préfectoral du 26 nov. 1828. V. par ailleurs, en ce qui concerne le rouissage, art. 25 L. 21 juin 1898 (C. R. Liv. 3, Tit. 1er).

chanvre n'étant plus qu'exceptionnellement cultivés en Normandie, la pratique du rouissage n'a plus guère de raison d'être, et que, par suite, lesdites dispositions ne présentent en tout cas plus guère d'intérêt pratique. On pourra toutefois noter que la jurisprudence semble s'en être inspirée pour les lavoirs, et autres établissements industriels (V. Caen, 20 déc. 1875, Cass. 6 juill. 1807, cités par M. Mouchel, p. 29).

En ce qui concerne la police générale des cours d'eau, V. arrêté préf. Orne, du 11 oct. 1906. (Cet arrêté n'a rien de spécial à ce département, car il a été pris sur un modèle proposé par le Ministre de l'Agriculture, pour toute la France [Alençon, p. 9, Domfront, p. 8]).

« Un arrêté du préfet de la Manche dispose que « Aucun « *barrage*, aucune plantation, aucun ouvrage permanent « ou temporaire de nature à modifier le régime des eaux « ne peut être établi ou réparé sur un cours d'eau sans « l'autorisation du Préfet ». Pareille autorisation est nécessaire pour pratiquer, dans les berges, des *coupures* ou autres moyens de dérivation » (Mouchel, op. cit., p. 31).

— De même, un arrêté du Préfet de l'Orne du 20 juillet 1870 « défend les barrages et coupures sur les cours d'eau de l'Orne, sans autorisation » (Mortagne, p. 10) et « porte interdiction des prises d'eau pour les *irrigations* pendant la sécheresse, hors les temps fixés par les règlements » (Argentan, p. 18.) — Il est indiqué (ibid.) que « dans les communes du canton de Putanges, où il n'existe pas de règlement, les prises d'eau pour les irrigations pendant la sécheresse ne sont pas utilisées depuis le samedi 6 h. du soir au lundi 6 h. du matin ». Il n'y a pas d'usage local en vigueur dans l'ensemble des arrondissements de Domfront (Domfr. p. 8) et d'Alençon (Al. p. 9). — Dans la Manche, « celui qui a le droit d'user de l'eau rompt lui-même, à l'époque qui lui est assignée, le barrage établi sur la prairie supérieure et chacun des propriétaires inférieurs en fait autant (P. V. Commissions... L'irrigation n'a pas lieu à une époque uniforme » (Mouchel, p. 30; on devra se reporter à cet auteur pour plus de précision).

Un arrêté du Préfet de l'Orne du 1ᵉʳ juin 1907 a réglementé les extractions de vase, sable, gravier et pierre dans le lit des cours d'eau.

Un arrêté préfectoral du 23 août 1861 réglemente l'usage de la rivière Baize ou Ste-Marie et de ses affluents sur le territoire d'Habloville, ainsi que leur largeur et profondeur (V. Argentan, p. 17-18).

2º Aux termes de *l'art. 19* de la loi du 8 avril 1898 (C. Rural, livre IIᵉ) (107) « il est pourvu au CURAGE des cours d'eau non navigables et non flottables et à l'entretien des ouvrages qui s'y rattachent *de la manière prescrite par les anciens règlements ou d'après les usages locaux;* — Les préfets sont chargés, sous l'autorité du ministre compétent, de prendre les dispositions nécessaires pour l'exécution de ces règlements et usages ». — *L'art. 20* ajoute qu' « à défaut d'anciens règlements ou usages locaux, ou si l'application des règlements et l'exécution du mode de curage consacré par l'usage présentent des difficultés, ou bien encore si les changements survenus exigent des dispositions nouvelles, il est procédé en conformité de la loi des 21 juin 1865-22 décembre 1888 sur les associations syndicales ». — Aux termes de *l'art. 25* « les travaux d'élargissement, de régularisation et de redressement des cours d'eau non navigables et non flottables, qui seront jugés nécessaires pour compléter les travaux de curage, sont assimilés à ces derniers, et leur exécution est poursuivie en vertu des articles précédents ».

Quels sont en Normandie, en matière de curage, ou d'ouvrages et travaux « assimilés », « les anciens règle-

(107) V. antérieurement, L. 14 floréal an XI, abrogée par l'art. 29 de la l. du 8 avr. 1898.

ments ou les usages locaux », dont l'exécution est confiée aux préfets, sous l'autorité du ministre compétent ? (108).

Dans l'Eure, il y a, semble-t-il, des arrêtés préfectoraux et municipaux en matière de curage, mais il n'existe aucun « usage local non écrit, relatif soit au curage, soit à l'entretien des digues ou autres ouvrages d'art » (Eure, p. 86).

Dans la Manche « un règlement de M. le Préfet de la Manche du 8 brumaire an XI et un arrêté du 8 avril 1825 prescrivent le curage des ruisseaux et rivières, canaux et rigoles qui en sont les affluents; ce curage doit s'opérer d'aval en amont, dans la période comprise entre le 10 juillet et le 1er septembre; il est abandonné aux soins des propriétaires riverains qui exécutent ce travail avec assez d'exactitude. Au reste, quand ils le négligent, l'administration y pourvoit à leurs frais... (Commission des usages locaux, Extrait de l'arrêté préfectoral du 8 avr. 1825) » (Mouchel, op. cit., p. 31-32) Cette procédure constitue d'ailleurs la règle ordinaire (V. Watrin et Bouvier, Code Rural et Dr. Usuel, 3e éd., 1910, n° 536, antépénult. alin.)

Dans l'Orne, « un arrêté préfectoral du 20 févr. 1856 a réglé dans ses détails toute la procédure des curages, et ce sont ses prescriptions qui, actuellement, doivent être suivies » (Alençon, p. 9, Domfront, p. 8, Argentan, p. 17). — Une sentence de la Maîtrise des eaux et forêts du Perche à Mortagne du 11 août 1770 et un arrêté du préf. de l'Orne du 23 sept. 1811 sont relatifs au curage de la rivière La Chippe, affluent de l'Huisne, naissant à Mortagne (V. Mortagne, p. 9-10). — Il est indiqué, pour l'arrondissement de Mortagne, que « le curage des cours d'eau, ainsi que des mares et fossés, est une charge incombant

(108) Bibliogr. : Eure, p. 86 ; Mouchel, op. cit., p. 31 s. ; Alençon, p. 8 ; Domfront, p. 8 ; Mortagne, p. 9 ; Argentan, p. 17.

au locataire ou fermier qui profite du produit pour l'amélioration des terres et prés de la propriété » (Mortagne, p. 10).

Dans l'arrondissement de Caen, au contraire, « les curages des rivières et des cours d'eau sont faits aux frais des propriétaires; il n'en est pas de même du fauchage des herbes de la rivière, à moins d'une stipulation contraire... Les vases extraites des cours d'eau et les herbes de rivières qui ont été coupées doivent profiter à la ferme » (Usages agric. de l'arr. de Caen, p. 49). — Il y a sur le curage des cours d'eau non navigables ni flottables un arrêté annuel de M. le Préfet du Calvados. Les deux derniers portent les dates des 1ᵉʳ avril 1916 et 1ᵉʳ avril 1917. Ils prescrivent le curage entre le 1ᵉʳ juillet et le 30 septembre à vifs fonds et à vifs bords; les alluvions doivent être détruites, les terres, pierres, sables ou vases enlevées ou jetées à 1 m. au moins. MM. les Maires sont invités à prendre des arrêtés spéciaux, en prescrivant le curage dans le temps strictement nécessaire aux travaux visés. Les arrêtés municipaux, dont un modèle est d'ailleurs joint à l'arrêté préfectoral, doivent être soumis à l'approbation du préfet. — V. en ce qui concerne le Petit-Odon, arr. préfector. du 26 mars 1917, et arr. de M. le Maire de Caen du 29 mars 1917.

———

SECTION DEUXIÈME

LE RENVOI DE L'ART. 663 DU CODE CIVIL

(Hauteur de la clôture forcée)

———

L'art. 663 du Code Civil qui établit la « clôture forcée » dans les villes n'établit la hauteur de cette clôture qu'à défaut d'usages ou de règlements particuliers : *Art. 663* : « Chacun peut contraindre son voisin, dans les villes et faubourgs à contribuer aux constructions et réparations de la clôture faisant séparation de leurs maison, cours et jardins assis esdites villes et faubourgs : *la hauteur de la clôture sera fixée suivant les règlements particuliers ou les usages constants et reconnus; et, à défaut d'usages et de règlements*, tout mur de séparation entre voisins, qui sera construit ou rétabli à l'avenir, doit avoir au moins 32 décimètres (dix pieds) de hauteur, compris le chaperon, dans les villes de 50.000 âmes et au-dessus, et 26 décimètres (8 pieds) dans les autres ».

Le Code Civil (109) ne statue donc qu'à défaut de « rè-

(109) Le Code Civil n'a fait pour la servitude dont il s'agit que codifier l'Ancien Droit : V. not. l'art. 236 Cout. d'Orléans, et les art. 209-210 Cout. de Paris. On admettait en général l'application de la Coutume de Paris sur ce point en Normandie (V. Pannier, op. cit., V° Servitude ; Basnage, sur l'art. 617 Cout. de Normandie, Bérault, sur le même art. ; Pesnelle, sur les art. 610 à 618, p. 571 ; Routier, des Servitudes, VIII. p. 71. V. cep. Flaust, t. 2; p. 903). Il est à noter que la cout. de Paris prescrivait une hau-

glements particuliers ou d' « usages constants et reconnus ». — Y-a-t-il des « règlements » particuliers à la Normandie, ou des usages normands (constants et reconnus, comme tous usages obligatoires) fixant la hauteur de la clôture forcée ? (110).

Il n'y a point de « règlements particuliers », et, généralement, on observe, faute d'usage, les prescriptions du Code Civil (111).

Cependant quelques *usages* particuliers sont à signaler.

Pour la Manche, M. Mouchel nous apprend (op. cit., p. 37) qu' « à Granville, les murs de clôture ont ordinairement une hauteur de 3 m. y compris le chaperon. Dans les autres villes de la Manche, la hauteur de la clôture est régie par l'art. 663; elle est fixée à 8 pieds ».

Cette hauteur est également en usage à Argentan (Argentan, p. 19) et aux Andelys, à Bourgtheroulde, Broglie, Conches, Evreux, Gaillon, Gisors, Louviers, Pacy, Pont-Audemer, Pont-de-l'Arche, Rugles, Verneuil, dans toute l'étendue des cantons de Breteuil, Cormeilles, Étrépagny, Fleury, Montfort, Quillebeuf, St-Georges, Vernon, et dans les communes du canton de Pont-Audemer lorsque les murs closent des jardins (Eure, p, 21-22).

Dans le canton de La Ferté-Fresnel, — et semble-t-il, dans celui de Gacé, — la hauteur des murs de clôture est

teur de 10 pieds de haut au-dessus du rez-de-chaussée (V. Pothier, Tr. du contr. de Société, n° 234).

(110) Bibliogr. : Pannier, loc. cit. ; Leroy, th. p. 58 et suiv. ; André, Cout. de Normandie, n° 183, p. 85 ; Eure, p. 21 et s. ; Alençon, p. 10 ; Mortagne, p. 10 ; Domfront, p. 9, Argentan, p. 18.

(111) Caen, 13 mai 1837, S. 37. 2. 333, Rec. Caen, 37. 360 ; Leroy, loc. cit. ; André, loc., cit. ; Domfront, p. 9 (pour cet arrond., V. les exceptions signalées au texte ; Mouchel, op. cit., p. 37 (il y a exception pour Granville) ; cant. d'Écouché, d'Exmes, de Trun et Vimoutiers (Argentan, p. 19) ; Mortagne, p. 11 (il y a exception pour le canton de Regmalard).

de 2 m. 50 au-dessus du sol, y compris le chaperon, là
où elle est obligatoire (Argentan, p. 19). — Cette hauteur
doit être également observée dans l'arrondissement d'A-
lençon (Alençon p. 10). « A Alençon on donnait autrefois aux murs une élévation de 6 à 7 pieds, y compris le
chaperon; aujourd'hui cet usage, qui a commencé à se
perdre après la promulgation du Code, doit être considéré comme tout à fait abandonné. A Sées, il n'existe
pas d'usage » (Alençon, p. 13). — La hauteur de 2 m. 50
est à observer encore dans le canton d'Écos, et à Beaumont dans la partie agglomérée de la ville (Eure, p. 22).

La hauteur est de 2 m. 33 dans les cantons d'Amfreville,
Brionne, Damville, Nonancourt, Routot, St-André (Eure,
p. 22) et à La Ferté-Macé si le terrain a une forte déclivité (Domfront, p. 9) (A la Ferté-Macé, la hauteur de
la clôture varie entre 2 m. et 2 m. 33 suivant la déclivité
du terrain).

La hauteur de la clôture est de 2 m. 15 dans le canton
de Neubourg (Eure, p. 22).

Enfin elle est de 2 m. dans les cantons de Beaumont (la
partie agglomérée de la ville exceptée), Beaumesnil, Beu-
zeville, (Eure, p. 22), de Mortrée (Argentan, p. 19), d'A-
this ordinairement (Domfront, p. 9), et de Regmalard
(non compris le chaperon dans ce dernier canton [Morta-
gne, p. 11]).

Nous transcrivons ces indications, mais sous réserve
formelle de la question de savoir s'il existe réellement
dans tous ces cantons, — ce qui peut sembler douteux
pour certains d'entre eux, — des localités méritant le nom
de villes (V. la liste des villes admissibles pour la Manche
dans Mouchel, op. cit., p. 35; V. aussi, Alençon, p. 12).

SECTION TROISIÈME

RENVOIS DE L'ART. 674 DU CODE CIVIL
ET DE L'ART. 81 DE LA LOI DU 21 AVRIL 1810
(Constructions susceptibles de nuire au voisin)

PARAGRAPHE PREMIER

RENVOI DE L'ART. 674 DU CODE CIVIL

Aux termes de l'art. 674 du Code Civil « celui qui fait creuser un puits ou une fosse d'aisances près d'un mur mitoyen ou non (112); — Celui qui veut y construire cheminée ou âtre, forge, four ou fourneau, — Y adosser une étable, — ou établir contre ce mur un magasin de sel ou amas de matières corrosives, — *est obligé à laisser la distance prescrite par les règlements et usages particuliers sur ces objets, ou à faire les ouvrages prescrits par les mêmes règlements et usages,* pour éviter de nuire au voisin ».

On doit donc ici encore se reporter aux « règlements et usages particuliers ». — « La loi, disait Berlier au Corps Législatif (113), — ne saurait prescrire l'emploi de tels ou tels matériaux qui n'existent pas également partout :

----

(112) ...sous-entendu « qui n'est pas le sien » (V. Demolombe, Tr. des Servitudes, T. 1er, n° 516).

(113) Locré, t. VIII, p. 373 ; Fenet, t. XI, p. 309.

ici, se trouve la pierre de taille; là, il n'y a que de la brique, et pourtant ces éléments sont la vraie, l'unique mesure des obligations ultérieures; car mon voisin, s'il veut
construire une cheminée, une forge ou un fourneau, ne
peut, néanmoins, mettre ma propriété en danger, et elle
y sera, selon qu'il emploiera tels matériaux au lieu de
tels autres, ou que, selon la nature de mes constructions,
il en rapprochera plus ou moins les siennes ». — D'ailleurs il était bon de valider spécialement ici les usages,
qui peuvent se modifier, suivant les progrès de l'archi-
tecture.

Qu'entendre par « *règlements et usages particuliers* » ?
— Il ne semble pas douteux que cette dernière expression
désigne les usages locaux. Que faut-il entendre par « *règlements* » ? — D'une manière générale le règlement est
une règle édictée par une autorité exécutive en vertu d'u-
ne délégation législative (114). Pourquoi ne pas appliquer
ici cette définition générale ? (115).

Y a-t-il quelque intérêt à distinguer entre les règlements et les usages ? — Sans doute, ils ont cet effet commun d'être obligatoires pour le constructeur; et il s'agit,
dans l'un et l'autre cas, de servitude (ou du moins d'obligation de faire) établie dans l'intérêt du voisin (et, parfois aussi, dans l'intérêt public). Il convient toutefois de
remarquer que les autorités administratives actuelles ne
sont chargées de veiller qu'aux intérêts publics, tels que
ceux de salubrité ou sécurité; le domaine des intérêts privés leur échappe : il ne semble donc régi que par les
usages. Dès lors, quel sera le droit d'un particulier contre lequel son voisin établirait une construction du genre
de celles énumérées par l'art. 674, s'il n'y a dans l'endroit

(114) Cf. Beudant, Introduction à son Cours de dr. civ. fr.,
n° 48.

(115) Sic, Baudry-Lacantinerie et Chauveau, des Biens, n° 1023;
Leroy, th. précitée, p. 155.

qu'une disposition administrative et point d'usages ? —
Sans doute, il aura à sa disposition l'action civile résultant de l'infraction à l'arrêté préfectoral ou municipal
(que nous présumons légaux), lequel arrêté sera sanc-
tionné par l'art. 471, § 15, du Code pénal. — Mais le particulier pourra-t-il agir en vertu de l'art. 674 du Code civil ? — L'affirmative est au moins douteuse : elle implique en effet que le maire ou le préfet auront tranché
des difficultés d'ordre privé (V. en ce sens, Leroy, th.,
p. 155). — Il faut toutefois avouer que cette solution est
plus théorique que pratique : car, si l'arrêté administratif est appliqué, le voisin ne pourra-t-il pas au bout d'un
certain temps arguer d'un usage qui s'est établi ? D'ailleurs, la solution est en elle-même douteuse : on peut, en
effet, considérer qu'il s'agit uniquement d'une sanction
à donner à l'art. 674 et non au règlement considéré : le
maire ou le préfet, s'occupant des intérêts publics, auraient du même coup et sans le vouloir, ni peut-être le
savoir, — un peu comme M. Jourdain faisait de la pro-
se, — statué, de par l'art. 674, en matière d'intérêts privés : il suffit pour l'admettre de dire que l'art. 674 crée
moins des *obligations* à la charge du constructeur, que
des *droits* pour son voisin. — En tout cas, les règlements
se différencient des usages en ce que les particuliers ne
les peuvent modifier (soit directement, soit par voie
d'usage).

Ces usages ou règlements doivent, pour être obligatoires, prescrire des distances ou ouvrages relativement à
certains établissements ou constructions dont parle l'art.
674. — Il nous faut indiquer encore, avant d'entrer dans
le vif de notre sujet, que, dans l'opinion jurisprudentielle
et générale, l'art. 674 *n'est pas*, strictement du moins, *li-
mitatif*. Sans doute ses termes sont précis, et il s'agit ici
de restrictions au libre droit de propriété; d'exceptions à
la règle par conséquent. Toutefois, s'il convient d'inter-

préter restrictivement de pareilles restrictions, encore est-il qu'il faut attribuer à ces exceptions toute leur portée, et aussi bien celle-ci et l'esprit du texte sont indiqués par l'art. 674 lui-même : il s'agit d' « éviter de nuire au voisin »; il faudra du moins assimiler aux cas qu'il prévoit expressément ceux pour lesquels il n'y a aucune raison d'adopter une règle différente. « Il est plus sage et plus conforme à la pensée du législateur lui-même, dit Demolombe (t. 1er, n° 520), d'appliquer cette disposition (l'art. 674) aux autres ouvrages ou entreprises, qui présentent avec ceux que le texte a directement prévus, une analogie qui ne permet pas raisonnablement de les en distinguer » (116). « Quoiqu'en principe il ne soit jamais permis d'ajouter aux prohibitions de la loi, on doit considérer comme compris dans la généralité de ses expressions, — disait déjà Pardessus (Tr. des servit., 7e éd., n° 199), — les cas qu'elle n'a pas déterminés; mais que l'identité ou l'analogie avec ceux qu'elle a prévus peuvent servir à décider ». — « Par exemple, ajoute cet auteur, la loi ne parle pas des *tuyaux d'une fournaise* ; mais comme le passage habituel de la flamme peut brûler le mur, on doit prendre les mêmes précautions que pour la fournaise elle-même (Dig. lib. 8, tit. 2, De serv. præd. urb., l. 13, pr.).— Les termes formels de la loi ne sont relatifs qu'aux *puits* : elle ne dit rien des *canaux* destinés à la conduite des eaux ou de leurs *réservoirs*; cependant l'humidité qu'ils occasionnent et la possibilté des filtrations doivent astreindre à de semblables précautions (Dig. lib. 8, tit. 2, de serv. præd. urb., l. 19 et 20). — De même, quoiqu'elle ne parle que du cas où l'on veut appuyer contre un mur des matières corrosives, on doit étendre cette disposition au cas où l'on voudrait appuyer des terres qu'on appelle

(116) Sic, Baudry-Lacantinerie et Chauveau, des Biens, 3e éd., n° 1017, p. 754; Cf. Cassat., 10 juillet 1872, S. 73, I, 392.

jectisses ». V. pour ces dernières, Cass., 10 juill. 1872, S. 72, I, 392, D. 72, I, 257. — Cette assimilation était déjà préconisée, pour la Coutume de Normandie, par le jurisconsulte normand Pesnelle, qui, sur les art. 610 à 618 de la Coutume de Normandie (édit. de 1704, p. 572), écrivait : « Il est à propos d'ajouter à tous ces Réglemens l'art. CXCII de la Coutume de Paris, qui contient un cas obmis dans celle de Normandie, et néanmoins assez ordinaire et important, qui est que celuy qui a place, jardin ou autre lieu vuide (ce sont les termes dudit article CXCII) qui joint immédiatement au mur d'autruy, ou à mur métoyen, et il veut faire labourer et fumer, il est tenu faire contre-mur de demy pied d'épaisseur, *et s'il a terres jeclisses*, il est tenu faire contremur d'un pied d'épaisseur ; ce qui était exprimé par l'ancien coutumier de France, cité par Chopin, et qui en ajoutait la raison, qui est afin que le fondement du mur voisin ne s'évase par faute de terre joignant » (Sic, Demolombe, n° 520, p. 602, en ce qui concerne les deux hypothèses rappelées par Pesnelle).

Nous examinerons ces divers cas et autres similaires en les rapprochant de ceux prévus par l'art. 674, et en nous demandant quels sont les règlements et usages particuliers » pour la Normandie ? (17).

(117) Bibliographie : Demolombe, Tr. des Servitudes ou services fonciers, t. Ier, n° 519 et suivants, not. 521 ; Vandoré, le Droit civil des Juges de Paix, etc..., aux mots « cheminée » numéros 34, 37-3°, 38, not. 4° ; « cloaque », n°s 3, 11, 12-3° in fine, et 13 ; « citernes » n° 4 ; « contre-mur » n°s 2, 15 et 16 ; « distances » n° 8 ; « fumée » n° 1 ; « fumier » n° 4 ; « puits » n° 3 ; « voisinage » n°s 3 et 5 ; Me Henry Leroy, du Voisinage, th. précitée, p. 157 et suiv. ; de Vilade, op. cit., p. 230 à 235 ; Pannier, op. cit., v° Contremur et v° Servitude in fine ; André, op. cit., n° 85 ; Eure, chap. VIII, p. 37 et suiv. ; Orne, chap. V ; Mouchel, op. cit., p. 112 et suiv. ; 119 et suiv., 122 et suiv. ; 131 et suiv. ;

A. — Creusement d'un puits ou d'une fosse d'aisance (et travaux assimilés).

a) Fosses d'aisances (et « citernes »).

En ce qui concerne les fosses d'aisances (et les cloaques), *l'art. 613* de la Coutume de Normandie contenait la disposition suivante : « Contre mur mitoyen aucun ne peut faire *chambres aisées ou citernes* (118), sinon en faisant bâtir contre-mur de trois pieds d'épaisseur en bas et au-dessous du rez de terre, à pierre, chaux et sable

143 et suiv. ; 165 et suiv. ; 170 et suiv. ; 174 et suiv. ; 177 et suiv. ; 179 et suivantes.

(118) Les « Chambres aisées » sont aussi nommées « fosses coyes » (Coutume d'Orléans, art. 243). — « La Coutume de Normandie, art. 613 », dit Vaudoré, op. cit., v° cloaque, n° 3, « appelle les cloaques, « citernes », mais très improprement. En effet, les citernes ne sont destinées qu'à recevoir des eaux de pluie ou autres eaux inodorantes. V. Flaust, cout. Norm. » (D'après Vaudoré, le « cloaque », « purgamentorum receptaculum », est un « trou naturel, ou creusé en terre, et ordinairement entouré de murs, couvert d'une voûte ou de dalles. L. 1. § 4 ff. de cloacis.— Sa destination est de recevoir des eaux sales et provenant des cours, des maisons, etc. On comprend dans les cloaques, les fosses à eau, quoique découvertes et sans murs, les *puisards*, enfin tous les lieux qui reçoivent des eaux malpropres ». Cf. Desgodets, cité par Pothier, Tr. du contr. de Société, n° 211. — Il est à noter cependant que les auteurs normands anciens ne critiquent pas la coutume d'avoir employé une expression impropre ; ils ne donnent pas en général de définition du terme « citernes ». Cependant, selon M. N*** (Nupied) (Texte de la Coutume de Normandie avec des notes sur chaque article, éd. de 1767, p. 377), les citernes dont parle l'art. 613, « ce sont des fosses destinées à conserver l'eau de pluie ».— Il y a, quoi qu'il en soit, parfois, des usages particuliers en ce qui concerne les *réservoirs d'eau* (V. nat. Eure, p. 43, cant. d'Alençon, p. 19). S'il y avait des usages moins sévères que l'art 613, et qu'il faille entendre le mot citerne employé par ce texte au sens ordinaire de ce mot (sur cette question, V. infrà), nous croyons que ces usages ne devraient pas être validés (V. infrà, puits).

tout à l'entour de ladite fosse destinée auxdites chambres et citernes ».

« Ce qui est ordonné, dit Bérault (119), de peur que les cloaques ne se rompent, crevent et épandent sur le voisin et infectent tout le quartier... ». « Plusieurs coutumes », dit de son côté Basnage (sous l'art. 613, t. II, p. 576), « ordonnent la même chose, cela étant nécessaire pour la santé et pour l'honnêteté, et afin que ces sortes d'ouvrages n'endommagent le mur métoyen, et ne portent préjudice au voisin par leur puanteur; et comme il n'importe pas moins au public que ces lieux soient curés et nettoyés pour éviter l'infection, les propriétaires sont obligés de le faire lorsqu'ils sont pleins, « publicæ salutis et securitatis interesse cloacas et loca putida purgari », l. de pupillo 5, § signis rivas, Dig. de operis novi nunciatione » (Dig. liv. 39, tit. I).

Relativement à l'art. 613 de la Coutume, Basnage signale qu' « il arrive souvent de la difficulté pour sçavoir comment et aux dépens de qui ces lieux doivent être curés, lorsqu'ils sont communs ». — « La Coutume d'Orléans, dit-il, est singulière sur ce sujet, art. 249, elle veut que quand il y a puits, égouts ou latrines communs entre deux parties, les curages se doivent faire aux dépens des parties y ayans droit : Et si la vuidange est faite par l'héritage de l'une des parties, les autres parties seront tenues consécutivement d'endurer la vuidange » (120).

(119) (Édit. Bér. Godefr. d'Av. 1776, t. 2, p. 776). Selon Godefroy (ibid.), les lois romaines l'édictaient déjà « non seulement pour l'incommodité qu'en reçoivent lesdites parois, ains aussi à cause de la puanteur et mauvaise odeur qui peut nuire et endommager la santé, nam et coelum pestilens et ruinas minantur immunditiæ cloacarum l. 1. § 2. D. de cloacis... »

(120) Basnage, — est-ce volontairement ? — ne rapporte pas complètement l'art. 249 de la Coutume d'Orléans, et omet précisément de signaler, peut-être afin qu'on ne soit pas tenté d'adopter

La Cour de Caen, dès 1822, a jugé que les dispositions de l'art. 613 de la Coutume de Normandie avaient été maintenues par l'art. 674 du Code civil (arrêt de la 1re ch., du 10 mai 1822 [Leconte et Dary contre Le Bienvenu], réformant trib. civ. Cherbourg, 16 fév. et 27 avr. 1814, rapporté sous Caen, 27 janv. 1870, Rec. Caen, 1870, p. 257). Sa jurisprudence s'est maintenue (V. not. arrêt de la 2e ch. du 27 janv. 1870, Bisson et joints contre Daliot, Rec. Caen, 1870, p. 257). Cet arrêt a décidé qu'un règlement municipal, simple mesure de police, n'ayant « modifié en quoi que ce soit les droits des particuliers entre eux », ne saurait être considéré comme ayant remplacé la disposition de l'art. 613 (V. aussi Caen, 17 mai 1847, Rec. Caen, 1847, p. 309 et 17 mars 1849, Rec. Caen, 1849, p. 142).

La Coutume de Normandie est-elle un « règlement » ou « usage », et à quel titre subsiste-t-elle ? — A l'époque où elle était en vigueur, c'était plus qu'un règlement administratif, et plus aussi qu'un usage : c'était une loi, la loi, écrite, de la province. — (La « Coutume » avait cessé d'être une coutume à proprement parler depuis sa rédac-

---

la solution en Normandie, ce en quoi ladite coutume est « singulière ». « Toutefois, poursuit le texte dudit art. 249, celui qui endure, et à la vidange de son costé, ne doit payer que le tiers des frais ; et l'autre partie, du costé de laquelle ne seroit faite ladite vuidange, doit payer les deux autres tiers » Ceci encore peut s'expliquer : on comprend aisément que la partie qui « endure » la vidange soit, à cause de cet ennui, exonérée d'une partie des frais ; mais le texte ajoute : « Et s'il y a plus de deux parties contribuables à ladite vuidange de son costé, ne payera que le tiers de ce que chacune des autres parties y contribuera ». Ce texte, évidemment mal rédigé, et au premier abord incompréhensible, vise sans doute l'hypothèse où la partie qui supporte la vidange, a seule la vidange de son côté, alors qu'il y a plus d'un autre « ayant-droit » (deux au moins) : le premier ne payerait qu'un tiers de la part contributoire de chacune des autres,

tion officielle et confirmation. — Aujourd'hui, il semble qu'il s'agisse encore de quelque chose de plus qu'un simple usage : il ne s'agit point en effet ici de simples usages conventionnels, mais de règles ayant encore (mais non exclusivement) un but de salubrité publique (V. les auteurs précités. V. aussi, pour les fosses d'aisances en général, Watrin et Bouvier, C. Rur. et Dr. Usuel, n° 441, p. 439). En somme, la Coutume de Normandie a, même si on n'admettait pas le caractère de loi écrite qu'il convient, semble-t-il, de lui attribuer, un caractère mixte, et pour partie réglementaire en ce qu'elle a été édictée notamment dans un but général. Nous en conclurons que les conventions contraires seraient inadmissibles, car il s'agit, pour partie du moins, de mesures de salubrité, et que, relativement à de telles mesures, l'ordre public est intéressé, et la convention contraire inadmissible (V. Watrin et Bouvier, *loc. cit.*; cf. Demolombe, Servit., t. I, n° 515; Fournel (et Tardif), du Voisinage, 4ᵉ éd., t. II, vᵒ Fosses d'aisances, p. 118 [Tardif cite un arrêt du Parlement de Paris du 5 sept. 1780]; Mouchel, *op. cit.*, p. 115, 133). — Nous en conclurons en outre, — et parce qu'il s'agit non d'une loi purement interprétative de volonté, mais pour partie, impérative et de salubrité publique, — que les usages contraires sont inopérants et ne doivent pas être consacrés.

Ce n'est pas à dire qu'il faudra toujours un contre-mur de trois pieds (1 m.) en pierre, chaux et sable. Les progrès réalisé dans l'art architectural depuis 1583 doivent faire admettre qu'avec d'autres matériaux (par exemple maçonnerie bétonnée et *cimentée*), le contre-mur pourrait être réduit d'épaisseur (*Sic*, André, *op. cit.*, n° 83. « Avec les ciments qu'on possède actuellement, écrit M. Mouchel (*op. cit.*, p. 131), nos maçons remplacent *avantageusement* ce contremur (le contremur de 3 pieds) par un autre de 0ᵐ50 d'épaisseur, recouvert d'un enduit en ciment de 0m 015 environ. Le fond de la fosse consiste en un radier en béton et chaux hydraulique d'une épaisseur moyenne de 0m 02) ». — Sur ce point, on pourra, dans une certaine mesure, s'inspirer de l'usage local (121).

Pour ce qui est des règlements administratifs, V. par exemple, outre les arrêtés municipaux pris en conformité de la loi du 15 fév. 1902, d'après le modèle inséré au recueil des actes administratifs de l'année 1903; n° 14, p. 270, — un arrêté sanitaire municipal du 3 mars 1905 pour la ville de Cherbourg (dont des extraits sont publiés par M. Mouchel, op. cit., p. 136), — et, pour Caen, un arrêté municipal du 15 avril 1870, et un arrêté du préfet du Calvados du 3 juillet 1905 (art. 39 et suiv.).

b) *Fumières, Fosses à fumier ou à purin.*

On les assimile aux cloaques (Vaudoré, op. cit., v° fumier n° 4 et v° cloaque n° 6); — On pourrait en tout cas (si l'on n'admet pas que par « citernes » l'art. 613 de la Coutume vise les cloaques) les assimiler aux fosses d'aisances. (Cf. Amiré, op. cit. n° 83).

Il y a parfois des usages locaux. C'est ainsi que « dans le canton de Tinchebray, il paraît qu'un dépôt de fumier

(121) C'est ainsi que « l'usage constant dans le canton de *Flers*, en ce qui concerne les fosses d'aisances, est de faire, entre le mur mitoyen ou autre et les fosses d'aisances, un contremur en briques de 12 cm. enduit d'une couche de ciment suffisante pour rendre la fosse complètement étanche » (Domfront, p. 15). C'est ainsi encore que dans le canton de *Mortrée*, « pour les fosses d'aisances, l'épaisseur du contremur, fixée à 3 pieds, peut être réduite; on admet en effet une épaisseur moindre, mais à condition que le contremur soit bétonné et cimenté et offre des garanties supérieures à la maçonnerie ordinaire, contre les infiltrations, et encore à condition que le voisin ait été mis à même de constater l'efficacité du mur en question » (Argentan, p. 36). Cette dernière condition constitue, en tout cas, une précaution utile à prendre partout pour prévenir des difficultés ultérieures.

ne peut être établi qu'à la distance de 10 mètres au moins des maisons d'habitation » (Domfront, p. 16).

Voir en ce qui concerne les fosses à fumier et à purin, le règlement-sanitaire type, et l'art. 19 de la loi du 21 juin 1898 (C. Rur. liv. III; tit. 1ᵉʳ).

c) *Puits.*

En ce qui concerne les puits, la Coutume de Normandie était muette.

Selon Routier (Principes généraux du droit civil et coutumier de la province de Normandie, — Servitudes, principe XXXI, p. 74 de la 2ᵉ édition), « celui qui veut faire puits... contre un mur mitoien, est tenu de faire bâtir un contremur de 3 pieds d'épaisseur... » Routier cite l'art. 613 de la Coutume (qui vise comme nous savons, les « chambres aisées ou citernes ». — De même, selon M. N*** (Nupied), (Texte de la cout. de Norm., art. 613), « il faudrait observer la même chose pour les puits que pour les citernes ».

Par ailleurs, aux termes de l'art. 612 de la Coutume « en tout mur métoyen, le voisin ne peut, sans le consentement de son voisin, faire vuës, ne contr'iceluy faire égouts ou citernes... » (V. sur cet article, Godefroy (éd. 1776, p. 725; — Flaust, 1 p. 899). Selon Vaudore, vᵒ Puits, nᵒ 3 « En Normandie, on n'applique pas aux puits l'art. 612 de la coutume; — *on peut les établir aussi près du voisin qu'on le veut, pourvu qu'on ne fasse pas écrou*ler son héritage. En effet, l'art. 618 le suppose, puisqu'en autorisant chaque propriétaire à creuser un puits dans son fonds, il ne lui prescrit rien vis-à-vis d'autrui ».

Généralement cependant un contremur de trois pieds est exigé, et on doit l'exiger en principe, soit en assimilant les puits aux citernes dont parle l'art. 613 (avec Routier et M. N***), soit en disant que, la coutume de Normandie étant muette, il convenait (et convient encore), — d'appliquer ici la coutume de Paris, droit commun coutumier, laquelle coutume prescrivait parfois même distance dans son art. 191, ainsi conçu : « Qui veut faire aisances de privés *ou puits* contre un mur mitoyen doit faire contre-mur d'un pied d'épaisseur. Et où il y a de chacun côté puits, ou bien puits d'un côté et aisances de l'autre, suffit qu'il y ait 4 pieds de maçonnerie d'épaisseur entre eux, comprenant les épaisseurs des murs, d'une part et d'autre. Mais entre deux puits suffisent 3 *pieds* pour le moins » (Sic, Domfront, p. 14). — Seulement on voit qu'en principe, le contremur pouvait n'avoir qu'un pied d'épaisseur sous l'empire de la Coutume de Paris, et si l'on peut admettre son application à la rigueur pour le cas de deux puits voisins (sic Mouchel, op. cit., p. 122) ou d'un puits voisin d'une fosse d'aisances, (en disant que la Coutume de Normandie du moins est muette sur ces difficultés spéciales) on conçoit une question (qui présente de l'intérêt) pour le principe même.

Si l'art. 612 de la Coutume, en assimilant les « citernes » aux égouts, paraîtrait devoir être interprété à première vue comme ayant entendu parler des cloaques, si certains auteurs normands, devant l'art. 613 même parlent de « cloaques » (Vaudoré seul toutefois propose formellement cette interprétation), il est cependant permis de remarquer que, selon M. N*** (Nupied) les « citernes » de l'art. 613 sont simplement des fosses destinées à conserver l'eau de pluie », et que la Coutume de Paris dans l'art. 191 précité assimile, quant à elle, les puits aux fosses d'aisances (pourquoi la Coutume de Normandie n'assimilerait-elle pas de même les « citernes », entendues au sens ordinaire du mot, auxdites fosses). Enfin il n'est peut-être pas nécessaire, quel que soit le sens du mot « citerne » dans l'art. 613, de recourir à la Coutume de Paris : la coutume de Normandie n'est pas en effet absolument muette : elle statue pour les fosses d'aisances (et citernes) : ne convient-il pas d'assimiler les puits aux fosses d'aisances (il y a des dangers d'infiltration communs; — et d'ailleurs la coutume de Paris fait cette assimilation), et dire qu'on leur appliquera par analogie (et par argument d'analogie tiré de la Coutume de Paris elle-même !) les dispositions relatives aux fosses d'aisances, l'art. 613 de la Coutume, comme le disent nos anciens auteurs, Routier et M. N***.

Nous exigerons donc un contremur de 3 pieds (en principe du moins) et dirons qu'il devra être de « pierre, chaux et sable ». — Bien entendu d'ailleurs, ici aussi, l'épaisseur pourra être réduite par l'emploi de matériaux plus étanches, — et on pourra encore, dans une certaine mesure, suivre l'usage des lieux (122).

En matière de puits comme en matière de fosses d'aisances, les dispositions de la Coutume à appliquer (quelle que doive être cette coutume) ne peuvent être rendues plus douces ou supprimées par convention ou usage contraire : l'intérêt de la santé publique l'exige (il s'agit par conséquent de mesures qui ne sont pas simplement relatives à des intérêts privés). (Sic, Mouchel, op. cit., p. 123).

d) *Terres « Jectisses »*.

Les amas de terre sont à redouter contre un mur à

(122) Par ex. on pourra admettre que le contremur soit moins épais, si on laisse entre le puits et le mur voisin une grande distance : c'est ainsi que dans le cant. de Vimoutiers la distance à observer est de 1 m. (contremur de 5o cm.) (Argentan, p. 3g) ; elle est de 1 m. 5o dans le cant. de La Ferté-Fresnel ; la maçonnerie doit avoir « o m. 5o d'épaisseur jusqu'au fond avec chaux et mortier » (Argentan, p. 34) etc... Les usages sont d'ailleurs quelquefois plus sévères que les prescriptions de la Coutume de Normandie. C'est ainsi que dans le canton de Putanges, non seulement le contremur doit être épais d'un mètre, mais en outre, il faut observer une distance de 1 m. (Argentan, p. 37). Cet usage rigoureux est obligatoire, par application de l'art. 674 (« usage particulier ») et des principes généraux.

cause de leur humidité et de leur pression (V. André, op.

Nous avons rapporté suprà (p. 153), l'opinion de Pesnelle, qui veut qu'on applique ici la *coutume de Paris* (*art. 192*), — droit commun coutumier. — Sic, Demolombe, Servit. t. 1, n° 520, p. 602, — et en ce qui concerne directement la Normandie, Mouchel, op. cit., p. 179.

Il faudra donc au moins un contremur d'un pied d'épaisseur (0^m.33).

B. — Construction d'une cheminée ou atre et forge, four ou fourneau et dépôt de matières combustibles.

a) Construction d'une cheminée ou atre.

L'art. 611 de la Coutume de Normandie contenait relativement aux cheminées la disposition suivante :

« De tout mur mitoyen, chacun des voisins auquel il appartient, peut s'aider et percer ledit mur tout outre, pour asseoir ses poutres et sommiers, en bouchant les pertuis, même pour asseoir les courges et consoles des cheminées à fleur dudit mur (123) *et est tenu en édifiant le tuyau ou canal de ladite cheminée, laisser la moitié dudit mur entier et quatre pouces en outre pour servir de contre-feu.* — Et ne pourra le voisin mettre aucuns sommiers contre, ni à l'endroit de ladite cheminée qui aura été premièrement bâtie ».

Ce texte contient comme on le voit plusieurs dispositions. Celle seule inscrite en italique nous intéresse ici. — Cette disposition nous semble fort claire. Elle signifie évidemment que celui qui veut construire une cheminée pourra creuser, pour établir le tuyau, le mur mitoyen, mais qu'il devra laisser intact, outre la moitié du mur, 4 pouces (soit 11 centimètres) supplémentairement (124).

(123) Cf. art. 657 du Code Civil.
(124) Comme le dit Flaust, sur cet art. (t. 2, p. 898) « le voi-

Bien entendu celui qui use ainsi du mur devra « rembourser à son voisin, propriétaire du mur, la moitié de sa valeur dans la largeur occupée par la cheminée et les tuyaux » Il devra lui rembourser en outre « un pied d'aile (33 cm.) au delà de chaque côte, dans toute la hauteur » (André, op. cit., n° 85).

Pour ce qui est du contremur, il pourrait, admet-on, être remplacé par ex. par une forte plaque en fonte (André, ibid.). — On pourra, ici encore, dans une certaine mesure (car il s'agit évidemment de mesures de sécurité publique), suivre les usages. — Ceux-ci sont d'ailleurs parfois plus sévères que la Coutume : c'est ainsi que dans l'Eure, le contremur doit avoir 16 cm. d'épaisseur (Eure, art. 59, p. 38-39) (125).

Que s'il s'agissait d'un mur en bois, le contremur devrait être écarté de 6 pouces et avoir au moins 8 pouces

sin est tenu, en édifiant ce tuyau ou canal de la cheminée, de laisser la moitié dudit mur entier, et quatre pouces en outre pour servir de contrefeu ». Selon M. Mouchel (p. 143-144) la pratique consisterait à creuser un tiers du mur, en laissant les 2 autres tiers intacts, si du moins le mur a o m. 60 d'épaisseur. Cela, dit-il, est conforme à l'esprit de la Coutume (car le voisin peut creuser de son côté en laissant 4 pouces au delà du plan médian du mur), de sorte que la Coutume désire au fond *qu'on laisse 8 pouces* (o m. 20) dans l'axe du mur (comme dans la pratique sus-indiquée). Cela de plus a l'avantage « d'être en harmonie avec nos anciennes coutumes qui n'autorisaient chaque voisin à ne prendre que le tiers de l'épaisseur du mur ».— Sur le droit de creuser appartenant au voisin, V. Flaust, sur l'art. 611. Nous lui reconnaîtrions encore aujourd'hui ce droit, par suite du renvoi de l'art. 674 aux règlements et usages locaux, et nous dirons qu'il y a ici exception à l'art. 662. (Nous estimons d'ailleurs qu'il est prudent, pour éviter des difficultés, d'obtenir le consentement du voisin ou avis d'expert au préalable, conformément à l'art. 662 du Code Civil).

(125) Pour les détails de la construction, V. Mouchel, op. cit., p. 152 et suiv.

d'épaisseur jusqu'au manteau (André, op. cit., n° 85).

Pour ce qui est des règlements de police, un règlement du 26 janvier 1672, applicable à Paris, est suivi (ce ne peut être qu'à titre d'usage particulier) en un certain nombre d'endroits : notamment dans la ville de Valognes (P. V. des Commissions de la Manche, cité par Mouchel, op. cit., p. 166) et dans le canton de Putanges (Argentan, p. 38) (126).

Un arrêt de règlement du Parlement de Rouen du 27 nov. 1717 « a fait *défenses à tous ouvriers de faire ou construire des cheminées de bois, en tout ou partie.... A enjoint aux Propriétaires et locataires de faire nettoyer leurs cheminées, aux termes des règlements...* »

En ce qui concerne la ville de Cherbourg, V. le règlement du 3 mars 1905 (Mouchel, op. cit., p. 155 et suivantes).

Aux termes de l'art. 8 du Liv. III, titre 1ᵉʳ du Code Rural (L. du 21 juin 1898), « Le maire prescrit que le ramonage des fours, fourneaux et cheminées des maisons, des usines, etc., doit être effectué au moins une fois chaque année. — Il ordonne, s'il y a lieu, la réparation ou, en cas de nécessité, la démolition des fours, fourneaux et cheminées dont l'état de délabrement ferait craindre un incendie ou d'autres accidents... »

b) Forge, Four ou Fourneau.

« Qui veut faire forge, four ou fourneau contre le mur mitoyen, — dit *l'art. 614* de la Coutume de Normandie, — doit *laisser* (127) *demi-pied de vuide d'intervalle entre-deux du mur, du four, ou forge ; et doit être ledit mur de pierre, brique ou mouaillon* » (moêlon). (Sur l'ap-

---

(126) Ce règlement est analysé par Vaudoré, op. cit., v° Cheminée, n° 58-5°, p. 332.

(127) Cet espace vide est appelé « four de chat » ou « tour du chat ».

plication de l'art. 614 en Normandie. V. Rouen, 27 mars
1855, Rec. Rouen, 1855, p. 129). Rapprocher de ce texte
l'art. 190 de la Coutume de Paris. — Il y a, remarquait déjà Basnage, entre les deux textes cette différence que la
Coutume de Paris prescrit un mur d'épaisseur tandis que
« suivant cet article [l'art 614 Cout. de Norm.], au lieu
d'un pied d'épaisseur, le mur doit être de pierre, brique
ou moëllon ». — De cette composition spéciale, on a
déduit qu'un mur d'argile serait insuffisant (arrêt du Parlement de Rouen du 4 mars 1652, analysé par Basnage
[sur l'art. 614]).

Il paraît certain que cette disposition est édictée dans un
intérêt de sécurité publique (pour éviter des dangers d'incendie) au moins autant que dans l'intérêt privé du voisin.
Les conventions contraires ou atténuatrices ne seront donc
pas admises (V. Mouchel, op. cit., p. 115). — Toutefois,
ici encore, on pourra tenir compte des progrès de l'art
architectural, et dans une certaine mesure des usages
locaux. — Il semble, d'ailleurs qu'une plus grande épaisseur du mur de la forge, four ou fourneau, ne saurait
ordinairement dispenser d'observer le « tour de chat »
(Leroy, th. p. 158) : le vide est en effet plus efficace
qu'un mur pour la protection de la propriété voisine (V.
Mouchel, op. cit., p. 116, Leroy, p. 158, V. aussi trib.
civ. Caen, 23 déc. 1891, M. Fauvel, président, aff. Lebourgeois contre Lénault, jugement non rapporté (128).—

(128) « ...Le sieur Pierre Lebourgeois et la demoiselle Adèle
Lebourgeois, demeurant à St-Aubin-sur-Mer, — Demandeurs, comparant et concluant par M° Roudant, avoué, — contre : le sieur
Edmond Lénault, boulanger, demeurant à St-Aubin-sur-Mer, —
Défendeur, comparant et concluant par M° Lequeux, avoué, —
Motifs : Att. que les précautions à prendre aux termes de l'art 674
du Code Civil, pour la construction d'un four sont déterminées
par l'usage, c'est-à-dire par la Coutume de Normandie qui exige
entre le four et le mur voisin un vide d'un demi-pied (16 centi-

On admet qu'un contremur ou une plaque de fonte pourrait remplacer le « tour de chat » (Leroy, loc. cit.). Cela tient à ce qu'un contremur « appliqué additionnellement sur un autre mur... en général... ne doit pas être incorporé dans le mur mitoyen » (Fournel, du Voisinage, t. I, v° Contremur).

On admet encore très souvent que le texte, étant général, s'appliquera à tous fours, forges et fourneaux — même appartenant à des particuliers, et encore que rarement utilisés, — et non pas seulement à ceux des pâtissiers, boulangers, maréchaux ou autres commerçants (Id. Pothier, Tr. du Contr. de Société, n° 211).

Que décider pour le cas de mur *non mitoyen* ? — « La Coutume, dit Flaust (t. 2, p. 900), ne s'explique encore ici que relativement au mur mitoyen ; c'est relativement à ce mur qu'elle veut qu'il soit laissé demi-pied de vuide d'intervalle entre le four et le mur mitoyen ; mais le bâtisseur du four doit-il laisser cet intervalle, si le mur lui appartient en entier ? Je crois qu'il pourra disposer les choses comme il jugera à propos, pourvu qu'il bâtisse son four avec solidité et sûreté pour le voisin ; que si le mur de séparation appartenoit au voisin, suffiroit-il au bâtisseur du four de laisser un demi-pied d'intervalle ? Il

mètres) dit tour de chat ; — Att. que cet usage remédie à deux inconvénients, au danger d'incendie et au danger de dégradation du mur voisin qui, en contact immédiat avec le four, se trouverait à la longue oblitéré et effrité par l'effet de la chaleur ; — Que si un contre-mur peut équivaloir à un tour de chat, en faisant tampon entre le fond et le mur du voisin, il n'est pas conforme aux principes de dire que l'épaisseur du mur, en parant au danger d'incendie, dispense du vide ou du contre-mur, puisque le contact du four avec un mur, même épais, aura toujours pour effet de dégrader ce mur et d'en désagréger peu à peu les matériaux, inconvénient qui serait évité soit par un vide, soit par un contre-mur empêchant tout contact direct ; — Att. que, ces principes posés, —... »

me semble que cela suffiroit. La raison est que le voisin est intéressé à la conservation du mur mitoyen, comme il l'est à la conservation du mur qui lui appartient en entier, et que dès lors que la Coutume s'est contentée d'un demi-pied d'intervalle avec mur à pierre, chaux et sable, elle a jugé que le mur mitoyen ne devoit point souffrir : or, si le mur ne devoit point souffrir étant mitoyen, il ne souffrira point davantage ne l'étant pas » .

En matière de forges, fours et fourneaux existent un certain nombre de *règlements administratifs*.

Certains sont généraux : c'est ainsi que nous rappellerons, pour mémoire, par exemple l'art. 14 de l'ordonnance du 15 novembre 1781, concernant les incendies (V. Fournel, v° Forges).

D'autres, spéciaux à Paris, sont parfois appliqués (à titre d'usage) : c'est ainsi que le règlement du 21 janv. 1602 précité, applicable à Paris, — et qui oblige notamment celui qui adosse un fourneau potager ou réchaud de cuisine, le long d'un mur mitoyen à construire un contremur de 6 pouces et 2 pieds de haut, — est suivi dans la ville de Valognes (Mouchel, op. cit., p. 166).

D'autres enfin sont tout à fait spéciaux à la Normandie :

1° Pour les forgerons qui usent du charbon de terre, il faut appliquer un arrêt de règlement du *29 mars 1510*, qui oblige lesdits forgerons à faire exhausser leurs cheminées de 66 cm. au moins au-dessus du faîte des maisons pour éviter la « puanteur ». — V. aussi arrêt du 28 août 1726, cité infrà. (Caen, 9 juin 1840, Rec. 1840, p. 281; Andé, op. cit., n° 88, Leroy, th., p. 159, note 3. — Cf. Caen, 1er déc. 1837, Rec., 1838, p. 110).

2° Un arrêt de règlement du *28 août 1726* (analysé dans Bérault, édit. citée, p. 726, note a) ordonne que les fours destinés à la boulangerie à Rouen ne pourront être construits que dans une cage haute de 9 pieds, faite de murs d'une épaisseur déterminée selon les matériaux, et voûtée; l'arrêt détermine la composition en matériaux de la cage, du four et de son tuyau, — le tout indépendamment de l'art. 614 de la coutume.

3° Un arrêt de règlement du *6 août 1765* (analysé au même endroit que le précédent) et dont l'usage « est maintenu » (Pannier, op. cit. v° Servitude) fait défenses de couvrir autrement qu'en ardoise ou en tuile les maisons et bâtiments des aubergistes, billardiers, ciriers, chandeliers, boulangers, cuisiniers, pâtissiers, maréchaux et autres personnes publiques ou faisant usage de fours, fourneaux ou forges, ensemble les écuries, étables, latrines et autres bâtiments semblables étant dans l'enceinte des bourgs, fauxbourg, cours et rues adjacentes,... » sauf aux habitants des bourgs et autres lieux où il est d'usage de couvrir en bordeaux ou essente, faute de tuile ou ardoise, à faire leurs représentations, s'ils avisent que bien soit ». — Nous ne connaissons pas de lieux où de telles représentations aient été faites.

D'ailleurs, il ne faudrait pas exagérer le nombre de ces textes anciens. — La Cour de Caen a jugé que l'arrêt du conseil des finances du 27 décembre 1729, concernant les ouvriers des fourneaux et forges, et qui défend à ces ouvriers d'abandonner leurs fourneaux lorsqu'ils sont en feu, sous peine de 300 livres d'amende, n'a jamais été et n'est pas exécutoire en Normandie, parce qu'il n'a pas été enregistré au Parlement de Rouen (Cour de Caen, 1ᵉ ch. 2 janv. 1860, Sagot et joints contre Goupil et joints, Rec. Caen, 1860, p. 181, note Léon Bidard (129).

c) Dépôts de matières combustibles.

Aux termes de l'art. 72 des Usages locaux du département de l'Eure (p. 44), « dans le canton de St-André, les chantiers, les magasins ou les dépôts de bois ou d'autres matières combustibles sont placés à 8 m. des bâtiments du voisin, et à 4 m. des murs de séparation mitoyens ou non ».

V. art. 11 et 10 C. Rur. Livre III, tit. I (L. du 21 juin 1898).

C. — Adossement d'une étable contre le mur mitoyen ou celui du voisin.

Pourquoi des mesures spéciales ici ? — « La raison est, dit Pothier, (Tr. du contr. de Société, n° 211), pour empêcher que les fumiers, qu'on laisse longtemps dans les étables, ne pourrissent et ne dégradent le mur commun ».

Sur ce point, la Coutume de Normandie était muette. — Il faut suppléer à son silence en appliquant la Coutume de Paris (Sic, Pannier, v° Contremur; Mouchel, op. cit., p. 170; Leroy, th., p. 159; — Cf. Caen, 20 avril 1877, Rec. Caen, 1877, p. 275). — *L'art. 188* de cette coutume est ainsi conçu : « Qui fait étable (130) contre un mur mitoyen doit faire *contremur de huit pouces d'épaisseur* (0ᵐ 22) *de hauteur jusqu'au rez-de-chaussée de la mangeoire* ».

(129) La Cour de Cassation a rejeté le pourvoi formé contre cet arrêt, par arrêt en date du 21 juillet 1860, pour ce que, — et sans examiner la question au même point de vue que la Cour de Caen, — en tout cas l'arrêt du conseil en question aurait été abrogé par les lois de 1791, du 22 germinal an XI, l'arrêté du 9 frim. an XII et l'art. 2 L. 14 mai 1851 (note de Léon Bidard sous Caen précité).

(130) « La Coutume, dit Pothier, loc. cit., comprend sous le mot *d'étables*, les vacheries, bergeries et écuries, et généralement tous les lieux où on entasse des fumiers ». — Il semble cependant préférable de rapprocher plutôt les fumières proprement dites et fosses à purin des fosses d'aisances, avec l'opinion générale. — Aux vacheries, écuries, bergeries, il faut évidemment assimiler les porcheries (burets) — qui sont peut-être les plus incommodants de ce genre d'établissements. (Peut-être même y aurait-il lieu, en législation, de les assimiler aux « chambres aisées dont parle l'art. 613 de la Coutume de Normandie.)

« La Coutume, dit Pothier relativement à ce texte (Tr. du Contr. de Société, n° 211), — règle la hauteur que doit avoir ce contremur, jusqu'au rez-de-chaussée de la mangeoire; ce que Desgodets, sur cet article, n. 5, entend du bord du haut de la mangeoire. — Dans les Coutumes qui ne s'en sont pas expliquées, la hauteur doit être réglée *arbitrio judicis*, jusqu'à celle des plus hauts monceaux de fumier qu'on a coutume de laisser dans l'étable ». — Il est difficile d'admettre cette dernière solution ici, à cause du renvoi pur et simple à la coutume de Paris, qui est très généralement admis en Normandie; d'ailleurs elle conduit à ne poser aucune règle certaine.

« Observez, poursuit Pothier, que la Coutume ne parle de la mangeoire que pour régler la hauteur que doit avoir le contremur. Il n'en faut pas conclure que ce contremur ne doive être fait que lorsque la mangeoire est du côté du mur mitoyen : car ce n'est pas par rapport à la mangeoire que la Coutume ordonne de le faire, mais pour empêcher l'humidité des fumiers de pénétrer jusqu'au mur mitoyen. C'est pourquoi, s'il y avait plusieurs des murs de l'étable qui fussent mitoyens, il faudrait faire un contremur le long de chacun desdits murs; Desgodets, ibid. n. 4 ».

On peut, surtout si l'on dit que les étables comprennent les bergeries et porcheries, considérer qu'il s'agit ici encore, dans une certaine mesure, de salubrité publique : on n'admettra donc point les conventions ou usages plus conciliants que l'art. 188 Cout. Paris. La santé publique y est intéressée (131). — D'ailleurs, en général, les usages sont plus rigoureux : c'est ainsi que l'épaisseur du contremur doit être d'un pied (0 m. 33) dans les cantons de

(131) Il ne faudrait pas tenir compte, par exemple, de ce qui est indiqué pour le cant. du Mesle-sur-Sarthe, — à savoir que l'usage de construire un contremur jusqu'à la hauteur des mangeoires « ne paraît pas suivi » (Alençon, p. 20).

Bellême et Longny (Mortagne, p. 18), de Carrouges, (Alençon, p. 19), de La Ferté-Fresnel, de Mortrée et de Putanges (Argentan, p. 34, 37 et 38), de Torigny (Mouchel, p. 170; — de 0 m. 60 dans celui de St-Malô de la Lande (Mouchel, ibid.); — de 1 m. dans celui de St-Lô (ibid.). — Le contremur doit dépasser le haut de la mangeoire de 0 m. 30 dans le canton de Sées (Alençon, p. 20), de 1 m. dans le canton de Courtomer, et en un certain nombre d'endroits; — et de 1 m. 50 dans les cantons de Briouze (Argentan, p. 32), et de St-James (Mouchel, op. cit., p. 170). — Un usage intéressant est rapporté pour le canton de Beaumont : « le procès-verbal de la commission de Beaumont stipule que, dans ce canton, « il est « interdit de construire des étables contre les murs des « bâtiments habités par le voisin » (Mouchel, op. cit., p. 171-172). A noter, dans le même sens, un *arrêté municipal* du Maire de St-Pierre-Eglise, du 30 mars 1866, qui porte que « il ne pourra être nourri de porcs à une distance inférieure à 25 m. des maisons d'habitation, pour ceux nourris avec des plantes végétales; cette distance sera portée à 110 m., pour ceux qui seraient nourris avec des matières animales » (rapporté par Mouchel, op. cit., p. 172).

D. — Établissement d'un magasin de sel ou d'un amas de matières corrosives.

Pothier, relativement à l'art. 188 précité de la Coutume de Paris (Tr. du contr. de Société, n° 211), dit que « cet article doit être étendu aux magasins où on loge des morues et autres salines, et aux lieux où on les fait détremper, y ayant même raison ». La Coutume de Normandie étant muette encore ici, il faudrait donc, semble-t-il, appliquer aussi, par analogie, du moins en ce qui concerne les magasins de sel, l'art. 188 de la Coutume de Paris; — et y assimiler les matières corrosives (dont l'assimilation aux salines est traditionnelle et dont l'assimilation au fumier des écuries est peut-être plus juste encore).

Telle serait, semble-t-il, du moins, la règle à adopter s'il n'y avait aucune disposition spéciale à la Normandie; mais il y aurait lieu d'appliquer ici un arrêt du *13 juillet 1742*, en vertu duquel il faudrait un contremur d'un pied d'épais (0 m. 33); sa longueur et sa hauteur devraient être celles des magasins ou amas (André, n° 89; Cour de Caen, 20 avril 1877, Rec. Caen. 1877, p. 275) (Cet arrêt a assimilé aux amas de matières corrosives un amas de terre ayant salpêtré le mur du voisin). — S'agissant d'un arrêt de règlement, il faudrait admettre qu'il s'est inspiré d'un but général, et que les conventions ou usages diamétralement contraires ne devraient pas être respectés. — Certains usages sont d'ailleurs plus rigoureux (et doivent être respectés) : l'épaisseur du contremur est ainsi fixée à 0 m. 50 dans les cantons de Bellême et de Longny (Mortagne, p. 19) et à 1 m. pour St-Lô (Mouchel, op. cit., p. 178).

E. — AUTRES ÉTABLISSEMENTS.

Il y aurait lieu d'appliquer les règlements ou usages particuliers, s'il en existe.

Pour les fossés, on applique l'art. XIII de l'arrêt de règlement du 17 août 1731, V. Section 5, § 3°, infrà. — Pour les plantations, il y a lieu d'appliquer certains autres textes du même règlement, par application de l'art. 671 du Code Civil. V. la section suivante.

Ajoutons que l'art. 674 n'établit que des mesures préventives; mais que si, en dépit de ces mesures, des dégâts étaient commis sur le voisin, ils devraient être réparés : l'art. 674 n'établit qu'un minimum de *précautions* indispensables; il ne doit pas être interprété comme faisant échec au grand principe posé par l'art. 1382 du Code Civil. — Ce point semble indiscuté.

PARAGRAPHE DEUXIÈME

CARRIÈRES
RENVOI DE L'ART. 81 DE LA LOI DU 21 AVRIL 1810

Aux termes de l'*art. 81* de la loi du 21 avril 1810 (texte du 27 juill. 1880 (132)), « l'exploitation des carrières à ciel ouvert a lieu en vertu d'une simple déclaration faite au maire de la commune et transmise au préfet. Elle est soumise à la surveillance de l'administration et à l'observation des lois et règlements. — Les règlements généraux seront remplacés, dans les départements où ils sont en vigueur, par des *règlements locaux* rendus sous forme de décrets en Conseil d'Etat. »

Il existe, pour le département de l'*Orne* un *décret* du *10 février 1892*, qui décide que les bords des fouilles ou excavations sont établis et tenus à une distance horizontale de 10 m. au moins des bâtiments et constructions quelconques publics ou privés, des routes ou chemins, cours d'eau, canaux, fossés, rigoles, conduites d'eau, mares et abreuvoirs servant à l'usage public. — Ce décret ne dit rien des distances à observer en ce qui concerne les propriétés non bâties, sauf pour ce qui vient d'être indiqué (133). — Il existe sur ce point certains usages, — qu'il faut valider par application du principe contenu dans l'art. 674. — C'est ainsi que dans les cantons d'Alençon, on ne peut ouvrir une carrière à moins de 0 m. 50 des

---

(132) Le texte de 1810 parlait déjà de règlements généraux » ou locaux » ; mais n'exigeait pas la forme du décret en Conseil d'Etat.

(133) Arr. de Mortagne, p. 21. — Il existe pour le Calvados un arrêté du 24 juin 1894 analogue « portant règlement des carrières du département du Calvados » (Journal officiel, 23 juillet 1891).

champs voisins; que, pour le canton de Carrouges (134) et un certain nombre d'autres, il n'y a pas de distance à observer, mais que celui qui ouvre la carrière « doit laisser un talus avec l'inclinaison nécessaire (en général 45°), pour éviter le glissement des terrains de la propriété voisine ».

Pour ce qui est des *marnières*, il y aurait lieu, selon Vaudoré (appendice au 3ᵉ vol., vᵒ Marnières, nᵒ 2) d'appliquer un arrêt de règlement du *16 mai 1659*. « En Normandie, dit-il, ceux qui ont des puits ou marnières dans leurs champs sont tenus de les faire enclore tout autour, à peine d'amende et de répondre des dommages résultant du défaut de clôture. Arr. de régl. 16 mai 1665. V. Règl. et L. 22 juill. 1791 » — Quelle est en présence des textes actuels, la valeur, au point de vue civil, de ce règlement ?

— Le Code Civil ne peut être considéré comme ayant traité des mines ou carrières; l'art. 552 annonce simplement qu'il existe une réglementation et législation spéciales : l'art. 7 de la loi du 30 ventôse an XII ne peut donc être considéré comme ayant abrogé le règlement ancien. — La loi du 21 avril 1810, spécialement en ce qui concerne les carrières, et d'ailleurs à aucun point de vue, ne contient de disposition d'abrogation, en ce qui concerne les règlements locaux : si donc il y en avait de non contraires à ses dispositions, pourquoi les déclarer abrogés ? Or, il ne semble pas que le règlement en question fût contraire aux dispositions de la loi de 1810. — Reste la loi de 1880 : elle parle de règlements locaux rendus sous la forme de décrets en conseil d'État. — Sans doute l'arrêt de 1659 n'a pas cette forme. — Mais pourquoi faire rétroagir la loi de 1880 ? — Parce que, pourrait-on son-

(134) Alençon, p. 20. — Dans le canton de Courtomer la distance exigée est de deux mètres; elle est de trois dans celui du Mesle-sur-Sarthe (ibid.) et en général dans l'Eure (art. 145, p. 96).

ger à dire, le texte dit que seront appliqués les règlements
locaux rendus sous ladite forme « dans les départements »
où ils sont en vigueur »; or, le règlement dont s'agit n'é-
tait point en vigueur sous cette forme. — Nous croyons
qu'une telle interprétation ne serait point la bonne : la loi
de 1880, si elle était interprétée ainsi, n'autoriserait point
de règlements pour l'avenir ! Elle veut simplement dire
que les règlements locaux « seront » « en vigueur » dans
les départements qu'ils détermineront eux-mêmes (et non
dans d'autres départements). — La loi du 21 juin 1898
(C. Rur. liv. III, tit. 1er, art. 13), prescrit aussi que « le
maire peut prescrire aux propriétaires, usufruitiers, usa-
gers, fermiers ou à tous autres possesseurs ou exploitants
d'entourer d'une clôture suffisante les puits et les excavations présentant un danger pour la sécurité publique »;
mais, outre qu'une marnière est à proprement parler autre
chose qu'un puits ou une excavation, ce texte ne semble
bien disposer aussi que pour l'avenir, et ne paraît contenir aucune abrogation.

———

LE RENVOI DE L'ART. 671 DU CODE CIVIL
(Distance pour les plantations)

———

L'art. 671 du Code Civil, alinéa 1ᵉʳ, (texte du 20 août 1881 [la loi de 1881 n'a d'ailleurs pas modifié le texte du Code Civil au point de vue du renvoi qui nous occupe]), édicte qu' « il n'est permis d'avoir des arbres, arbrisseaux et arbustes près de la limite de la propriété voisine qu'à la distance *prescrite par les règlements particuliers actuellement existants, ou par des usages constants et reconnus, et, à défaut de règlements et usages,* qu'à la distance de deux mètres de la ligne séparative des deux héritages pour les plantations dont la hauteur dépasse deux mètres, et à la distance d'un demi-mètre pour les autres plantations ».

Ainsi, pour déterminer la distance à partir de laquelle il est « permis d'avoir des arbres, arbrisseaux et arbustes près de la limite de la propriété voisine » (135), on doit

———

(135) Le renvoi n'existe point en ce qui concerne les espaliers (pour lesquels existent les dispositions finales de l'art. 671), ni en ce qui concerne *les sanctions* de l'inobservation de la distance réglementaire (sanctions prévues par les art. 672 et 673). V. sur ce 3ᵉ point, C. de Caen, 2ᵉ ch., 19 fév. 1859, Rec. Caen, 59, 88. « Considérant, sur la 4ᵉ question, dit la Cour, que l'art. 672 du C. Nap. donne le droit à celui sur la propriété duquel s'avancent les branches des arbres du voisin, de contraindre celui-ci à couper

appliquer en premier lieu, s'il en existe, « les règlements particuliers actuellement existants » ou les « usages constants et reconnus ».

L'expression « usages constants et reconnus » n'a rien que de très normal. — Mais que faut-il entendre par « règlements particuliers actuellement existants » ? — Cette expression semble avoir été reproduite avec son sens ancien (Sic, Baudry-Lacantinerie et Chauveau, des Biens, 3ᵉ éd., nᵒ 1010). Lors de la confection du Code elle signifiait, — et signifie donc encore, — qu'il fallait suivre les dispositions des règlements locaux encore en vigueur en ce moment (mais que de nouveaux règlements n'étaient point autorisés) (Sic, Baudry-Lacantinerie et Chauveau, op. et loc. cit.). — (Le renvoi fait par le Code se justifie aisément : « tout dépend, en ces circonstances, dit Demolombe (Servit. I, nᵒ 491), des habitudes des différentes localités, de la nature du sol, de l'espèce de culture à laquelle il est employé, et des diverses essences d'arbres que l'on a coutume d'y planter »).

Quels sont donc les règlements anciens ou les usages spéciaux à la Normandie en cette matière ? (136).

ces branches ; que cet article ne s'en réfère pas pour l'élagage, comme l'art. 671 pour la distance à observer relativement aux plantations, aux règlements particuliers et aux usages reconnus, — d'où il suit que ces règlements et usages sont abolis et que les dispositions de l'art. 672 sont la seule règle applicable... » (V. cep. Vaudoré, supp. au t. 3, vᵒ Plantations, et Caen, 24 août 1835, Lenourichel contre Varin, Rec. Caen, 1847, p. 146). — Nous aurons plus loin à faire application du principe posé par l'arrêt de 1859.

(136) Bibliogr. : Demolombe, Traité des Servitudes, t. I, nᵒ 456-4ᵒ ; Vaudoré, op. cit., vᵒ Plantations, nᵒ 30-13ᵒ, 44, 5ᵒ, 64-9ᵒ ; — Leroy, op. cit., p. 137 à 147, et 150 ; Pannier, op. cit., vᵒ Plantation ; de Vilade, op. cit., p. 94 à 186 et 262 et suiv. ; Meuchel, op. cit., p. 98 et suiv. ; 109 et s. ; Eure, p. 33 s. ; 36 s. ; 98 s. ; Orne, chap. IV.

Il y a, en Normandie, un règlement ancien et divers usages.

PARAGRAPHE PREMIER. — *« RÈGLEMENTS ANCIENS »*

Le règlement est *l'arrêt de règlement du Parlement de Normandie du 17 août 1751, sur les Plantations*, dont certaines dispositions sont relatives au sujet qui nous occupe (art. 5 à 10, 12 et 14).

Qu'il doive être appliqué en Normandie pour ce sujet ne paraît point susceptible d'être mis en doute en présence de l'art. 671 du Code Civil. — C'est ce qu'a d'ailleurs toujours formellement reconnu la jurisprudence (137).

D'ailleurs la question n'a pas grand intérêt : car s'il ne fallait pas admettre le règlement en tant que tel, il faudrait le suivre néanmoins, parce qu'il est appliqué en général par la pratique normande (138), et qu'il constituerait dès lors un usage obligatoire à cause de l'art. 671.

(137) V. not, Caen, 24 août 1835, Lenourichel, précité : « Considérant que les dispositions des art. 671 et 672 du Code Civil relatives aux distances prescrites pour les plantations des arbres et celle des haies... ne sont impératives que pour les lieux où il n'existe ni règlements spéciaux, ni usages contraires ; — Considérant que, depuis l'arrêt de l'ancien parlement de Normandie, du 7 août 1751 portant règlement sur la matière, l'art. 6 a interdit de planter dans les terres non closes les arbres de haute futaie, à moins de sept pieds du voisin ». V. aussi, Caen, 1re ch. 22 juill. 1845, Abaquesné de Parfouru contre époux Pinot, Rec. Caen, 1845, p. 646. « Considérant dit cet arrêt que... d'après l'art. 671, la distance est encore celle fixée par le règlement de 1751 qui continue d'être en vigueur sous ce rapport ». V. encore Caen, 22 janv. 1848, Rec. Caen, 1848, p. 500 et trib. Caen, 27 juill. 1866, de St-Georges contre Chéruel, de Vilade, op. cit., p. 254 (ce jugement est relatif à l'art. 10 du règlement).

(138) Cependant son application serait moins étendue : car il est signalé qu'on ne le pratique pas dans certaines parties de la Manche (Mouchel, op. cit., p. 99), et s'il fallait en croire les di-

Il faut que nous nous arrêtions quelques instants sur ce règlement (appelé aussi parfois « édit » de 1751) (139). — qui a donné lieu à des commentaires sommaires et à quelques arrêts.

Avant d'étudier toutefois ses dispositions, il convient de déterminer avec autant de précision que possible sa portée.

1° Il n'a été fait que *pour les campagnes*. C'est ce qui résulte des considérants qui le précédent (140).

Flaust (t. 2, p. 909), — pour qui d'ailleurs (p. 43) « ce règlement doit satisfaire et donner des lumières convenables sur toutes les questions qui se présenteront », — croit « qu'on ne pourrait planter « dans les jardins ou dans les cours des villes « à une distance moins éloignée que celle marquée dans ce Règlement », et croit « qu'il

vers recueils relatifs au département de l'Orne, il n'y serait appliqué que tout à fait exceptionnellement. — Quelle est la valeur de ces usages contraires ? — Selon Vaudoré (op. cit. v° Plantations, n° 13), ils seraient inadmissibles. — Cependant il s'agit ici, uniquement semble-t-il, d'intérêts privés, dès lors on concevrait des dérogations conventionnelles au règlement, et nous avons admis l'usage contraire à la loi qui n'est pas d'ordre public. Sic, ici, C. de Caen, Lenourichel, cité à la note précédente, et Leroy, th. p. 138, note 1. — Nous ne pouvons énumérer ici les usages contraires (qui ne sont pas toujours totalement contraires). Disons simplement que le règlement devra être appliqué partout où il n'y a point d'usage contraire constant et reconnu (Sic, Leroy, loc. cit.).

(139) V. de Vilade, *Les Coutumes de Normandie réglementées par l'édit de 1751* (Introduction, p. 7).

(140) « Vu par la Cour, toutes les Chambres assemblées, ce qui résulte des Informations faites dans les différens Bailliages de cette Province, en exécution de l'arrêt du 18 février 1737, au sujet des *plantations dans les campagnes*, et faisant droit sur les réquisitoires du Procureur Général du Roy des 16 février 1737 et 2 juillet 1751 ; ouï le Rapport du sieur Desmarets de St-Aubin, Conseiller Commissaire ; tout considéré, — Art. 1ᵉʳ : La Cour, en donnant Règlement, ordonne que le long des Chemins… »

faudrait même prendre la plus grande des distances qu'il admet, qui est de 12 pieds pour les pommiers et poiriers, et de 24 pour les arbres de haute futaie ».

Cette opinion (Flaust reconnaît d'ailleurs que le règlement « n'a pour objet que les plantations dans les campagnes ») ne semble pas avoir prévalu jamais, et semble bien inadmissible actuellement : car, puisque aussi bien le texte du règlement, — ni même croyons-nous son esprit, — ne visent pas cette hypothèse, il y a lieu, de par l'art. 671, de recourir aux usages locaux (qui d'une manière générale admettent, comme nous le dirons plus loin, une solution toute opposée à celle que préconisait Flaust) — ou, à défaut, aux distances prescrites par l'art. 671 du Code civil. Pour ceux qui admettent, comme nous l'avons fait, la possibilité d'usages dérogeant au règlement, il n'y a même point de question toutes les fois qu'il existe des usages constants et reconnus.

2° On admet, généralement, que, même dans les campagnes, le règlement ne s'applique qu'aux terres non closes. Cette opinion s'appuie sur ce que l'art. 6 dudit règlement, relativement aux arbres de haute futaie, ne dispose que pour les arbres « plantés *à pied dans les terres non closes* ». Cela ne nous semble pas une raison suffisante pour dire que, pour *toutes* les plantations dont s'occupe le règlement, celui-ci n'a entendu viser que celles faites « dans les terres non closes » (Sic, Leroy, th., p. 111). « Si telle avait été la pensée des rédacteurs du règlement, remarque judicieusement M° Leroy, *ils l'auraient certainement dit*, soit dans un article général, soit dans l'intitulé qui le précède, comme ils l'ont fait pour indiquer que les campagnes étaient seules visées ». — D'ailleurs, « en ce qui concerne les poiriers et les pommiers dont s'occupe l'art. 5, si l'on avait voulu que les prescriptions relatives à ces arbres ne s'appliquent que dans les terres non closes, il était inutile de leur consacréer un texte spécial. Il s'agit là, en effet, d'arbres de haute futaie et la distance prescrite pour les planter *est la même* pour eux que celle indiquée par l'art. 6 pour les autres arbres de haute futaie. En parlant d'abord des poiriers et des pommiers et en les mentionnant à part, le règlement a nettement montré que, pour ces arbres tout au moins, la distinction entre terres closes ou non closes ne s'appliquait pas ». — Ajoutons que quand on parle de non-application du règlement dans les terres non closes, c'est en tout cas, « dans les terres non closes *de murs* » qu'il faudrait dire, car, précisément pour les arbres de haute futaie, l'art. 14 du règlement édicte une règle spéciale pour ceux « plantés sur les fossés » ! (On a même, — avec peut-être quelque exagération, — écrit que le « règlement de 1751... distingue entre les arbres plantés à pied dans les terres non closes et ceux plantés sur masses ou fossés dans les terrains clos » (Mouchel, op. cit., p. 99). — En somme, il ne faut retenir de l'observation faite que ceci : *relativement aux arbres de haute futaie*, le règlement ne s'applique en général qu'aux terrains non clos. Et, au fond, quoi qu'on en ait dit, c'est ce que la Cour de Caen se borne à constater (V. arrêts du 25 juin 1831, Rec. Caen, 1840, p. 102 et du 19 fév. 1859, Rec. Caen, 1859, p. 88).

Quelles sont les dispositions du règlement de 1751 relatives à la distance des plantations entre particuliers (141) voisins ?

(141) Les quatre premiers articles de l'arrêt de règlement de 1751 prescrivaient certaines distances à observer pour les plantations en face des chemins publics. Ils ne peuvent être appliqués aujourd'hui, ayant été abrogés tacitement par la législation postérieure spéciale à cette matière. — D'ailleurs, ils n'auraient pu l'être par renvoi de l'art. 671 : Il apparaît bien en effet, — et la Cour de Cassation a décidé, — que « les art. 671 et 672 ne s'appliquent, d'après le texte, comme d'après l'esprit de la loi,

Elles sont relatives expressément : aux pommiers ou poiriers (art. 5 et 8); — aux arbres de haute futaie (art. 6, 14 et 8; — aux bois-taillis et au jonc marin (art. 9) ; — aux haies à pied (art. 10); — enfin, aux arbres « aquatiques » (art. 7). Nous étudierons successivement ces divers cas et ajouterons quelques mots relativement à l'art. 12 du règlement (qui réserve les droits acquis). Pour ce qui est des autres articles du règlement (V. la note 141 pour les art. 1 à 4), les art. 13 et 11, ils seront étudiés à propos du renvoi que nous faisons résulter de l'art. 652 du Code civil.

A. — Distances concernant les pommiers et poiriers (art. 5 et 8 du règlement), et les autres arbres fruitiers.

« *Nul*, dit *l'art.* 5 *du règlement, ne pourra planter aucuns poiriers ou pommiers qu'à sept pieds de distance du fonds voisin* (142) et en cas que les branches s'étendent sur le terrain voisin, le propriétaire desdits arbres sera contraint en outre d'en couper l'extrémité des branches autant qu'elles s'étendront sur le terrain voisin ».

La distance à observer est donc de sept pieds en principe, soit « 2 m. 33 », — (ou, peut-être plus exactement, le pied étant de 0 m. 33, de 2 m. 31 (143).

qu'aux arbres plantés sur la limite de deux héritages privés et non aux arbres plantés sur des propriétés privées bordées par une rue ou une place publique » (arrêt du 16 déc. 1881, S. 84. I. 94; D. 82. I. 185). — Quelles sont les distances à observer vis-à-vis des routes ? — Elles sont déterminées par les préfets, qui en fait s'inspirent du nouvel art. 671 (Watrin et Bouvier, op. cit., n° 114). Pour la Normandie, V. André, op. cit., n° 322).

(142) Cf. Dig. Liv. 10, tit. I, finium regundorum, l. 13, in fine. Les oliviers et figuiers devaient être plantés selon ce texte à 9 pieds, et les autres arbres à 5.

(43) En tout cas, il ne semble pas que 7 pieds fassent 2 m. 30

L'obligation complémentaire édictée par l'art. 5 est reproduite par l'art. 673 du Code civil, al. 1ᵉʳ (144). — M. André (op. cit., p. 35, note 1) ajoute qu' « il est généralement admis que le voisin doit accorder le passage pour pratiquer l'élagage et retirer les branches en provenant ». Cela n'est peut-être pas indispensable; si cela est simplement plus commode on ne peut voir dans cette règle qu'une pratique de bon voisinage sans caractère obligatoire (si du moins il n'y a pas d'usage constant et reconnu en ce sens).

Aux termes de *l'art.* 8 du règlement, « si le terrain voisin était occupé par un vignoble, les poiriers ou pommiers ne pourront être plantés plus près de 12 pieds du vignoble (et les arbres de haute futaie plus près de 54 pieds) ». — Cette règle devrait être appliquée en principe si un propriétaire normand voulait planter des poiriers ou pommiers le long d'un vignoble voisin, mais il est évident que cette hypothèse, peut-être plus pratique en 1761 qu'aujourd'hui (145), sera extrêmement rare.

Selon M. de Vilade, l'article 5 *s'applique aussi à tous*

comme l'écrit Mᵉ Leroy (p. 142), ni 2 m. 27, comme l'a dit la cour de Caen, — arrêt du 22 juillet 1845, Rec. Caen, 1845, p. 646.

(144) Art. 673, alin. 1ᵉʳ (L. 20 août 1881) « Celui sur la propriété duquel avancent les branches des arbres du voisin peut contraindre celui-ci à les couper ».

(145) « Autrefois, dit M. de Vilade (op. cit. p. 142), des essais [de culture de la vigne en Normandie] avaient été tentés, les moines de Silly plantaient des vignes près d'Argentan... A quelques lieues de Caen, à Argences, on faisait encore du vin il y a 30 ans ». — La grande distance imposée ici par le règlement vient du caractère souffreteux qu'a la vigne sous le climat normand; on considérait qu'elle aurait souffert de toute ombre portée (V. Basnage, sur l'art. 668 de la Coutume : « les vignes ont besoin, écrit-il, pour la maturité de leurs raisins, de toutes les douces influences du Ciel »). A noter que dans le Maine et l'Anjou les arbres se plantaient aussi à 12 pieds des vignes d'autrui (de Vilade, loc. cit.).

les arbres *fruitiers*, pourvu qu'on les élève à haute tige
tels que : cerisiers, pruniers, abricotiers, cormiers, noi-
setiers, néfliers, etc. » (p. 94). (Sic Vaudore, op. cit., v°
Plantations, n° 30 in fine). — Sans doute, nous recon-
naissons avec M° Leroy (p. 142, note 2), que « rien dans
le texte ne permet cette assimilation », mais nous serions cependant partisans de la faire, car « ubi eadem le-
gis ratio... » — En tout cas, elle doit être admise, à titre
d'usage, pour le département de l'Eure (art. 45, p. 39).

B.— Distances relatives aux arbres de haute futaie ou
de haut jet (146) (art. 6, 8, 14 et 10 du règlement.)

On a pu déjà noter la distance exceptionnelle de 24
pieds édictée quand les arbres de haute futaie sont à
proximité de vignobles (art. 8). — La distance ordinaire
est de 7 pieds (art. 6 et 14).

Aux termes de l'art. 6, « *les arbres de haute futaie (147)
ne pourront être plantés à pied dans les terres non closes (148) qu'à sept pieds de distance du fonds du voi-*

____

(146) Sur la distinction des arbres de haute futaie et des bois
taillis en général, V. suprà, p. 104. — Ici, dans l'opinion générale, il faudrait entendre par arbres de haute futaie ceux dont la
tige excède 6 pieds (2 m.) (arg. art. 10 du règlement) ; — on
peut admettre cette caractéristique pour distinguer les arbres à
haute tige des basses tiges (par argument, non du règlement, mais
de l'art. 671 du Code Civil) ; mais elle semble difficile à appliquer
pour distinguer les arbres de haute futaie des bois taillis ; nous
serions donc portés à conserver ici la distinction générale rapportée p. 104, quelque critiquable qu'elle puisse apparaître.

(147) « N'importe l'essence » Vaudoré, v° Plantations, n° 30-
13°, p. 262, col. 2, note 1.

(148) Pour les terres closes de fossés, V. art. 14 ; pour les terres
closes de murs le règlement est muet; on a jugé qu'il fallait en
ce cas, et en l'absence d'usages, s'en référer aux distances posées
par l'art. 671 du Code Civil (C. de Caen, 2° ch., 19 févr. 1859,
Rec. Caen, 1859, p. 88). Il s'agissait d'une propriété sise à Saint-De-

sin », — « lequel pourra, ajoute le texte, pareillement
contraindre le propriétaire desdits arbres de les élaguer
ou ébrancher jusqu'à la hauteur de quinze pieds; — et,
en outre, de faire couper la partie des branches qui s'é-
tendrait sur son terrain ».

Cette dernière disposition est conforme à l'art. 673, al.
1er du Code civil. — Que penser de l'avant-dernière ? Il
semblerait excessif de la considérer comme complétant la
distance imposée par la première disposition: le seul élagage prévu par le Code civil est celui de l'art. 673, al. 1er
— et ce texte ne renvoie pas, comme l'art. 671, aux règlements et usages locaux (V. en ce sens Caen, 19 févr.
1859, précité; Adde Leroy, th., p. 139, note 2, canton de
Brionze (Argentan, p. 25). — Cette disposition du règlement était d'ailleurs conforme à la loi romaine (V. Pothier, Tr. du contr. de Société, n° 243).

Aux termes de *l'art. 14* : « Ne pourront être plantés
sur les fossés d'arbres de haute futaie qu'à *sept pieds* de
distance du fonds voisin — (à l'exception des fossés étant
entre les herbages et masures, ou terres vagues pour les
quels il en sera usé comme par le passé (149): — *et à*

nis-sur-Sarthon (Orne, arr. d'Alençon). — Sur l'interprétation à
donner à cette expression « dans les terres non-closes » pour ce
qui est de l'interprétation générale du règlement, V. suprà, p.
180-181.

(149) « Rien de constant en pratique » disait Vaudoré (V° Plantations, p. 253, col. 1, note 2). — Toutefois, selon André (op. cit.,
n° 56), — qui cite les Usages de la Seine-Inférieure, 169-170 « par
exception, dans le pays de Caux, *entre masures et herbages*, les
arbres de haut jet seraient plantés à 1 m. 16 cm. » — « On entend par *masures*, en Normandie, dit de Vilade (op. cit. p. 170),
les terres en nature d'herbage édifiées de bâtiments destinés à
l'habitation du ménage avec les vergers, cours et jardins. —
Dans le pays d'Auge, ce même genre de biens porte l'appellation
de cour, et dans le reste du Calvados et dans la Manche celle
d'entretenant » (Cf. Mouchel, op. cit.) — On peut noter qu'il
aurait été jugé que les dispositions exceptionnelles du règlement

l'égard des anciens fossés actuellement plantés de grands arbres, ils pourront être réparés et replantés dans les distances où étaient les arbres abattus (sauf au voisin à contraindre de les élaguer en tant que les branches pourraient s'étendre sur son terrain) ».

« Il résulte de sa dernière disposition (de la dernière disposition du règlement), dit Flaust (t. II, p. 43), qu'on ne peut planter d'arbres de haute futaie sur les fossés nouvellement faits, s'ils ne sont à sept pieds de distance du fonds voisin; mais que les anciens fossés plantés de grands arbres peuvent être réparés et replantés comme auparavant. Cette exception, dit-il, était bien *nécessaire pour le bocage* où toutes les terres sont coupées et divisées par des fossés, et où de toute ancienneté les fossés sont plantés de grands arbres ». — Bien entendu, celui qui prétendrait que son fossé était planté de grands arbres lors du règlement, devrait le prouver. Il ne lui suffirait pas d'établir, a-t-il été décidé, que de temps immé-

de 1751 ne sont pas applicables aux arbres plantés entre herbages et terres labourables, ou entre herbages et jardins ne formant pas l'accessoire d'une maison (C. de Caen, 2ᵉ ch. 8 mai 1830, Goderoy contre Fauvel. — arrêt cité par de Guernon, dictionn. des arrêts de la Cour de Caen, v° Servitudes, n° 97, par Vaudoré, v° Plantations n° 52, et par de Vilade, op. cit., p. 186). — Il est à noter aussi que « Flaust (cité au texte) ne parle nullement de l'exception faite en faveur des *herbages et mesures;* et semble regarder la distance de sept pieds comme une règle absolue », et « en effet, ce que le règlement voulait établir, c'était surtout l'uniformité... » (de Vilade, op. cit., p. 262-263). — Nous retrouverons cette question relative aux plantations entre herbages et mesures sur l'art. 10 (haies). Nous croyons qu'ici comme là l'exception citée par le règlement n'a plus de portée aujourd'hui: elle ne statue en effet que pour le présent, à l'égard des fossés « étant » entre herbages et mesures... (au moment de la confection du Règlement). Il y a bien des chances pour que les arbres qui existaient à cette époque soient tous disparus (V. en ce sens, de Vilade, op. cit., p. 264; Cf. Rouen, 17 nov. 1836, cité infra).

morial, le fossé a toujours été planté de grands arbres
(V. le texte) (V. Cour de Caen, 21 mars 1829, Jumel contre Mulois, Rec. Caen, t. III (1839), p. 69) (150).

En ce qui concerne les arbres dans les haies, v. infrà
Haies (art. 10). — En principe, on ne peut avoir de
grands arbres dans les haies.

C. — Distances relatives aux bois taillis et au jonc marin.

Aux termes de *l'art.* 9 du règlement : « Le jonc marin (151) sera planté à trois pieds (152) du fonds voisin,
et *le bois-taillis* à sept pieds lorsqu'il n'y aura pas de
fossé de séparation, et à cinq pieds lorsqu'il y aura un

(150) « La Cour, considérant que Jumel ne pourrait repousser
l'action de Lemullois (sic), qu'en justifiant qu'il se trouve dans
le cas de l'exception prévue par l'art. 14 du règlement du 17 août
1751; que cette justification n'est point apportée et que la preuve
testimoniale offerte n'est pas suffisamment concluante; confirme ».

(151) Il s'agit de l'*Ulex Europaeus* (Linné), plante toujours
verte, à feuilles terminées en pointes épineuses, appartenant à
la famille des papilionacées (ou « légumineuses »). Cette plante,
qui est plus fréquente dans le Bocage qu'ailleurs en Normandie,
vit surtout dans les landes, les bois, les lieux stériles. Elle porte
les noms vulgaires d'ajonc ou jonc marin, *vignon*, genêt (il s'a-
git du genêt « épineux »), — et aussi, paraît-il de vigneau, lan-
dier, brusc, thuye (Dechambre, Mathias, Duval et Lereboullet,
Dictionn. usuel des sciences médicales, v° ajonc). On tire « le
meilleur parti » des ajoncs « pour l'élevage des bestiaux et, quand
ils ont été séchés, on les emploie très fréquemment pour sécher
les fours » ibid.).

(152) ...c'est-à-dire 1 m. (André, n° 57). — Il y aurait exception dans l'Eure, lorsque le fonds voisin est planté de mêmes
plantes, ou de bois (Eure, art. 51, p. 34). — Cette exception semble d'ailleurs conforme à l'esprit du règlement (arg. de ce qu'il
décide pour les bois taillis) et pourrait être admise en conséquence.
Cependant elle ne serait pas admise dans le canton de Putanges
(Argentan, p. 34).

fossé; sera néanmoins permis de planter un bois-taillis jusqu'à l'extrémité de son terrain, proche le bois-taillis voisin » (153).

Ce texte ne soulève point de difficulté sérieuse.

D. — Distance relative aux haies a pied (art. 10) sans de pépinières et arbres a basse tige.

Aux termes de *l'art. 10* du règlement : « *Les haies à pied* (154) *pourront être plantées à pied et demi* (155) *du*

---

(153) Cette exception est admise même en des endroits où, très généralement, comme dans l'Orne, on semble ne pas appliquer de bon gré le règlement (V. Mortagne, p. 14, Domfront, p. 11, cantons du Mesle-sur-Sarthe (Alençon, p. 15), de Briouze, Exmes, Gacé, Mortrée, Putanges et Vimoutiers (Argentan, p. 22 à 24).

(154) Selon André (n° 59) « on appelle *haie de pied* celle plantée verticalement dans le sol uni ou sur le haut d'un talus, et *haie en douve ou tablette* celle couchée à plat, ordinairement sur le bord d'un fossé et recouverte de terre ». — On admet plus généralement (V. Argentan, p. 3, Mouchel, op. cit., p. 63) que la haie dite « à pied » s'oppose à la haie dite « en masse de terre », « en terre », ou « debout » : celle-ci est placée sur une masse de terre ou talus ; celle-là est simplement plantée à plat au ras du sol. (Les haies « en terre » peuvent d'ailleurs être plantées verticalement, — ou couchées. Dans ce dernier cas il semble exact de parler de haie « en douve » ou « en tablette »). — Quoi qu'il en soit il n'y a pas à les distinguer au point de vue qui nous occupe : qu'on applique aux haies « en masse » le règlement ou (s'il n'y a pas d'usages) le Code Civil, le résultat sera le même : elles devront être plantées à 0 m. 50. — Il nous semble que, si l'art. 10 signifie quelque chose, il doit s'entendre en ce sens qu'il exclut les haies qui ne sont pas « à pied » ; — ce qui tendrait à faire admettre d'ailleurs cette interprétation, c'est que, parfois, des anciens usages (admettant une autre distance que celle du règlement) sont signalés pour les haies en tablette. Il en est ainsi pour les cantons de La Haye-du-Puits et de Saint-Malo-de-la-Lande (V. Mouchel, op. cit., p. 102). — Au surplus, pour les haies qui sont sur la répare d'un fossé, l'art. 10 n'avait pas à s'en occuper, car

voisin, — (et seront tondues au moins tous les six ans du côté du voisin), et seront réduites alors à la hauteur de 5 à 6 pieds au plus (156), sans qu'il soit permis, dans les dites haies plantées à pied, de laisser échapper aucuns baliveaux ou grands arbres — (parce que néanmoins à l'égard des arbres dans les haies, lesquelles font la séparation des herbages et masures, sans être le long des terres labourables du voisin, il en sera usé comme par le passé) ».

Les arbres, dit notamment ce texte, ne pourront, dans les haies, dépasser six pieds (c'est-à-dire 2 m.), — de même que les haies. Cela revient à dire qu'au delà de six pieds, il faudra observer la distance prescrite pour les arbres de haute futaie. Cette règle a été reproduite par le Code civil.

Il y aurait d'ailleurs exception, d'après le règlement pour les arbres qui « font la séparation des herbages et masures, sans être le long des terres labourables du voisin ». — Il a été jugé (par argument du mot « font », employé au présent de l'indicatif) que cette disposition n'est plus applicable aujourd'hui pour les arbres plantés depuis le règlement (Rouen, 2ᵉ ch., 17 nov. 1826, rapporté par M. de Vilade, — qui approuve cet arrêt, — p. 181.

l'art. 13 fixe les distances pour le fossé et dit où se place la répare. — V. cep. trib. Caen, 27 juillet 1866, de Saint-Georges contre Chérnel, rapporté par M. de Vilade, op. cit., p. 254.

(155) ...soit 50 cm. (André, nᵒ 561. — Sic, coutume d'Orléans, art. 259 (V. Pothier, Tr. du Contr. de Société, nᵒ 242).

(156) La seconde proposition de l'article ne saurait recevoir application en vertu du seul art. 671. Il nous semble qu'il s'agit là (tonte) d'une sanction qui, comme l'élagage n'est point comprise dans le renvoi de l'art. 671 cf. Caen, 1859, précité. — La question est peut-être plus douteuse pour la 3ᵉ proposition (réduction à la hauteur de 6 pieds au maximum), parce qu'on peut y voir une condition mise à l'application de la distance favorable de 0 m. 50.

« Autrement », remarque la Cour, « l'abus de planter à une distance moindre… se perpétuerait indéfiniment, ce qui serait contraire à l'agriculture, à l'intérêt du propriétaire et opposé à l'esprit de la loi » (Cf. Caen, 8 mai 1830, cité note 149). — D'ailleurs, s'il fallait se reporter au passé, quel serait exactement ce passé ? Le texte paraît dire qu'il n'y avait pas d'obligation de restreindre les arbres à 6 pieds (cf. cant. de Vimoutiers, Argentan, p. 21), mais cela n'est point sûr et « aucun auteur n'indique quel était l'usage du passé ». (Vaudoré, *op. cit.*, v° Plantations, n° 30-13°, p. 253, col. 1, note 1; sic, De Vilade, *op. cit.*, p. 179.)

« Les *semis de pépinières* », dit M. André (*op. cit.*, n° 60), « se font à 50 centimètres du fonds voisin ». — M. André pose sans doute cette règle en assimilant ces semis à une haie à pied. D'ailleurs, d'une manière plus générale, on assimile aux haies dont parle le texte les autres haies (V. note 154) et tous les *arbres à basse tige* (V. not. de Vilade, *op. cit.*, p. 90). — A noter d'ailleurs qu'il y aurait exception pour ceux plantés derrière un mur commun dans l'arrondissement de Domfront (Domfr., p. 11). — Cette assimilation (en ce qui concerne les arbres à basse tige) est assez naturelle; il faut bien l'admettre si l'on ne veut point dire que le règlement de 1751 (qui doit suffire à tout, selon Flaust) n'a point prévu de règle pour les arbres à basse tige.

E. — Distance relative aux arbres « aquatiques ».

« A l'égard des arbres aquatiques, lesquels seront plantés au bord des ruisseaux ou rivières, il en sera usé comme par le passé », dit l'art. 7 du règlement de 1751.

Que faut-il entendre par « arbres aquatiques » ? — Le texte semble en donner une définition en disant qu'il s'agit de ceux « plantés au bord des ruisseaux ou rivières ». — On admet plus généralement qu'il s'agit de ceux, tels que les saules, les peupliers, qui ne craignent point l'humidité pour se développer (Sic, Vaudoré, op. cit., v° Plantations, n° 44-6°; André, op. cit., n° 64).

Quoi qu'il en soit, la disposition de l'art. 7 exige, pour son application, qu'il s'agisse d'arbres « plantés au bord des ruisseaux ou rivières ». Même des arbres « aquatiques » par nature, comme ceux précités, devraient être plantés aux distances ordinaires, s'ils étaient plantés ailleurs (157).

Quelle règle observer pour les arbres dont parle l'art. 7 ? — « Il en sera usé, dit le texte, comme par le passé ».
— Quel est donc ce passé ?

« Rien de positif, dit Vaudoré (loc. cit.) n'est établi à cet égard » (Sic, de Vilade, op. cit., p. 125). — On en déduit, dans cette opinion, qu'il faudra appliquer les règles ordinaires, c'est-à-dire, en Normandie, celles posées par ailleurs par le règlement, qui forme le droit commun (de Vilade, p. 126) (158).

(157) Cependant parfois on cite des usages qui, pour ces arbres, diffèrent des règles ordinaires: il n'y aurait pas de distance pour les saules dans le canton de Nocé (Mortagne, p. 13); ces mêmes arbres peuvent parfois être plantés à 0 m. 50 (Regmalard, ibid.; La Ferté-Fresnel et Mortrée, Argent, p. 33); mais il faut parfois qu'ils forment des haies (La Ferté Fresnel) ou que leurs branches soient coupées tous les 6 ans à 2 m. (Regmalard). — Dans l'Eure, il y a parfois des règles de faveur (2 m. ou 0 m. 50 pour les arbres aquatiques, surtout pour les saules [V. art. 54, p. 35]).

(158) *Mais comment calculer la distance?* — La question ne se pose pas pour les fleuves ou rivières navigables ou flottables, car, aux termes de l'art. 46, al. 2 de la loi du 8 avril 1898 (C. Rur. liv. II°) les propriétaires riverains « ne peuvent planter d'arbres ni se clore par haies ou autrement qu'à une distance de 9 m. 75 du côté où les bateaux se tirent et de 3 m. 25 sur le bord où il n'existe pas de chemin de halage ». Il est vrai que l'art. 47 ajoute que « lorsque l'intérêt du service de la navigation le permettra, les distances fixées par l'article précédent seront réduites,

Cependant le texte, par cela seul qu'il parle d'arbres plantés « au bord » des ruisseaux ou rivières, semble bien dire que l'usage ancien était la tolérance de ces arbres sans distance à observer (du moins qu'il doit en être ainsi parfois, d'après les usages anciens). Et l'on interprète parfois ainsi le règlement (Mouchel, op. cit., p. 108; cf. Andrè, n° 64).

On pourrait enfin songer à dire que ce texte, obscur, est inapplicable, et qu'il y a lieu simplement d'appliquer les usages locaux s'il en existe; — à défaut d'usage locaux on conçoit qu'on s'en réfère aux dispositions *de l'art. 671 du Code Civil* puisque aussi bien le règlement doit au moins être entendu en ce sens qu'il ne faut pas pour les arbres aquatiques suivre les règles qu'il pose d'autre part.

par un arrêté ministériel » ; mais ces distances sont notablement supérieures à celles du règlement, de telle sorte que la question du calcul ne se posera guère vis-à-vis du voisin. En tout cas, il faudrait calculer à partir de la rive du voisin. — Pour les rivières ni navigables, ni flottables, la question était autrefois controversée : s'il fallait admettre qu'elles n'appartenaient à personne, (Sic, Demolombe, t. 10, n° 198 et suiv.), il aurait fallu calculer à partir de la rive voisine (sic, Pardessus, n° 194) ; si elles devaient être réputées mitoyennes, quant au lit du moins, il aurait fallu calculer du milieu du ruisseau (Sic, de Vilade, op. cit., p. 133 et 136). Actuellement la question est tranchée par l'art. 3 de la loi de 1898, dont les deux premiers alinéas disposent que « le lit des cours d'eau non navigables et non flottables appartient aux propriétaires des deux rives. — Si les deux rives appartiennent à des propriétaires différents, chacun d'eux a la propriété du lit, suivant une ligne que l'on suppose tracée au milieu du cours d'eau, sauf titre ou prescription contraire ». — On devra donc, pour ces cours d'eau, partir de cette ligne pour calculer la distance réglementaire. — Enfin, pour les rivières flottables à bûches perdues, il faudrait admettre en principe les mêmes règles (arg. art. 30 L. 1898). Cependant il faut tenir compte de l'exercice des servitudes de passage au profit des ouvriers chargés de suivre les bûches et les repêcher, et des agents administratifs chargés de la surveillance (Cf. de Vilade, op. cit., p. 138).

S'il fallait suivre l'indication fournie par les usages locaux, il semblerait naturel d'adopter la 2ᵉ opinion car,
pour les arbres dont s'agit, aucune distance n'est en général exigée ; c'est ainsi que dans le canton de Courtomer « les plantations de saules sont tolérées sur les bords
d'un cours d'eau formant ligne séparative (Alenç., p. 15;
dans le canton de Montebourg « les saules et osiers sont
plantés sur l'extrême limite des propriétés » (Mouchel,
op. cit., p. 103); dans l'arrondissement de Domfront, « il
est encore d'usage de planter, dans les prairies bordant
un ruisseau ou une rivière, des arbres aquatiques tels que
saules, peupliers, sans observer la distance, mais en es-
paçant ces arbres *de 3 m. en 3 m.* au moins » (Domfront,
p. 11; sic, André, nᵒ 64), il en est de même dans l'Eure,
si du moins il s'agit de fossés ou ruisseaux mitoyens (Eure, art. 54 et 55 p. 35 et 36), il n'y a pas de restriction
notée relative au nombre d'arbres. Cf. canton de Briouze
(Argentan, p. 25). Dans ce canton *pour les arbres de haute
tige seuls on observe une distance.* — Il est à rapprocher
de cet usage celui constaté par l'arrêt de la Cour de Rouen
du 28 avril 1828, Delamare contre Guéroult (Rec. R., ancienne collect. 1, IX (1828), p. 61). D'après cet arrêt, il
est d'un usage constant, dans les prairies baignées par
la Seine et séparées par des creux de fossés dans lesquels
remonte le flux de la mer, que le possesseur puisse élever
des arbres aquatiques, tels que saules, aulnes et osiers,
sur la répare de ses fossés vers le voisin, *pourvu* qu'ils
les réduisent en *têtards* à 6 pieds et les émondent tous
les 3 ans.

Il a été jugé par la Cour de Caen (arrêt du 3 févr. 1877,
Rec. Caen, 1877, p. 153), relativement à un canal situé
dans la commune de Goulet (arr. d'Argentan), et à un
usage prétendu qui aurait autorisé à ne point observer de
distance pour des arbres de haute tige, qu'il n'était justi-
fié « d'aucun règlement particulier ou d'usages constants

et reconnus qui autorisent, dans la commune de Goulet,
la plantation des arbres de haute tige à une distance moindre que la distance réglementaire.

F. — Règle posée par le règlement de 1751 relativement aux droits acquis (Art. 12).

Aux termes de l'art. 12 du règlement « les distances
ci-dessus marquées, ne seront observées que *pour les
plantations qui se feront à l'avenir* (parce qu'il sera permis à tout voisin de contraindre le propriétaire des arbres ou haies plantées d'ancienneté à moindre distance,
de les faire élaguer si besoin est de la manière prescrite
aux articles ci-dessus » (art. 6 et 10)). « et les arbres ci-
devant plantés » ne pourront être remplacés que conformément au présent Règlement (159), (aux exceptions néanmoins marquées dans les articles précédents) ».

Au cas où il existerait encore des arbres antérieurs à
1751 (ils ne doivent pas être très nombreux) faut-il admettre l'obligation de les élaguer conformément aux dispositions du règlement ? — En principe les dispositions
sur l'élagage ne sont pas comprises dans le renvoi de
l'art. 671 (c'est ce que nous avons admis); mais ici des
dispositions ne sont qu'une atténuation de la distance
imposée par le règlement. Il serait peut-être paradoxal
que des dispositions nouvelles, — qui posent en principe
l'arrachage comme sanction de l'inobservation des règles de distance, — aboutissent à une plus grande liberté
pour des arbres qui sont établis à des distances moins
rigoureuses que celles fixées par le règlement. Le règlement doit ici s'appliquer si on ne veut pas dire que le

(159) Sic, C. de Caen, 22 juill. 1845, Abaquesné de Parfouru,
Rec. Caen, 1845, p. 646. — « L'art. 12. dit d'ailleurs cet arrêt,
est général et *ne distingue pas* entre les arbres plantés en ave-
nue et ceux plantés autrement ».

Code Civil ait rétroagi au détriment des voisins d'arbres plantés avant 1751 : on ne doit pas admettre cette rétroactivité, par suite du principe posé par l'art. 2 du Code Civil qui est celui qu'a entendu également sauvegarder l'art. 12 de notre règlement. — Et sans doute faudrait-il admettre aussi que pour les arbres plantés entre 1751 et le Code Civil, les dispositions des art. 6 et 10 sur l'élagage devraient s'appliquer.

PARAGRAPHE DEUXIÈME

« *USAGES CONSTANTS ET RECONNUS* »

Nous en avons déjà signalé, chemin faisant, quelques-uns. Nous voulons seulement, dans ce paragraphe, en signaler deux catégories encore.

1° Pour ce qui est des *Arbres d'agrément*, on admet assez souvent qu'aucune distance n'est requise.

C'est ainsi qu'il est rapporté (Mortagne, p. 12) que « dans le canton de Nocé, on n'observe aucune distance pour les saules *et les arbres d'agrément* »; et que dans le canton de Regmalard « on n'observe aucune distance pour les arbres d'agrément *formant rideau* ». — Cf. Trib. Rouen, 11 avr. 1866, cité infrá.

2° *Pour les villes*, nous avons déjà noté que Flaust préconisait d'appliquer le règlement (qui ne les vise pas) dans ses prescriptions les plus rigoureuses (Flaust, t. II, p. 209).

a) D'après l'usage généralement admis, au contraire, il n'y a lieu d'observer *aucune distance* (160) : cela s'expli-

(160) Des auteurs considérables (Aubry et Rau, 5° éd. t. 2 § 197, p. 326, texte et note 11; Demolombe, t. XI, n° 493 (mais non la C. de Caen, 19 fév. 59 précité comme on le dit ordinairement), décident qu'un tel usage ne peut être admis et qu'il résulte du

que facilement : si, comme le remarque un jugement du Tribunal civil de Caen du 25 mars 1840 (aff. Le Gallier contre époux Jardin, M. Deslongchamps, prés., Rec.

moins de l'art. 671 qu'une distance doit être observée. — Nous croyons, avec MM. Baudry-Lacantinerie et Chauveau (Des Biens, 3e éd. n° 1010) Vandoré (v° plantations, n° 14), la Cour de Cassation (10 juill. 1872, S. 72. I. 392, D. 72. I. 257; Rec. Rouen, 1872, p. 263) et la C. de Rouen (V. sous cet arrêt) que cette interprétation « repose, comme on l'a dit, sur une interprétation repose, comme on l'a dit, sur une interprétation judaïque » du texte. D'ailleurs le Code ne statue et il n'a voulu statuer qu' « à défaut » de règlements et d'usages » V. l'art. 671. S'il y a un usage, il faut l'appliquer ! — Or « n'est-ce pas un usage relatif à ce sujet que celui qui permet d'avoir les arbres à la limite de l'héritage » (Baudry et Chauveau). — D'ailleurs quelle différence sérieuse y aurait-il pratiquement « entre un usage fixant une distance de 2 cm. à celui qui n'en impose aucune ? » (ibid.) — On a tiré aussi un argument d'analogie, que nous n'invoquerons pas, de la disposition de l'art. 671, § 2. — Enfin « cette interprétation conduit... à un *résultat pratique désirable*; ainsi, dans les villes, où le terrain est rare, on pourra plus facilement avoir des arbres, si utiles pour l'hygiène des agglomérations, en les plantant sur les bords extrêmes de l'héritage... si bien que l'opinion adverse est contrainte d'admettre pour les villes une restriction qu'elle ne saurait *guère* justifier » (Baudry-Lacantinerie et Chauveau, op. et loc. cit.) — C'est qu'en effet, et c'est là ce qui nous dispense de nous étendre ici sur la théorie de MM. Aubry et Rau et Demolombe, ces auteurs admettent une exception pour ce qui nous occupe, « en raison, dit Demolombe, loc. cit., de l'absence d'intérêt, dans ce cas, de la part du voisin à se plaindre » (sic). — Cette raison ne nous semble pas déterminante : en effet, toutes les fois que le voisin subira un préjudice occasionné par l'arbre voisin, il pourra, en vertu de l'art. 1384, en demander réparation au propriétaire du fonds voisin (et ceci même si l'arbre avait été planté à la distance réglementaire édictée par le Code Civil); mais pour imposer le respect de l'art. 671, comme pour l'art. 674, on admet généralement l'action par le voisin toutes les fois que la prescription légale n'aura pas été observée, sans qu'il soit besoin de justifier d'aucun préjudice (on peut dire que dans ces hypothèses la loi présume ce préjudice

Caen, 1840, p. 105), les distances que prescrit le règlement de 1751 étaient suivies, il serait impossible d'avoir des arbres dans les jardins des villes; on doit dès lors se reporter à l'usage constant dans la ville pour ces sortes de plantations ».

Il a été ainsi « reconnu » par la Cour de Caen (aff. Duclosmesnil contre Allard, 25 juin 1831, M. R. de la Chouquée, prés., Rec. Caen, 1840, p. 102, confirmant un jugement de Bayeux du 3 mars 1831), « que l'usage constant, principalement dans les villes de *Caen* et *Bayeux*, est de planter des arbres de haute futaie dans les propriétés closes, sans observer aucunes distances ». — Il en serait de même à *Cherbourg* (Loysel, Usages de Cherbourg, p. 83, cité par André, n° 65; — Commission des Usages locaux de Cherbourg, citée par M. Mouchel, op. cit., p. 103).

Bien entendu, si, malgré cet usage légal, un préjudice était causé par l'arbre au voisin, il devrait être réparé (arg. art. 1384 Code civil). Cf. trib. civ. Caen, 25 mars 1840 précité.

b) A *Rouen*, il y a certaines limites; il est permis de planter, sans observer aucune distance, des arbres d'agrément ou d'ornement, *pourvu qu'ils ne dépassent pas 2 mètres* (Trib. Rouen, 11 avr. 1866, Gaillard contre Lemarchand, Rec. R. 1866, p. 211), et les arbres à haute tige pourvu qu'ils ne dépassent pas *le mur de séparation* (Trib. Rouen, 9 mars 1878, Lamy contre Quenin, Rec. R., 1878, p. 197). — Ce dernier usage est conforme à la disposition du nouvel art. 671, § 2, relativement aux espaliers).

c) Dans l'Eure (art. 49, p. 34), « l'usage autorise la

par sa disposition, de telle sorte que le voisin est dispensé de la prouver). Il importerait donc peu qu'il n'y eût pas eu d'intérêt ici, car légalement on eût dû présumer qu'il en existe un.

plantation des arbres de haut jet (fruitiers, forestiers ou de vallée) à *des distances plus rapprochées* du voisin (que celles admises par le règlement de 1751), sans préciser ces distances, dans les terrains clos de murs, et particulièrement dans les cours, jardins et vergers des villes et faubourgs quelles que soient les clôtures, excepté pourtant dans les cantons d'Amfréville et de Gaillon, où la distance à laisser est de 2 m. 33 ».

d) En ce qui concerne la ville de *Lisieux*, la Cour de Caen a jugé qu'il résultait de la contre-enquête par elle ordonnée dans une espèce qui lui était soumise qu' « il n'existe pas dans la ville de Lisieux d'usage permettant des plantations d'arbres à une distance du fonds voisin moindre que celle prescrite par l'*art. 671* du Code civil ». (C. de Caen, 2ᵉ ch., Salles contre Bordeaux, 15 juin 1876, Rec. Caen, 1876, p. 163). — V. aussi, pour *Le Hâvre*, arrêt de la Cour de Rouen du 1ᵉʳ févr. 1896 (Rec. Hâvre, 1896, 2, 16).

LE RENVOI DE L'ART. 652 DU CODE CIVIL
(Servitudes légales d'intérêt privé en matières rurales)

Il s'agit ici d'un renvoi plus général que les précédents.

Le premier texte consacré aux servitudes légales est l'art. 649 qui en distingue deux sortes : celles qui ont pour objet l'utilité publique et celles qui ont pour objet l'utilité des particuliers. Après une énumération, d'ailleurs incomplète, des servitudes d'utilité publique, et un renvoi, qui sont l'objet de l'article 650, l'art. 651 proclame que « la loi assujettit les propriétaires à différentes obligations l'un à l'égard de l'autre, indépendamment de toute convention ». L'art. 652 ajoute ensuite : « PARTIE DE CES OBLIGATIONS EST RÉGLÉE PAR LES LOIS SUR LA POLICE RURALE, *les autres sont relatives au mur et au fossé mitoyens, au cas où il y a lieu à contremur, aux vues sur la propriété du voisin, à l'égout des toits, au droit de passage* ». (Le Code établit ensuite autant de sections qu'il vient d'énumérer d'obligations dans la seconde partie de l'art. 652.)

Il est d'évidence que l'art. 652 établit une *distinction* entre deux sortes d'obligations, — ou de servitudes (161): d'une part, celles de l'alinéa 2, dont le Code s'occupe; et,

---

(161) On peut appeler ces obligations « servitudes » avec le Code, et puisque aussi bien il s'agit d'obligations qui constituent corrélativement (jus et obligatio sunt correlata !) autant de droits conférés par la loi au propriétaire *du fonds* voisin.

d'autre part, celles de l'alinéa 1er, — pour lesquelles on doit se reporter aux « lois sur la police rurale ».

Dans les deux branches de la distinction, les servitudes établies dans l'intérêt des particuliers devraient, admet-on généralement, résulter d'un texte, car, dit-on, il n'y a pas de servitudes légales sans texte (162).

Quoi qu'il en soit, l'intérêt qu'il y a, selon nous, à suivre cette distinction est le suivant : Pour ce qui est des obligations que l'art. 652 énumère dans son alinéa deuxième et dont le Code s'occupe, on ne saurait, en aucun cas, se reporter à l'Ancien Droit, — car il s'agit évidemment là, — pour reprendre la formule de l'art. 7 de la loi du 30 ventôse an XII, — de « matières qui font l'objet » du Code civil (et dans lesquelles, par suite, l'Ancien Droit est, en vertu de ce même texte, abrogé (V. suprà Introduction). — Au contraire, pour ce qui est des obligations auxquelles le 1er alinéa de l'art. 652 fait allusion, — pour ce qui est des servitudes « réglées par les lois sur la police rurale », — il ne s'agit point de matières qui font l'objet du Code Civil, et par suite elles pour-

(162) « Les servitudes légales ne pouvant exister qu'en vertu d'un texte formel, les anciennes servitudes coutumières dont ne parlent ni *les lois sur la police rurale*, ni *le Code Civil*, doivent être considérées comme abolies » (Baudry-Lacantinerie et Chauveau, Des Biens, 3e éd., n° 929, p. 658). — V. à titre d'applications faites, en matière rurale, les espèces dans lesquelles ont statué la Cour de Cassation, arrêt du 21 avr. 1813 (Merlin, Rép., v° Voisinage, § 4, n° 6), et la Cour de Bastia (S. 1856, 2. 202; D. 1856, 2. 85). — La règle « pas de servitudes légales sans texte » peut sembler d'ailleurs doctrinalement contestable : pourquoi, si l'on se place à un point de vue rationnel, une servitude ne pourrait-elle résulter, par ex., de la combinaison de deux textes, ou du jeu rationnel des principes juridiques certains? Peut-être d'ailleurs n'a-t-elle pas beaucoup de portée pour les servitudes d'intérêt privé : la convention pourra les établir à titre de servitudes conventionnelles et pourquoi l'usage, convention tacite, ne pourrait-il les engendrer aussi?

ront parfois (et même c'est ce qu'a l'air de supposer le texte, qui nous dit qu'il s'agit de matières dont la situation juridique « est (aujourd'hui) réglée... ») résulter de textes antérieurs au Code civil.

Nous croyons même que ces dernières servitudes légales peuvent résulter de textes antérieurs à ceux du Code rural des 28 septembre-6 octobre 1791 (qui n'est point aujourd'hui encore totalement abrogé). La raison en est que le « décret » (décret-loi) des 28 sept., 6 oct. 1791 ne reconnaît qu'une servitude légale, à savoir « le droit de parcours et de vaine pâture »; or, si c'eût été cette seule servitude que le Code civil eût voulu réserver dans l'art. 652, il n'y aurait vraiment pas eu besoin, pour ce faire, de renvoyer, par un texte spécial, — et aussi compréhensif, — « aux lois » (au pluriel) sur la police rurale, — et cela d'autant moins que le Code Civil venait, dans l'art. 648, de la réserver expressément ! — L'argument en sens contraire que l'on a cru pouvoir tirer de l'art. 1er du Code rural en question peut d'ailleurs ne pas sembler convaincant (163), et la jurisprudence, qui semble parfois l'admettre (164), n'en tient, le plus souvent, et heureusement, aucun compte, par exemple, pour ce qui est de la question de l'application de l'art. 13 de l'Arrêt de Règlement du 17 août 1751, en matière de fossés. — Concluons : il peut y avoir, conformément au renvoi de l'art. 652, des servitudes légales rurales antérieures au Code rural de 1791.

Parmi ces servitudes, nous devions naturellement nous demander s'il n'y en avait pas de spécialement normandes, ou qui suivraient, ou pourraient suivre, des règles spéciales à la Normandie ?

(163) Nous l'exposons et le réfutons infrà, à propos de l'art. 14 de l'arrêt du règlement du 17 août 1751, contre lequel on l'a spécialement invoqué.

(164) V. Cass. Civ., 3 fév. 1913, S. 1913. I. 257.

On peut, croyons-nous, en relever 4 sortes :

1° la servitude rurale de glanage;

2° le droit de vaine pâture, dans la mesure où il subsiste;

3° certaines obligations de voisinage en matière de fossés;

4° des obligations qui résulteraient de l'application de l'art. xi de l'arrêt de règlement du 17 août 1751.

Nous allons étudier successivement ces divers droits ou obligations rurales dans autant de paragraphes.

PARAGRAPHE PREMIER

DU GLANAGE, GRAPPILLAGE, RATELAGE OU ERUSSAGE, EN NORMANDIE

1° *Établissement.* — Le glanage et grappillage peuvent être établis par usage local. — Cela résulte de *l'art. 75 de la loin du 21 juin 1898*, sur le Code rural (Code rural, livre III°, titre 1°'), texte ainsi conçu : « Le glanage, le grappillage, *même dans les contrées où les usages locaux les ont établis*, sont interdits dans tout enclos. — Les grappilleurs ou les glaneurs ne peuvent entrer dans les vignes et dans les champs ouverts que pendant le jour et après complet enlèvement des récoltes ».

Le glanage est pratiqué depuis longtemps en Normandie ; il l'est encore dans toutes les communes du département de l'Eure (Eure, p. 86), dans l'arrondissement de Caen, et généralement dans l'Orne.

Toutefois, il semble se pratiquer de moins en moins : « avec la généralisation de l'emploi des moissonneuses et des râteleuses, il reste très peu d'épis à glaner » (M. le professeur Hédiard). Le râtelage est interdit dans l'Orne, de même que l'effeuillage. Il est interdit aussi dans l'arrondissement de Caen (Usages agr., p. 64) et généralement dans l'Eure. L'érussage (effeuillage des branches et arbustes des haies en automne, pour en nourrir les bestiaux) est indiqué comme n'étant pas admis dans l'Orne.

2° Exercice.

a) Il existe deux *arrêts de règlement* du Parlement de Normandie, sur le droit de glaner en date des *20 juillet 1741 et 21 juillet 1749* (Sur leurs dispositions, v. infrà). — Il nous semble que, constituant des « lois sur la police rurale », ces textes administratifs doivent encore être considérés comme applicables, dans la mesure où ils ne sont pas contraires à la réglementation actuelle, — dans les localités où s'exerce encore la vieille pratique du glanage. (V. en ce sens, Usages agr. arr. Caen, p. 64).

Il y a aussi sur le glanage un arrêté de M. le Préfet de l'Eure du 30 juin 1847. Il ne semble pas qu'il en existe pour le Calvados. Il n'en existerait pas non plus dans l'Orne (V. les recueils d'usages de l'Orne).

b) « Le glanage et le grappillage, disent MM. Watrin et Bouvier (op. cit., n° 655, p. 667), sont soumis aux usages du pays ». Quels sont les usages normands ?

« Les pauvres d'une communes peuvent, dit Vaudoré (v° Glanage, n° 5), s'il n'y a règlement contraire, aller glaner sur l'autre. Il paraît qu'il n'existe pas de prohibitions à cet égard, en Normandie. V. Roupnel ».

Les usages locaux du département de l'Orne, — qui d'ailleurs paraissent ignorer qu'il y ait eu des arrêts du Parlement de Normandie sur la question, — semblent admettre le glanage au profit de toute personne. « Il peut être exercé », disent les usages de l'arrondissement de Mortagne, p. 51, — « par toute personne indigente ou non, valide ou invalide ». — Cela nous semblerait inadmissible en présence de la disposition — qui ne semble point rapportée — de l'arrêt de règlement du 20 juillet 1741, aux termes duquel il est « permis aux seuls infir-

mes, vieillards et enfans de glaner », et qui d'ailleurs
faisait expresses « défenses à toutes personnes, qui sont
en état de travailler à la récolte, de glaner dans les
champs, sous quelque prétexte que ce puisse être », si
Mortagne était véritablement en Normandie; mais c'est
la principale ville et ancienne capitale du Perche.

PARAGRAPHE DEUXIEME

ÉTABLISSEMENT ET EXERCICE DU DROIT DE VAINE PATURE EN NORMANDIE

Les droits de parcours et de vaine pâture pouvaient
résulter d'un usage. En ce qui concerne le droit de vaine
pâture, seul subsistant, la loi du 22 juin 1890 a disposé
(art. 2, alinéa 3°; Tit. I et II, liv. 1ᵉʳ Code Rur.) que dans
l'année de sa promulgation « le maintien du droit de
vaine pâture, fondé sur une ancienne loi ou coutume, sur
un usage immémorial ou sur un titre », pourrait être « réclamé au profit d'une commune ou d'une section de commune ». — D'où une première question : quelles communes ont usé de cette faculté en Normandie ?

Par ailleurs, aux termes de l'art. 4 des mêmes titres
du C. Rur. (texte du 9 juillet 1889), « la vaine pâture s'ex-
ercera soit par troupeau séparé, soit au moyen du troupeau en commun, *conformément aux usages locaux*, sans
qu'il puisse être dérogé aux dispositions des art. 647 et
648 du Code Civil et aux règles expressément établies
par la présente loi ». — (V. d'ailleurs, art. 9 de la loi). —
Seconde question : y-a-t-il des usages locaux en Normandie en matière de vaine pâture ?

Enfin, aux termes de l'art. 11 du même titre, « Les conseils municipaux peuvent toujours, conformément aux
art. 68 et 69 de la loi du 5 avr. 1884, prendre des arrêtés

pour réglementer le droit de vaine pâture... » — Y-a-t-il de tels arrêtés en Normandie ?

— Et d'abord, première question, — qui domine les autres, — y-a-t-il des lieux où le droit de vaine pâture soit encore légalement exercé en Normandie ?

Nos documents ne s'appliquent qu'à l'Eure et à l'Orne. — Encore ceux relatifs à l'Eure sont-ils très suspects, étant antérieurs aux lois de 1889-1890. (L'édition que nous pouvons consulter est, rappelons-le, celle de 1879).

Il paraîtrait donc que dans l'Eure, avant ces lois, le droit de vaine pâture était « exercé de temps immémorial dans toutes les communes du département » (Eure, art. 138, p. 90). Selon le même recueil, les lois et coutumes antérieures au C. Rur. de 1791 n'ont consacré aucun usage qui soit encore en vigueur en dehors des dispositions de cette loi (art. 139, p. 91). — Il est à noter toutefois que la vaine pâture qui subsistait sur les prairies naturelles dans les cantons des Andelys, Breteuil, Écos (pour les vaches seulement), Étrépagny, Rugles, Verneuil, Vernon et dans la vallée de Louviers, avait lieu, dans quelques-uns de ces cantons, suivant les conditions de temps fixées par la Coutume de Normandie (et sous tous autres rapports conformément aux restrictions de la loi de 1791) (art. 142, p. 93) : les cantons qui suivaient sur le point en question la coutume de Normandie étaient ceux d'Écos, Gisors, Pont-de-l'Arche, Vernon, la commune de Rugles, la vallée de Louviers et quelques communes du canton de Gisors ; dans ces cantons la vaine pâture durait du 14 sept. au 15 mars (Eure, ibid.), conformément aux dispositions de l'art. 82 de la coutume de Normandie (165).

(165) *Art. 82 de la Coutume* : « Les Prés, Terres vuides et non cultivées sont en défens, depuis la mi-mars jusqu'à la Ste-Croix en septembre » (14 sept.) : « et en même temps elles sont communes, si elles ne sont closes ou défendues d'ancienneté ». — V., pour les principales règles normandes admises sous l'empire du

Dans l'Orne, la vaine pâture a complètement disparu dans l'arrondissement de Domfront (Domfr., p. 64), et aussi semble-t-il dans celui d'Argentan (Argentan, p. 94). Dans l'arrondissement de Mortagne, il n'y a que dans les *cantons de Tourouvre et du Theil où certaines communes* ont usé de la faculté que leur réservaient les lois de 1889-90 de réclamer le maintien de la vaine pâture, — et où par conséquent ce droit subsiste encore. Il est régi par *des arrêtés municipaux* et non par l'usage (Mortagne, p. 50). — Dans l'arrondissement d'Alençon « la vaine pâture ne subsiste plus que dans la *commune d'Essai*, sur une prairie (dite prairie d'Essai). Ce droit de vaine pâture a été reconnu par le Conseil général dans sa séance du 7 avril 1891, sur la demande du conseil municipal de cette commune et dans les conditions prévues par la loi du 22 juin 1890. Les habitants d'Essai conduisent encore leurs troupeaux paître le regain de cette prairie après l'enlèvement des foins » (Alençon, p. 49). — Aucun usage spécial ou arrêté municipal n'est rapporté.

PARAGRAPHE TROISIÈME

OBLIGATIONS DE VOISINAGE EN MATIÈRE DE FOSSÉS
EN NORMANDIE

Ces obligations sont précisées par divers textes (art. 13 de l'arrêt de règlement du 17 août 1751, et art. 4 des Usages locaux de la Vicomté de Verneuil) ou résultent d'usages.

Elles varient selon le genre de fossés. Il y a en effet

C. Bur. de 1791. Vaudoré, op. cit., supp. au t. 1ᵉʳ, vᵒ *Banon* (C'est ainsi qu'on appelait le dr. de vaine pâture en Normandie et dans quelques autres parties de la France [E. Le Gost, La Prairie de Caen, Rapport présenté au Cons. Municip. de Caen, 1 broch., 1903, p. 32]).

deux sortes de fossés normands; le fossé en creux (c'est le fossé tel qu'on le conçoit ordinairement) et le fossé « *en élévation* », qui est à vrai dire tout l'opposé d'un fossé, supposant une « masse » de terre, « banque » ou « levée » sur laquelle des plantations peuvent être faites, et qui est souvent d'ailleurs munie à sa base d'un petit fossé qui mériterait mieux le nom de « rigole ».

Dans l'un comme dans l'autre cas, certaines distances doivent être observées par rapport au fonds voisin; de sorte qu'un espace libre devra exister entre la clôture et le voisin : cet espace libre est nommé « *répare* », « *franc-bord* », — ou encore « *porte-rouelle* » (sans doute parce qu'à cet endroit le voisin est admis à soulever la roue de sa charrue pour tracer un autre sillon).

Nous examinerons successivement : les règles ordinaires, relatives au fossé à creux (dont s'occupe le règlement de 1751) et aux répares; puis les règles exceptionnelles du fossé en élévation (166).

A. — Fossés en creux et ouvrages assimilés, et répares.

a) Fossés en creux.

Ier. — *Obligations relatives aux distances des Fossés.*

Elles résultent de l'art. 13 de l'arrêt de règlement du 17 août 1751; texte ainsi conçu : « Celui qui fera construire un fossé sur son fonds sera tenu de laisser du côté du terrain voisin, et au delà du creux dudit fossé, un pied et demi de réparation; et si la terre voisine est un labour.

(166) Bibliographie : Rec. Caen, passim ; André, Cout. de Norm., n° 72 et suiv. ; Vaudoré, v° Fossés, n° 7-3°, 29, 30 et 56, v° Francs-bords, n° 1-2° ; v° Répare, n° 4 ; de Vilade, op. cit., p. 206 à 260 ; Leroy, th. précitée, p. 162 à 165 ; Eure, p. 30 ; Mouchel, op. cit., p. 43 et suiv. ; Recueils du département de l'Orne, chap. V (Mortagne, p. 20, Argentan, p. 31 et suiv., Domfront, p. 17, Alençon, p. 21).

il sera tenu de laisser au moins 2 pieds de réparation au-
delà du creux.. »

La jurisprudence normande admet que ce texte est toujours en vigueur (V. not. Caen, 14 juillet 1825 [aff. Gouley
contre Panier, aud. solen. M. Requée, pr., D. Repert. V°
Prescript. civ. n° 256, Jal Caen Rouen, 1825, 231]) (167),
et la Cour de Cassation décide « qu'établir sur son propre
terrain un fossé, sans observer la distance prescrite par
les usages et règlements locaux pour éviter tout éboulement sur le sol de son voisin qui borde ce fossé, ce n'est
pas jouir de la propriété comme le permet la loi, c'est
abuser de son droit; qu'ainsi, en ordonnant que le fossé
serait comblé et refait s'il plaisait au sieur M., mais « en
observant les règlements locaux », règlements qui n'ont
rien de contraire aux dispositions du Code Civil, et se
concilient parfaitement avec le droit de propriété, le jugement attaqué n'a aucunement violé les art. 537, 544, 666 et
668 du Code Civil, Rejette, etc... » (Cass. 3 juill. 1849, D.
49. 1. 316), V. aussi Cass. 11 avr. 1848, D. 48. 1. 81. —
Cf. Bordeaux, 16 juill. 1879, D. 81. 2. 72).

La note du Dalloz sous ce dernier arrêt précise le raisonnement de tous ces arrêts, qui sont basés sur l'art. 544
du Code Civil : « Si le Code Civil n'a pas rappelé dans

(167) La Cour de Caen s'était exprimé ainsi, constatant que
le règlement était applicable même aux fossés construits antérieurement : « La Cour : attendu qu'en Normandie, avant le règlement de 1751, il était d'un usage presque général qu'en établissant un fossé, le propriétaire de ce fossé devait laisser et laissait
2 pieds au delà du creux pour la répare ou porte-rouelle, ainsi que
l'atteste Godefroy, sur l'art. 85 Cout. de Normandie; qu'ainsi le
règlement de 1751 n'a point proprement introduit un droit nouveau, mais a converti en loi un usage de cette province; d'où il
suit que la décision doit être la même pour les répares de fossés
construits avant le règlement, que pour ceux construits depuis... »
V. encore Évreux, 9 mai 1861 (et Caen, 20 juin 1885, Rec. Caen,
1885, p. 218).

les art. 606 et suiv., les usages et règlements locaux sur les distances à observer pour le creusement des fossés entre héritages voisins, l'art. 544 déclare que le propriétaire ne peut disposer de sa chose qu'à la condition qu'il n'en fasse pas un usage prohibé par la loi ou les règlements; et les usages ou règlements anciens concernant les fossés n'ont pas cessé d'être observés dans les localités où ils étaient en vigueur avant la promulgation du Code Civil. C'est seulement en l'absence de tout règlement que le fossé pourrait être creusé à l'extrême limite de la propriété » (V. en ce sens Dalloz, Répert. v° Servitude, n°° 563 et suiv.; Demolombe, Tr. des Servitudes. t. 1er, n° 464; Perrin, Dictionn. des construct. 5e éd., v° Fossés séparatifs ou de clôture, n° 1629; Pardessus, 7e éd. n° 186; De Vilade, op. cit., p. 226; Vaudoré, op. cit. v° Fossés, n° 7-3°, — Contrà Aubry et Rau, 4e éd. t. 2, p. 219 § 198, note 5; 5e éd. p. 334, t. 2; Baudry-Lacantinerie et Chauveau, Des Biens, 3e éd., n° 998; Leroy, th. précit., p. 103).

Ce raisonnement appelle les observations suivantes :

D'une part, il est douteux qu'un simple *usage*, à le supposer constant, reconnu, etc., puisse établir une servitude légale ; la jurisprudence du moins décide en général qu'il n'y a point de servitude légale sans texte. Et l'art. 544 ne réserve que les « lois » ou « les règlements ». — Il est vrai qu'en ce qui concerne du moins la Normandie, nous avons un texte, l'art. 13 de l'arrêt de règlement du 17 août 1751; mais, d'autre part. — et c'est la seconde observation que nous suggère le raisonnement jurisprudentiel, — l'art. 544, en parlant des « règlements », vise-t-il même les règlements *antérieurs* au Code Civil ? Cela peut apparaître en principe comme douteux, et il nous semble que l'art. 544 *doit être complété par l'art. 7 de la loi du 30 ventôse an XII*, — de telle sorte qu'il y a lieu de nous demander s'il s'agit ou non d'une matière faisant l'objet du Code Civil.

14

Placée sur ce terrain, la question nous semble d'ailleurs devoir être résolue ici dans le même sens que la jurisprudence. Le Code Civil ne s'occupe en effet que des fossés *mitoyens* (section 1re du chap. II); pour les autres il renvoie, par son article 652, aux « lois sur la police rurale ». Or le règlement de 1751 est certainement une loi sur la police rurale (168).

On voit que nous nous appuyons sur l'art. 652 autant sinon plus que sur l'art. 544 (qui ne renvoie qu'aux règlements non abrogés par l'art. 7 de la loi de ventôse; et on pourrait croire que le Code s'occupe des fossés, s'il n'avait expressément décidé qu'il ne s'occupait point des fossés non mitoyens comme ceux dont il s'agit ici).

Demolombe, pour valider l'application de l'art. 13 du règlement de 1751, avait recours, outre l'argument jurisprudentiel de l'art. 544, à l'argument *rationnel* suivant : « il est évident », disait-il (Tr. des Servitudes, t. 1er, n° 464, p. 536. V. dans le même sens, André, op. cit., n° 71). « que s'il n'existait aucun intervalle au delà du fossé, le fonds du voisin serait exposé à des éboulements inévitables par l'effet de la pluie et du dégel, ou même seulement de la nature du sol, quelle que fût d'ailleurs l'inclinaison des talus; et la réfection du fossé serait, en outre, de ce côté-là, presque impossible. Voilà pourquoi, si haut que l'on remonte dans le temps, on trouve que les lois ont voulu que le propriétaire qui creusait un fossé laissât un certain espace entre le bord de ce fossé et le fonds du voisin ». — La nature des choses conduit donc, d'après Demolombe, à admettre, qu'il y a, en droit, des distances à observer, dans l'intérêt du voisin. « Et la vérité est que », ajoutait-il, (même n°, p. 538), « dès que l'on reconnaît (comme il le faut bien !) que le propriétaire ne peut pas

(168) V. ces considérations développées plus loin à propos de l'art. 11 de l'arrêt de règlement du 17 août 1751.

plus aujourd'hui qu'autrefois, creuser un fossé sur l'extrême limite de son héritage, il n'y a plus qu'un pas à faire pour convenir aussi que le Code, en ne déterminant pas la distance qu'il sera nécessaire d'observer, s'en est remis aux usages et règlements locaux ». — Toute la question est de savoir s'il est exact qu'une distance doive être observée. — Sans doute, peut-on dire, en creusant un fossé tout à fait à fin d'héritage, on expose ainsi, — c'est la nature même des choses qui le veut, — le fonds voisin à des éboulements; mais la conséquence en sera simplement en principe, que, si un dommage survient, le propriétaire qui en est en définitive l'auteur en sera responsable aux termes des art. 1382 ou 1383 du Code Civil. — Mais ce serait tout : le propriétaire ne serait point tenu à des travaux préalables. — Cependant il faut reconnaître que *l'art. 674* du Code Civil, — que l'on applique à tous ouvrages susceptibles de nuire au voisin, — conduit à imposer certaines distances ou travaux : ceux mêmes imposés par les usages ou règlements locaux. — L'art. 674, autant que les art. 652-544, conduirait donc à admettre aussi la subsistance de l'art. 13 de l'arrêt de règlement du 17 août 1751 en matière de fossés (Sie, Domfront, p. 17, etc.).

Ce texte est donc toujours en vigueur. Il en résulte qu'on ne peut en Normandie établir de fossé à fin d'héritage; on doit laisser entre le fossé que l'on creuse et le terrain du voisin un certain espace ou « franc-bord », appelé encore « répare » (ou comme le dit le texte « réparation ») ou encore « berge » ou « porte-rouelle »; cet espace doit avoir une largeur d'un pied et demi (soit 50 cm.) en principe; et même de 2 pieds (66 cm.) si le terrain voisin est un labour.

Il faut prévoir le cas où le voisin, après construction du fossé, convertirait son pré en labour et prétendrait imposer au constructeur la distance de 66 cm. Il nous semble que cette prétention ne saurait être admise : car il est rationnel que pour apprécier la distance à observer l'on se place, *une fois pour toutes*, à un moment donné ! — Et ce moment ne peut être que celui de l'établissement du fossé. D'ailleurs le texte conduit à cette solution : car il n'impose (et ne pouvait imposer de distance) qu'à « celui qui fera *construire* un fossé. » (Sté. de Vilade, op. cit., p. 243, Domfront, p. 19.)

A partir de quel endroit précis calculer la distance ? — « Au-delà du creux » dit le texte. Mais est-ce du haut ou du bas du « creux » ? Le « creux » semblant bien être le « fossé » lui-même, il semble que la repare doive être calculée « au delà » — et par conséquent *du haut du creux*; et d'ailleurs on conçoit que pour un fossé très profond cela soit nécessaire, car, comme nous le verrons plus loin, le fossé doit aussi être « en talus » (c'est-à-dire en pente) du côté du voisin, et on peut concevoir que le calcul de la distance, en partant du bas du creux, aboutisse dans le seul fossé à une distance supérieure ou égale à 50 cm. qui est celle prescrite en certains cas, de telle sorte qu'il n'y aurait point de repare ! — Il faut donc calculer à partir du haut ou de « la gueule » du fossé (Sté. de Vilade, op. cit., p. 243, Mouchel, op. cit., p. 51-52.)

Il reste une question à résoudre : certains usages locaux admettent d'autres règles que celle posée en l'art. 13 précité : c'est ainsi que dans l'Eure (art. 42, p. 31) « dans le canton de Nonancourt, la distance est de 10 à 12 cm. seulement lorsque le fossé est pratiqué à côté de terrains en bois, joncs marins, genêts, bruyères, friches, pâtures ou prés; dans les prairies du canton de Gisors, elle est de 16 cm. pour les fossés de 32 cm. de profondeur, et de 32 cm. pour les fossés ayant 64 cm. de profondeur » (169).

(169) V. aussi cant. de Sées et Carrouges (Alençon, p. 31); cant. d'Écouché (Argentan, p. 33), cant. de Vimoutiers (Arg., p. 40),

Quelle est la valeur de ces usages ? — Le règlement
est-il, en tout cas, obligatoire, ou les conventions particulières et par suite les usages (V. suprà), peuvent-ils
y déroger ? — La question dépend du caractère de la
règle : est-elle établie dans un intérêt d'ordre public, — ou
uniquement pour des intérêts particuliers ? Demolombe qui
parle (n° 464) d'intérêt de l'agriculture, parle aussi (V. le
passage rapporté (suprà) d'intérêt du voisin; — il semble
bien que la répare ait été établie uniquement pour la
commodité des deux héritages voisins : elle sert à son
propriétaire, quand il cure son fossé, pour y déposer les
vases extraites, — elle lui donne plus de facilité pour les
réparations dont le fossé peut avoir besoin; — elle sert
également, et surtout au voisin, en ce qu'elle empêche son
terrain de s'ébouler : « attendu qu'en principe », dit un arrêt de la Cour de Caen (20 juin 1885, 2ᵉ ch. M. Tiphaigne,
pr., Rec. Caen, 1885, p. 248), « ces sortes de répares
sont établies non seulement dans l'intérêt du propriétaire
pour constituer le parement du fossé du côté du voisin et
lui donner la facilité de réparer son fossé, mais encore,
et surtout, dans l'intérêt du voisin lui-même pour empêcher l'éboulement de ses terres... » (V. aussi, Caen, 14
juill. 1825, rapporté infrà). — Ce sont là des intérêts privés, et puisque aussi bien les clôtures peuvent en général
être l'objet de conventions, pourquoi de telles conventions
ne seraient-elles pas admises ici ? — La Cour de Caen
autrefois (arrêt Signard du 22 fév. 1821, rapporté par M.
de Vilade, op. cit., p. 210) a bien considéré il est vrai
« que l'art. 13 du règlement de 1751 établit bien des règles
pour le cas où le fossé serait du côté du voisin, mais qu'il
n'interdit pas au propriétaire de faire différemment, qu'il
n'est pas prohibitif et ne *restreint le droit de propriété*

cant. de Quettehou, Saint-Pierre-Église, La Haye-du-Puits, Canisy,
et Marigny (Mouchel, p. 5r).

qu'en ce sens qu'on ne peut pas faire de fossé auprès du voisin sans le faire en talus et sans laisser au moins un pied et demi ou deux pieds de distance... » mais, relativement à la présomption de propriété qui résulte de l'obligation de laisser au delà du creux une certaine bande de terrain, la même Cour a, par arrêt du 8 mai 1865, formellement jugé en sens contraire (170).

Question connexe : la distance peut-elle être supprimée en mettant le creux de son côté — et le rejet du côté du voisin. — (cas du « fossé de malice » [on donne sa haie à garder au voisin]). — La légalité de ce fossé, autrefois contestée, a été admise par l'arrêt Signard précité.

2°ⁱ. — *Obligation de faire le fossé en talus du côté du voisin.*

Elle résulte de la disposition finale de l'art. 13 du règlement de 1751 : art. 13 « ...Ordonné, en outre, que tout fossé sera fait en talus du côté du voisin ».

Ceci complète cela : « la largeur laissée au voisin ne suffirait plus pour le protéger si on creusait à pic à une grande profondeur » (Domfront, p. 18).

Quelle est la valeur de ce texte ? — On peut le valider en vertu des mêmes principes que le précédent (art. 544, art. 652 et art. 674).

Le règlement ne dit pas *quelle pente* il faudra observer. Il faudrait sur ce point suivre les usages locaux s'ils pres-

---

(170) 1ʳᵉ ch., Duchâtel contre de Marcambye, Rec. Caen, 1865, p. 95 : « Considérant, dit la Cour, qu'alors même que, suivant les usages d'une partie de la Normandie, le propriétaire d'une masse séparative de deux héritages devrait être réputé propriétaire au delà d'une bande de terrain de 50 centimètres de large, les parties dans l'espèce auraient dérogé aux présomptions résultant de cet usage, par les conventions intervenues entre elles; considérant, en effet, que, suivant P. V. de bornage... » Cf. de Vitale, op. cit., p. 235.

crivaient une inclinaison déterminée. Celle généralement édictée par les usages dans l'Orne est de 45 % (Domfront, p. 18; Alençon, p. 21; cant. d'Écouché, d'Exmes, de la Ferté-Fresnel, Gacé, Putanges et Vimoutiers (Argentan, p. 33, 34, 35, 36, 39 et 40). — C'est aussi l'inclinaison prescrite pour l'arrondissement de Mortagne (Mort., p. 20). Dans la Manche, l'inclinaison « varie de 30 à 45 %, suivant la consistance du sol » (Monchel, op. cit., p. 52). — Dans le canton d'Argentan l'inclinaison est « de 34 %, par 32 centimètres de profondeur dans les terres fortes, et de 40 à 50 %, dans les terres légères. Ces mesures étant prises le long et à partir de la perpendiculaire qui descend de l'affleurement intérieur de la répare » (Argentan, p. 31). Dans le canton de Briouze, « une inclinaison de 35 %, au moins doit être donnée au talus » (Argentan, p. 33). Dans le canton de Mortrée « le talus peut n'avoir qu'un demi pour cent d'inclinaison » (Argentan, p. 37).

3ème. — *De certaines présomptions de propriété quant au terrain compris entre le fossé et le fonds voisin (réparation, répare, porte-rouelle, berge ou franc-bord) (171).*

(171) Il y a aussi des présomptions de propriété relativement aux fossés proprement dits. Aux termes de l'art. 666, al. 2 du Code Civil : « le fossé est censé appartenir exclusivement à celui du côté duquel le rejet se trouve ». Il y a d'autant plus de raisons d'appliquer cette présomption en Normandie que c'est celle même qu'on admettait autrefois en cette province. (V. Basnage sur l'art. 83 et sur l'art. 610 de la Coutume; Flaust, t. 2, p. 413. Sic, Trib. Dieppe et Rouen, 4 juillet 1877, Rec. Rouen, 1878, p. 85. — Toutefois, la propriété des fossés qui entourent les biens domaniaux est présumée appartenir aux propriétaires riverains de ces biens, lors même que le rejet de la terre serait du côté des biens domaniaux, parce que d'après l'ordonnance de 1669 les riverains des forêts étaient obligés de se clore par un fossé pris sur leur propriété et que d'après la jurisprudence le rejet des terres devait avoir lieu du côté des bois du roi (C. Caen, 1re ch., 28 mai 1843, comte Dosery, et 2e ch., 4 juillet 1834, de Sauvigny, cités par M. de Guernon, Dictionn. des arrêts de la Cour de Caen, v°

La conséquence (172) de l'obligation relative aux distances des fossés est l'établissement d'une présomption légale de propriété : puisqu'un franc-bord doit être laissé par celui qui établit un fossé, il y a lieu, — la régularité et la bonne foi se présumant (du moins en jurisprudence) — d'en induire qu'au delà du fossé, sur la largeur imposée par le règlement ou les usages, le terrain appartient à celui qui a fait établir le fossé.

Dira-t-on que c'est établir ainsi une présomption légale sans texte ? — A la vérité cette présomption découle tacitement, mais *nécessairement*, de l'art. 13 du règlement dont on admet la survivance; — ou, d'une manière plus générale (Cf. Demolombe, Servit. I, n° 464), de l'obligation de laisser une répare qu'on admet.

Aussi la jurisprudence consacre-t-elle unanimement cette présomption de propriété; et en Normandie la Cour de Caen a-t-elle décidé « que s'il n'y a pas titre ou preuve au contraire, la présomption de droit est que le propriétaire du fossé a laissé au-delà du creux une répare, et qu'il est propriétaire de cette répare comme du fossé » (arr. Gouley du 14 juill. 1825 précité) (173).

Servitudes, n° 80. V. aussi : de Vilade, op. cit., p. 233, Cass., 12 août 1851. — V. cep. Mouchel, op. cit., p. 59. — En tous cas, la présomption de propriété résultant du rejet ne s'applique pas aux fossés creusés le long des routes, et peut-être pas non plus à l'égard des fossés des chemins vicinaux (Watrin et Bouvier, op. cit., n° 437).

(172) Une autre conséquence est « que celui qui établit un fossé, sans laisser la marge voulue, porte trouble à la propriété du voisin, qui peut l'attaquer en complainte possessoire (Caen, 11 avril 1848, 3 juill. 1849 » (Mouchel, op. cit., p. 52).

(173) « En général, d'après la jurisprudence normande, dit l'arrêt Boismé du 26 avril 1831 (de Guernon, Dictionn., v° Servitude, n° 85), — celui à qui appartient un creux du fossé est réputé propriétaire de 18 pouces ou 2 pieds de terrain au-delà de ce creux du côté du voisin; c'est par suite de la présomption à la-

Mais cette présomption, comme toutes présomptions en principe, sera *susceptible de preuve contraire* : La Cour de Caen (arrêt Boisne, cité en note) a notamment jugé « que l'effet de cette présomption cesse quand il est constant qu'il n'a été laissé aucun espace intermédiaire à l'époque de l'établissement du fossé »; que, spécialement dans le Bocage, il existe quelques contrées où l'on pratique (V. infr. fossés en élévation) des clôtures au moyen d'une masse de terre élevée à certaine hauteur et sur laquelle on plante une haie vive, au-delà de cette masse de terre on laisse un espace de deux pieds au plus dont on fait une rigole destinée à recevoir les éboulements de la masse; — et que cette rigole ne peut être considérée comme un fossé qui attribue une repare.

On n'admettra pas non plus la présomption de propriété de la repare au profit du propriétaire du fossé s'il s'agissait d'un fossé creusé à l'origine entre diverses parties d'un même domaine (Rouen, 18 nov. 1880, Vve Moulin contre Barbée du Bocage, Rec. Rouen. 1861, p. 97; Cf. Caen, 23 juin 1860, Decombes contre Isaac. Rec. Caen. 1860, p. 207).

quelle il est naturel de s'attacher en l'absence d'autres documents que lors de la construction du fossé, les distances prescrites par l'art. 13 du règlement du 17 août 1751 ou par les usages antérieurs ont été observées ». — La 2ᵉ ch. de la Cour de Caen a également jugé le 30 mars 1859 (de Guitton-Villeberge contre Piton-Dugault) que la propriété d'un creux de fossé n'entraîne la propriété d'aucune parcelle de terrain, si *ce n'est* celle de la repare autorisée par l'usage (Rec. Caen, 1859, p. 161). Cf. Caen, 23 juin 1860, cité au texte. — V. aussi Caen, 13 mars 1859 (de Saint-Pol contre de Piédoux, 1ʳᵉ ch., 13 mars 1859, M. Rousselin, 1ᵉʳ pr., Rec. Caen, 1859, p. 75. — qui semble admettre que la présomption de propriété de la repare s'applique même au cas où le fossé sépare 2 bois-taillis (cela faisait difficulté à cause de la disposition de l'art. 9 du règlement relativement à la plantation des bois-taillis contigus à d'autres bois-taillis).

b) Ouvrages assimilés aux fossés.

« La loi, dit M. de Vilade, op. cit., p. 230, ne prescrivant pas de distance pour la confection des canaux de conduite d'eau pour les usines, les mares (les fermes à fumier), près des haies ou du sol d'autrui, on laisse en général en Normandie, près du riverain, l'intervalle prescrit pour la confection des fossés par l'art. 13 du Règlement. — Toutefois, les talus et berges des canaux, mares, fumières, doivent être disposés de manière à préserver les fonds voisins de tous éboulements » (174).

S'agissant d'un usage cette assimilation peut être validée (arg. art. 674 du Code Civil).

c) De la répare.

Nous connaissons déjà sa largeur. — Quels sont les droits et obligations des deux voisins par rapport à elle ? Et est-elle susceptible d'être prescrite par le voisin ?

1^{ens}. — *Usage et entretien de la répare.*

Un arrêt de la Cour de Caen (20 juin 1885, Rec. Caen, 1885, p. 218) dit que l'obligation d'entretenir la répare après qu'elle a été établie dérive nécessairement des mêmes motifs : « qu'en principe les répares des fossés ne sont pas destinées à être cultivées, qu'elles doivent rester libres (175) ; qu'elles ne peuvent non plus, par le mauvais

---

(174) Pour cela, et « malgré les dispositions de l'art. 13 du règlement » on doit même « pour les fossés », — ainsi que les « mares, abreuvoirs et viviers », « laisser de son côté un espace en talus, *d'une longueur égale à la profondeur du creux* » (de Vilade, p. 230). « Le but est d'empêcher les éboulements causés par le battement de l'eau, la pluie, le dégel » (de Vilade, p. 227). — Cf. Dig. liv. 10, tit. 1, finium regundorum, 1. 13 : « ... Si quis sepem ad alienum praedium fixerit, infoderitque, terminum ne excedito ; ..si sepulchrum aut scrobem foderit, *quantum profunditatis habuerint, tantum spatii relinquito....* »

(175) « Dans le silence de la loi, dit M. de Vilade, op. cit., p.

état dans lequel elles seraient laissées, être une cause de préjudice pour le voisin ». — Pour opérer le curage du fossé, dit M. de Vilade, p. 244, « les propriétaires de la répare ont le droit d'y circuler, d'y déposer les curures, en un mot d'en user comme d'un chemin de halage... Arg. Cass. 15 déc. 1835 ».

L'usage général autorise le riverain de la répare à couper et à faire pâturer l'herbe qui la couvre lorsque la pièce est en herbage ou en pré » (de Vilade, p. 242). Parfois même (V. Mouchel, op. cit., p. 56) il peut labourer la répare et l'ensemencer. — Il peut y poser un « écamet » (eod. op., p. 70) (176).

2^{eat}. — *De la prescription de la répare* (177).

La répare ne pouvant être cultivée par son propriétaire qui la doit laisser à l'état de complet abandon, on pourrait croire, étant donné d'ailleurs que l'usage confère au voisin des droits sur la répare, qu'elle sera, par la force des choses, imprescriptible. C'est ce que le Tribunal de Bayeux avait décidé, par jugement du 24 juillet 1823 (aff. Gouley contre Panier). Ce tribunal disait que la répare « est toujours une conséquence de l'existence même du fossé dont elle est inséparable et indivisible; que la pos-

242, l'usage défend au propriétaire de la répare de la cultiver, d'y semer ou planter, et il est obligé de détruire les acrues qui s'y élèvent... Ce terrain neutre doit rester en état d'abandon ».

(176) On appelle *écamet* une clôture établie sur le fossé pour empêcher les bestiaux de pénétrer sur le terrain voisin au delà du fossé et formée le plus souvent d'une traverse horizontale et de 3 ou 4 piquets verticaux (Mouchel, op. cit., p. 68). Nous retrouverons plus loin (à propos de l'art. 11 du règlement de 1751) la question de la validité de l'écamet, ainsi que celle de savoir s'il y a contravention d' « abandon d'animaux » quand ceux-ci, par suite du mauvais état de la clôture du voisin pénétrent sur son terrain et y occasionnent des dégâts.

(177) de Vilade, op. cit., p. 233.

session de la berge ou répare par le voisin serait en opposition formelle avec la possession du fossé et de la masse par le propriétaire de ces derniers; qu'ainsi on ne pourrait pas dire que la possession du voisin serait *à titre de propriétaire*, comme l'exige l'art. 2229 du Code Civil; que le propriétaire, en conservant la possession du fossé et de la masse, fait tout ce qu'il faut pour maintenir sa possession sur la répare qui d'ailleurs, séparée de sa propriété par le fossé, n'est susceptible d'aucune possession particulière, puisqu'elle ne peut être cultivée ni profitée par la nature même de sa destination; qu'elle est entièrement dans la dépendance du voisin, et que si la possession du fossé et de la masse n'emportait pas celle de la répare, le propriétaire n'ayant aucuns moyens d'exercer des actes possessoires, il faudrait renoncer en Normandie aux conséquences de l'obligation d'en établir une ».

Ces considérations sont à première vue assez troublantes. Cependant est-il bien exact de dire que la répare est indivisible du fossé, et que le propriétaire de la répare n'ait « aucuns moyens d'exercer des actes possessoires sur elle » ? — Sans doute il ne doit pas la cultiver, et s'il est controversé qu'il puisse même, de son propre chef, détruire les plantations qui s'y élèvent (sic, de Vilarie, op. cit., p. 243), il faut cependant bien reconnaître qu'il peut au moins y faire les actes qui répondent à la destination de ladite répare, c'est-à-dire y circuler pour réparer et curer le fossé, et y déposer le produit des curures ou des travaux de réfection. — Sans doute encore le propriétaire voisin ne devra pas être présumé facilement possesseur de la répare; mais de ce que certains actes lui sont permis, — qui ne lui conféreront pas de possession, — on n'en saurait déduire que jamais, aucun acte, si caractérisé qu'il soit, ne lui conférera de possession. — Aussi la Cour de Caen (aud. solenn. du 14 juill. 1825, arrêt préci-

(e) a-t-elle réformé le jugement susrapporté du tribunal civil de Bayeux. — Elle indique en même temps que la possession d'une répare n'est pas quelconque. C'est qu'il faut en effet, comme il résulte d'un arrêt de la même Cour (arr. du 5 nov. 1859, de Vendeuvre contre de Banneville, Rec. Caen, 1859, p. 305, S. 1860 2. 204), « des faits de possession d'un caractère bien déterminé (178) et que le voisin ait dû connaître ». — L'arrêt de 1825 considère « que la possession de la répare de la part du voisin, qui ne résulterait que de ce que l'herbe de la répare a toujours été dépouillée par les bestiaux qu'il met dans son champ, ou de ce qu'il aurait coupé tous les ans, les ronces, broussailles et les petits jets qui poussent sur les répares, qui proviennent des racines des arbres du fossé, n'est pas de nature à acquérir à ce voisin la propriété de la répare, 1° parce que la répare n'étant pas destinée à la culture, il est impossible que le propriétaire du fossé et même le voisin empêchent qu'elle ne soit dépouillée par les bestiaux qui se trouvent dans le champ contigu; 2° parce que la répare a été établie non seulement dans l'intérêt du propriétaire, pour lui donner la facilité de réparer son fossé, mais encore dans l'intérêt du voisin, pour empêcher l'éboulement de ses terres; — que lorsque le voisin néglige de couper chaque année les jets provenant des racines des arbres du fossé, et que ces jets deviennent des arbres, c'est l'ouvrage de la nature, et il n'y a là aucun fait de possession de la part du voisin, qui puisse lui attribuer ni la propriété de la répare, ni la propriété des arbres, mais que ce voisin a le droit de forcer le propriétaire à les abattre, puisqu'ils ne se trouvent

(178) « Extraordinairement caractérisés », dit M. de Vilade. Il faut que le riverain ait réuni, *incorporé*, assimilé la répare à son fonds par une culture constante, uniforme, continue, occupant toutes les parcelles comme le fait un bois (V. Caen, 1839, cité infra au texte).

pas à la distance de son champ prescrite par le règlement;
— Que si le voisin, au lieu d'exiger du propriétaire l'aba-
tis de ces arbres, les émonde lui-même, là commence en
sa faveur un fait de possession des arbres; et s'il les a
élagués pendant (40) ans cette possession lui confère la
propriété des arbres par prescription; mais cet élagage
ne lui confère pas la propriété de la répare, parce que le
propriétaire du fossé fait acte de possession de la répare,
chaque fois qu'il cure son fossé et y fait des réparations,
réparations auxquelles est spécialement destinée la répare; qu'ainsi l'élagage des arbres, exercé çà et là sur la
répare, ne constitue pas une possession non interrompue
de la répare puisque cette possession est interrompue
chaque fois que le propriétaire du fossé le cure et y fait
des réparations; — que dès lors il faut décider que l'élagage pendant 30 ou 40 ans des arbres sur une répare
attribue la propriété de ces arbres au voisin, mais ne lui
attribue pas la propriété de la répare... » (179) — Toutefois s'il s'agissait de deux bois taillis limitrophes, l'exploitation des arbres aurait un autre caractère, si elle
était fait régulièrement : « Considérant », dit un autre arrêt de la Cour de Caen (de Saint-Pol contre de Piédoux, 1re
ch. 13 mars 1839, M. Rousselin, 1er pr., Rec. Caen, 1839,
p. 75), — « que le bois excru sur les 18 pouces de terrain
qui longent ces fossés du côté de de Piédoux, c'est-à-dire
du côté opposé à la masse, est de même nature, essence
et plantation que le bois excru sur la propriété dudit de
Piédoux; qu'il résulte des faits de la cause ainsi que des
enquêtes respectives que ces 18 pouces de terrain ont été
de temps immémorial soumis au même mode de culture

(179) V. aussi Cour de Caen, 1re ch., 12 avr. 1856, Colleville
contre Le Métayer, Journ. Caen, Rouen, 1856, p. 187; — Cour
de Caen, 2e ch., 5 nov. 1859, de Vendeuvre, Rec. Caen 1859, p.
305. — Cf. C. Caen, 2e ch., 23 juin 1860, Decombes, Rec. Caen,
60, p. 207.

et d'exploitation que les bois de Piédoux auxquels ils
paraissent incorporés; qu'il est également prouvé que de
temps immémorial aussi, de Piédoux a toujours étendu
ses coupes de bois jusque sur l'arête du creux des fossés
dont il s'agit, de la même manière que s'il eût été propriétaire du terrain de son côté jusque sur ladite arête,
et cela au vu de tout le monde, et du consentement même
de de Saint-Pol;— Considérant que de pareils faits de possession sont bien autres que celui d'avoir émondé des arbres ou coupé des jets excrus sur la répare le long d'un
terrain en labour ou en herbage, laquelle, pour cela, ne
cesse point de subsister en nature de répare et ne se trouve
point incorporée au fonds du voisin; que ces faits de possession qui ne peuvent être assimilés à des actes de tolérance attestent au contraire de la part de de Piédoux une
jouissance animo domini réunissant tous les caractères
voulus par la loi, pour engendrer la prescription, et que
les 18 pouces de terrain en litige le long des fossés dont
il s'agit au procès lui sont évidemment acquis; — La Cour
confirme... »

B. — Fossés en élévation ou fossés talus. Levées, masses ou banques sans creux. Haies en tablette ou en
douve.

Les « fossés en élévation », « fossés-talus » ou « levées »
qu'on appelle aussi « banques », « tombes », « masses »
ou « digues », sont des amas de terre destinés à former
clôture et ayant en moyenne une épaisseur de 1 m. 33 à la
base, et 0 m. 75 à leur sommet, et une hauteur de 1 m.
(Eure, p. 32, note 1).

Généralement, ils comportent un fossé. Ce fossé, qui
n'est pas un fossé véritable, mériterait plutôt le nom de
rigole. Il est creusé à la profondeur d'un cours de bêche
(0 m. 33 en général. — Mouchel, op. cit., p. 48). Cette
rigole s'appelle d'ailleurs « cours de bêche » ou « jeu de

pelle » ou encore « pied de tombe » ou « rang de truble-
rie » (ibid). — Ce fossé, « comme on le voit, n'a aucun
rapport avec le fossé de séparation dont il est question
dans l'art. 13 de l'arrêté du 17 août 1751 » (Domfront, p.
19).

On trouve des levées dans l'Eure, et aussi paraît-il dans
la Seine-Inférieure, — mais surtout dans le Bocage (V.
arrêt Boisne précité). Les usages locaux de l'arrondissement de Domfront nous apprennent que ces fossés sont
les plus nombreux dans tous les cantons de cet arrondissement (Domfr., p. 19). Dans la Manche, il paraît qu'une
ligne qui serait tirée de Torigny à Lessay, diverait ce
département en deux régions, dont celle du nord aurait
des masses accompagnées d'un fossé avec creux véritable, et celle du sud des masses sans creux (Mouchel, op.
cit., p. 46. — Bréhal fait exception, dit cet auteur).

La masse ou levée doit être établie à une certaine distance du fonds voisin; en d'autres termes, il existe ici
encore une repare. — Les distances pratiquées sont en
général celles mêmes du règlement de 1751. Il en est ainsi
dans l'arrondissement de Domfront (Domfr., p. 19), et en
général dans la Manche (V. Mouchel, p. 47). — Cette distance est aussi assez souvent uniformément de 50 centimètres (180), mais elle peut en différer.

A qui est censée, à défaut de titres ou de bornes, appartenir la masse ? — Les fossés-talus sont présumés mitoyens (181). — Mais il peut y avoir marque de non-mitoyen-

(180) Eure, art. 44, p. 32; Usages de la Seine-Inférieure, d'a-
près André (n° 75). — V. aussi Caen, 30 avr. 1831 (Boisne), précité et 30 mars 1859, également précité. V. sur l'absence d'un
usage spécial quant à une distance de 80 centimètres pour les
haies en tablette dans le cant. de Villers-Bocage, trib. Caen, 18
décembre 1906, Rec. Caen, 1907, p. 20.

(181) « On les répute mitoyens s'il n'y a titre ou possession
contraire. Caen, 1er fév. 1834 », dit Vaudoré, op. cit., v° Fossés,
n° 56. — Sic, Mouchel, op. cit., p. 49.

neté: il en est ainsi dans le cas de haie en tablette ou en douve (haie couchée horizontalement, les racines vers le propriétaire (182): on applique ici l'*art. 4* des Usages locaux de la *Vicomté de Verneuil*, qui exprime ici l'usage général : « La plante, douve ou jettée du fossé appartient à celui vers lequel elle est jettée et *plantée*, s'il n'y a titre, borne ou possession contraire ». Cette présomption était généralement admise d'ailleurs dans l'Ancien Droit (V. Basnage, sur l'art. 83 de la Coutume). — « Pour que le rejet soit une marque de non-mitoyenneté, il faut qu'il ait plus d'un an d'existence, qu'il atteste la possession légale d'an et jour, art. 23 du Code Proc. — Quand le rejet a plus d'un an, le voisin ne peut agir qu'au pétitoire, pour la question de propriété » (de Vilade, op. cit., p. 250-251).

PARAGRAPHE QUATRIÈME

DES OBLIGATIONS CONTESTÉES QUI RÉSULTERAIENT DE L'APPLICATION DE L'ART. XI DE L'ARRÊT DE RÈGLEMENT DU PARLEMENT DE NORMANDIE DU 17 AOUT 1751

L'art. 11 de l'arrêt de règlement du 17 août 1751 doit-il, comme les art. 5 à 10, 12, 14 et 13 dudit règlement, être considéré, aujourd'hui encore, comme en vigueur ?

Il y a, — a-t-on jugé, — des raisons spéciales de douter de l'application actuelle de ce texte ancien, qui est ainsi conçu :

(182) Un jugement du trib. civ. de Caen. — Robert contre Deslandes, du 18 déc. 1906 (Rec. Caen, 1907, p. 30, M. Moisy, pr.) dit que « la haie en tablette suppose nécessairement un talus élevé ou masse de terre ».

« Les propriétaires d'héritages qui sont actuellement
clos de haies vives ou de fossés, seront tenus d'entretenir
lesdites clôtures, si mieux ils n'aiment détruire entièrement la clôture le long de l'héritage voisin, ce qu'ils auront la liberté de faire, s'il n'y a titre au contraire, et
néanmoins ceux qui voudront détruire leur clôture ne
pourront le faire que depuis la Toussaint jusqu'à Noël,
après avoir averti le voisin trois mois auparavant, — et
jusqu'au temps de la destruction de la clôture, ils seront
obligés de l'entretenir ».

Nous étudierons successivement :

1° quelle est la portée de ce texte;

2° quel est l'intérêt de la question de son abrogation;

3° quelles raisons on peut invoquer pour et contre cette
prétendue abrogation.

A. — Commentaire de l'art. xi de l'arrêt de règlement
du 17 août 1751.

On peut déduire de ce texte :

1° qu'il est relatif aux haies vives et fossés *non mitoyens* (puisque des obligations sont imposées aux propriétaires de ces clôtures relativement à « l'héritage voisin »
et qu'il s'agit de « leur » clôture);

2° que les propriétaires (183) de ce genre de clôtures
devront les entretenir tant qu'ils ne les détruiront pas
(c'est-à-dire tant qu'ils ne voudront pas se déclore) : c'est
ce que disait déjà Basnage (avant le règlement de 1751)
sur l'art. 83 de la Coutume : « Celui qui fait clorre ses
terres doit les tenir si bien closes et bouchées, que les

(183) Il a été jugé (trib. Valognes, 26 mai 1893, Rec. Caen,
93, p. 227) qu'aux termes du règlement, c'est au *propriétaire*
seul qu'incombe l'obligation de réparer ou entretenir les clôtures qui lui appartiennent et que cette obligation ne saurait être
étendue à son *fermier*.

bestiaux n'y puissent trouver passage, autrement il ne peut se plaindre du dommage... »;

3° que lesdits propriétaires auront toujours la « liberté de se déclore (arg. des mots « ce qu'ils auront la liberté de faire »);

4° que, quand ils voudront user de ce droit, ils devront observer certaines *conditions* : il y a donc une certaine *réglementation* du droit de se déclore, et cette réglementation est la suivante :

1°¹ les propriétaires de la clôture ne pourront la détruire qu'à *une certaine époque* de l'année : à savoir dans la période comprise entre la Toussaint et la Noël (c'est-à-dire entre le 1ᵉʳ novembre et le 25 décembre) : c'est en effet à ce moment de l'année que, comme nous le dirons tout à l'heure, le voisin sera le moins gêné par la déclôture);

2°¹ les propriétaires qui veulent se déclore devront avertir le voisin « *trois mois auparavant* ».

Il y a une controverse sur le sens de ces mots.

D'après de Vilade (op. cit., p. 203), il s'agirait de trois mois « avant la Toussaint » (avant le commencement du délai prévu pour la destruction); il en donne cette raison qu' « il ne peut appartenir au propriétaire qui ne déclôt que la veille de Noël de réduire ainsi le délai de l'avertissement exigé préalablement à l'action par le règlement protecteur de l'agriculture ». (Il invoque l'opinion de Flaust qui, à la vérité, est à laisser en dehors de cette question, notre vieil auteur se contentant de reproduire les termes du règlement sans les commenter).

Mᵉ Leroy (th. précitée, p. 69) a victorieusement démontré, selon nous, que cette opinion n'est ni rationnelle, ni conforme au texte, ni conforme à l'esprit du règlement.

La raison qu'on invoque (il ne faut pas réduire le délai) n'est nullement décisive : il ne s'agit pas en effet de réduire le délai (dans notre interprétation, — trois mois

« avant la destruction », [effective], de la clôture, — le délai
est de la même longueur); il s'agit simplement de changer le point de départ de ce délai : « en quoi vraiment »,
dit M⁰ Leroy, loc. cit., « le délai de *trois mois* sera-t-il réduit par le propriétaire qui déclôt seulement le 24 décembre, s'il a prévenu son voisin le 23 septembre ». — Donc,
l'argument, le seul argument invoqué par M. de Vilade,
est inexact.

D'ailleurs, l'opinion émise par M. de Vilade fait dire
au texte plus qu'il ne contient en réalité. Le texte dit
ceci : « Ceux qui voudront détruire leur clôture, ne pourront le faire que depuis la Toussaint jusqu'à Noël, après
avoir averti le voisin 3 mois auparavant ». Pourquoi conclure qu'il y a là deux délais distincts, le premier prenant fin nécessairement 3 mois avant la Toussaint, c'est-
à-dire au plus tard le 31 juillet; en le supposant, on exige
deux conditions au lieu d'une, et ceci sans raison plau-
sible. Nous disons simplement quant à nous que le voisin doit être averti 3 mois auparavant l'acte de destruction de la clôture. Il n'est peut-être pas d'une bonne méthode d'augmenter l'étendue des obligations imposées à
un propriétaire qui se déclôt, au profit du voisin, sans
y être obligé par un texte formel.

Au surplus, l'opinion que nous combattons est encore
contraire à l'esprit du règlement de 1751, « car, ce qu'on
a voulu uniquement, remarque M⁰ Leroy (p.70), c'est donner au voisin, qui voudrait établir une clôture en remplacement, le temps de prendre les mesures nécessaires ».

3⁰⁰ Une troisième condition, qui ne soulève pas de controverse, est exigée par notre texte : celle imposée au
propriétaire de détruire entièrement sa clôture (il ne faut
pas qu'il soit clos à demi). Qu'entendre par destruction
entière ou complète de la clôture ? — Il semble qu'il s'a-
gisse là de questions de fait.

4^{ᵐᵉ} Il est possible encore d'apercevoir une 4° et dernière condition : l'obligation imposée au propriétaire d'entretenir la clôture jusqu'au moment de la destruction effective : ce qui est en somme la même obligation qu'en temps ordinaire où le propriétaire n'a pas manifesté son intention de se clore.

La portée de ce texte étant ainsi précisée, nous pouvons nous demander quel est l'intérêt de la question de savoir s'il doit ou non être considéré comme abrogé.

B. — INTÉRÊT DE LA QUESTION *de l'abrogation ou de la non abrogation de l'art.* xi *du règlement de 1751.*

Cet intérêt est direct et, peut-être, indirect.

Direct. — Doit-on se conformer, lorsqu'une haie vive ou un fossé appartiennent exclusivement à l'un des voisins, et que celui-ci veut se déclore, aux prescriptions, dont nous connaissons maintenant la portée, de l'art. xi du règlement de 1751 ? Les propriétaires de ces clôtures rurales doivent-ils les entretenir jusqu'à la déclôture ? (Cf. Demolombe, Tr. des Servit., t. Iᵉʳ, n° 481).

Indirect peut-être.

1° D'après certains, il résulterait de l'art. xi que, si le propriétaire de la clôture l'entretenait mal, il ne pourrait se plaindre des dégâts qu'occasionneraient sur sa propriété les bestiaux de son voisin venant à pénétrer chez lui et le voisin ne saurait être poursuivi par application, ni de l'art. 475 § 10 du Code pénal (divagation d'animaux), ni de l'art. 12, tit. 2 du Code rural de 1791 (dégâts causés par des animaux « laissés à l'abandon »). C'est ainsi que le 13 janvier 1860, le Tribunal de Bayeux jugeait « qu'il est de la nature des herbages d'être dépouillés par les bestiaux en liberté; que ni le mode d'exploitation, ni l'usage du pays n'exigent de les attacher ou de leur donner un gardien; qu'on ne peut donc regarder comme laissés à *l'abandon*, dans le sens du Code rural, des bestiaux libres dépouillant des herbages qui d'ailleurs sont entourés de haies ou de fossés; — que le Règlement de 1751 est toujours en vigueur en Normandie; qu'il faut donc que les propriétaires d'héritages clos de haies vives ou de fossés les entretiennent de manière à ce qu'ils fassent clôture et obstacle aux bestiaux, si mieux n'aiment se déclore complétement en se conformant aux formalités de l'art. xi de l'édit de 1751 » (jugement Pégoix contre Yvrat, rapporté par M. de Vilade, op. cit., p. 200 et dans Rec, Caen, 1860, p. 116. V. aussi jugement trib. corr. Bayeux, 5 janv. 1860, rapp. par M. de Vilade, op. cit., p. 108).

Nous ne citons cette opinion que pour mémoire. La Cour de Cassation l'a, en effet, plusieurs fois condamnée et elle est aujourd'hui abandonnée. Dans l'hypothèse dont s'agit, la Cour de Cassation décide que les bestiaux sont à l'abandon et que la contravention rurale existe. V. Cass., 1er juill. 1892, S. 94, 1, 150, 1er mai 1897, S. 97, 1, 541. — Il ne s'agit d'ailleurs pas de la contravention prévue par l'art. 479 § 10 du Code pénal ou de celles prévues par l'art. 471-14° (V. not. Cass., 4 oct. 1851, rapporté not. dans de Vilade, op. cit., p. 205).

Il est à remarquer que dans aucun de ces arrêts, la Cour de Cassation ne s'est préoccupée de la question de la valeur de l'art. xi du règlement; elle a simplement décidé que la contravention rurale était commise, — et c'était en effet la seule question qui lui fût directement soumise.

D'ailleurs, on peut concevoir qu'une contravention pénale existe en dépit du manquement par la victime à une obligation civile. — En réalité, il semble que les deux questions, — application des textes pénaux et valeur de l'art. xi *du règlement*, — étaient bien indépendantes l'une de l'autre.

2° Par ailleurs, d'après certains, la question de la validité de l' « écamet » devrait être rattachée, semble-t-il, à celle du maintien de l'art. xi du règlement. — Il résulte, disent-ils, de ce texte que la clôture entre deux voisins doit pouvoir servir aux deux; or, ajoutent-ils, mon droit à moi, voisin de la clôture, « serait illusoire si je n'avais la faculté de combler, par un écamet, l'interruption de clôture que constitue votre fosse entre votre banque et la mienne, et, par suite, d'empêcher mes bestiaux de passer sur la pièce voisine » (V. Mouchel, op. cit., p. 69). — Pour la validité de l'écamet, on ajoute une autre raison, qui est indépendante de l'art. xi du règlement : « En vertu de l'adage « pas d'intérêt, pas d'action », vous ne pouvez rien me demander, puisque la pose de mon écamet ne vous préjudicie en quoi que ce soit,... c'est une servitude dérivant du voisinage, à laquelle on ne peut s'opposer parce qu'il en résulte un avantage pour celui qui exerce sans aucun dommage pour celui qui le supporte » (Mouchel. op. cit., p. 70).

L'usage, sans doute, ne suffirait pas à établir cette servitude, si servitude il y a (V. Cass., 1813, cité p. 15).

Il est, sans doute aussi, conforme à l'*esprit* du règlement (art. xi) de permettre un écamet, et encore qu'il ne le dise pas expressément, nous serions assez tentés d'en déduire cette solution (mais il ne faudrait peut-être pas l'admettre si l'on est partisan du principe « pas de servitude sans texte (formel) »).

Quant à l'adage « pas d'intérêt, pas d'action », sa valeur semble incontestable. Mais doit-il être appliqué ici ? Et peut-on dire qu'un propriétaire n'a point d'intérêt à faire enlever un objet étranger de sur son fonds ? — Toutefois, s'il n'y avait que cet intérêt tout théorique, il ne suffirait peut-être pas : il ne faut pas en effet que notre propriétaire se montre trop rigoureux dans l'absolu de son droit : on pourrait peut-être voir dans sa prétention un « abus du droit » si la demande de l'enlèvement n'était

formée que dans le but de nuire, et sans intérêt sérieux (184). Comme le dit M. de Vilade, on doit chercher
à concilier les intérêts des voisins et non pas à préciser
leurs droits et obligations dans des formules trop rigides,
qui seraient contraires au droit, parce que contraires à
l'équité et aux nécessités pratiques.

C. — QUESTION DE L'APPLICABILITÉ EN DROIT ACTUEL DE
L'ART. XI DU RÈGLEMENT DE 1751.

L'art. XI de l'arrêt du règlement du 17 août 1751 doit-il
être considéré comme abrogé ou comme encore en vigueur en Normandie ? — Telle est la question qu'il nous
faut directement envisager maintenant.

Par un arrêt en date du *3 février 1913* (aff. Patry contre
Hardouin. — Rec. Somm. 1913, n° 5663; Rec. Caen, 1913,
p. 1; S. 1913, 1, 257; Gaz. Pal. 1913, 1, 416; Gaz. Trib.,
1913, 1, 178), la Chambre civile de la Cour de Cassation
s'est pour la première fois prononcée sur cette question
et l'a résolue dans le sens de l'abrogation, contrairement
à *toute la jurisprudence normande* antérieure (V. Caen,
22 janv. 1848, Leharivel, Rec. Caen, 1848, p. 500; trib.
correct. Bayeux, 5 janv. 1860, de Vilade, op. cit., p. 198;
trib. corr. Bayeux, 13 janv. 1860, Yvrai contre Pégoix,
précité; trib. civ. Bayeux, 1ᵉʳ août 1861, Pégoix contre
Yvrai, de Vilade, op. cit., p. 201; trib. Paix, Pont-l'Evêque, 18 nov. 1864, Rec. Caen, 1866, p. 116; trib. correct.
Pont-l'Evêque, 31 mai 1866, Rec. Caen, 1866, p. 117; trib.
corr. Bayeux, Adeline contre Haulard, 15 nov. 1879, de
Vilade, op. cit., p. 201; Trib. civ. Valognes, 26 mai 1893,
Rec. Caen, 1893, p. 227, Cour de Caen, 17 juillet 1908,
Rec. Caen, 1908 p. 106, — arrêt cassé par la Cour de

(184) Sic, pour le principe, M. Japiot, Tr. élém. de procéd.
civ. et comm., 1916, n° 66. — Il faut, dit M. Japiot, un intérêt « légitime » à l'action en justice.

Cassation (185). — La Cour de Cassation a renvoyé l'affaire Patry contre Hardouin devant la Cour de Rennes. Celle-ci n'a pas encore statué, et il semble, si nous sommes bien informés, qu'elle n'aura pas à statuer. — On peut se demander à quelle solution va s'arrêter la jurisprudence des Cours et Tribunaux de Normandie : va-t-elle immédiatement s'incliner devant l'arrêt de 1913; ou bien, s'inspirant d'un esprit de résistance bien normand, — et d'ailleurs justifiable, — va-t-elle suivre sa jurisprudence antérieure ? — La question n'a pas été, à notre connaissance, de nouveau tranchée par un tribunal normand depuis 1913. Elle mérite donc un examen approfondi.

Au point de vue doctrinal, elle peut sembler d'ailleurs intéressante si l'on songe que des autorités telles que *Demolombe* se sont prononcées en faveur de la non-abrogation de notre texte (Demolombe, Tr. des Servitudes..., t. 1er, n° 481). — V. dans le même sens : de Vilade, op. cit., p. 186 à 206, not. p. 196; André, op. cit., n° 41; Pandectes Françaises, Répertoire, v° Clôtures, n° 19-20. Cf. Mouchet, op. cit., p. 74 et suiv. — Contrà : outre diverses notes sous l'arrêt de 1913, notamment dans S. 1913. 1. 257, Vaudoré, op. cit., v° Plantations, n° 64-9° et v° Clôtures, n° 7 (V. cep. supp. au t. I, v° clôtures; Cf. supp. au t. 2, v° Dr. rural, n° 7); Daviel, des cours d'eau, t. 3, n° 856;

(185) Le même jour, — 3 fév. 1913, — la chambre civile déclarait irrecevable — sans examiner le fond — le pourvoi formé par une dame Vimont contre un jugement du tribunal civil de Lisieux rendu le 23 novembre 1906 au profit d'un sieur Martine, pour ce que ce jugement n'était pas rendu en dernier ressort, parce que « la demande qui soulevait un débat sur l'existence d'un droit de servitude réclamé par Martine sur l'héritage de la dame Vimont, et contesté par celle-ci était indéterminée » (Les servitudes dont s'agissait étaient celles qui résultaient de l'art. xi du règlement de 1751). V. l'arrêt de la Cour de Cassation dans la Gazette des Tribunaux, 1913, 1, 173.

et surtout Leroy, th. précité, p. 59, 60 et suivantes (186).

Il y a une chose qu'il faut bien remarquer dès le début: c'est l'opportunité, mieux *l'utilité* très réelle, des usages consacrés par l'article XI du règlement. « L'abolition de ces usages, dit Demolombe (loc. cit.), produirait les plus regrettables résultats. — Dans la pratique, l'art. XI précité du règlement de 1751 paraît toujours être observé en Normandie, où, en effet, le maintien de cette sage mesure est commandé par l'intérêt commun des propriétaires de prairies et des éleveurs de bestiaux ». Et M. de Vilade (op. cit., p. 201), nous dit quel est, selon lui, cet intérêt commun : « Cet article, dit-il, a pour but de protéger les intérêts généraux de l'agriculture et *d'éviter que deux voisins soient obligés l'un et l'autre de se clore*, ce qui enlèverait à la culture une notable quantité de terrain, en mettant clôture sur clôture » (187). — Telle est en effet la principale utilité de notre texte : elle évite une double perte d'argent et de terrain. — Pour atteindre ce but, le texte devait naturellement décider que jusqu'à la déclôture la haie ou le fossé devraient être maintenus en bon état. Il faudra d'autre part prévenir le voisin 3 mois à l'avance pour qu'il ait le temps d'établir une autre clôture s'il le juge utile; et enfin la destruction de la clôture ne pourra se faire que dans la période comprise entre la Toussaint et la Noël parce que c'est « à l'époque où la destruction cause moins de préjudice; où il y a moins de bestiaux dehors, où l'on commence à pouvoir planter » (de Vilade, p. 202). — Tout ce système est très harmonieux, très bien ordonné; comme le dit Flaust, « il pourvoit à tout ». — Il serait vraiment regrettable qu'un texte

(186) On trouve aussi des renseignements dont l'une et l'autre opinion ont tiré profit dans Merlin, Répert. v° Voisinage, § 14, n° 6.

(187) V. aussi Trib. Pont-l'Évêque 31 mai 1866 et Cour de Caen, 17 juillet 1908, cités au texte, supra.

aussi bien fait — et qui répond à des intérêts aussi sérieux pour l'agriculture, — ne puisse être maintenu.

Doit-il l'être ? — Pour soutenir la négative on s'est appuyé sur l'art. 7 de la loi du 30 ventôse an XII ou sur divers textes du Code rural de 1791. — L'objection la plus grave viendrait, semble-t-il, des principes généraux.

a) L'ART. 7 DE LA LOI DU 30 VENTOSE AN XII DOIT-IL ÊTRE CONSIDÉRÉ COMME AYANT ABROGÉ L'ART. XI DE L'ARRÊT DE RÈGLEMENT DU 17 AOÛT 1751 ?

La première raison à laquelle on pense pour croire à l'abrogation de l'art. xi du règlement de 1751 est, plus ou moins consciemment, tirée de l'art. 7 de la loi du 30 ventôse an XII (V. suprà, Introduction, p. 14), et qui vise notamment « les règlements » et les déclare abrogés « dans les matières qui font l'objet » du Code Civil ?

L'art. xi du règlement de 1751 rentre-t-il donc dans les matières qui font l'objet du Code Civil ?

Le Code Civil parle sans doute des clôtures :

1° dans l'art. 647, il dispose que « tout propriétaire peut clore son héritage, sauf l'exception portée en l'art. 682 » (c'est-à-dire sauf réserve du droit de passage pour les terrains enclavés) et dans l'art. 648 que « le propriétaire qui veut se clore perd son droit au parcours et vaine pâture en proportion du terrain qu'il y soustrait ». — Mais ces textes sont des textes de principe et ne peuvent être considérés comme traitant et réglementant la matière des clôtures (et la meilleure preuve c'est que d'autres textes sur lesquels nous reviendrons tout à l'heure, dans la section première du chapitre suivant du Code Civil, parlent aussi des clôtures). — D'ailleurs, ils ne sont expressément relatifs qu'au droit *de se clore*, et il nous semble qu'on assimile en réalité un peu trop facilement le droit de se déclore au droit de se clore dont parle l'art. 647 : une distinction se concevrait *rationnellement* très bien entre la réglementation de ces deux sortes de droits : le droit de se clore qu'a un propriétaire ne peut que profiter au voisin ; on ne voit pas en quoi (reserve faite d'un droit de passage en cas d'enclave) celui-ci pourrait avoir à s'en plaindre. Mais il n'en est pas de même du droit de se déclore : on conçoit très bien que le voisin puisse être gêné par cette déclôture, surtout à la campagne, là où il y a des bestiaux dans les herbages, bestiaux qui s'en iront à l'aventure si le voisin se déclôt à une epoque où on ne pourra etablir une nouvelle clôture comme celles d'usage, faute d'avertissement un certain temps avant l'epoque des plantations, — qui est aussi celle où les bestiaux quittent les herbages. — Mieux, les restrictions qu'on conçoit possibles au droit de se declore ne sont certainement pas toutes de même nature que celles dont parlent les art. 647, 648 : il ne s'agit plus de ce qu'on pouvait encore considerer à la rigueur comme servitudes ou facultés naturelles, mais incontestablement de servitudes *legales* ; il est absolument impossible notamment de faire deriver « de la situation des lieux » celles etablies par notre art. XI. Si donc on peut opposer des textes à l'application actuelle de ce dernier, c'est dans le chapitre consacre aux servitudes legales etablies par le Code Civil qu'on devrait les prendre.

2° On a essayé d'en trouver, et on a triomphé en produisant les art. 663, 666, 667, 668, 669, relatifs aux clôtures mitoyennes, et parfois aux haies et fossés. Donc, dit-on, le Code Civil s'est occupé des clôtures, « et puisqu'à leur occasion il n'a pas jugé à propos de compléter leur réglementation par les anciens usages existant sur ce point, de quel droit la pratique a-t-elle pu se prévaloir pour les faire revivre ? » (th. Leroy, p. 62). « Obliger le propriétaire à se déclore, s'il n'entretient pas sa clôture, c'est restreindre son droit de propriete, c'est imposer à son fonds une servitude, et il ne saurait exister de servitude sans une loi (non abrogée) qui la consacre » (ibid.)

Ce raisonnement n'est impressionnant qu'au premier abord :

1°° Tout d'abord, il est faux de dire que, dans le chapitre 2 du titre IV, il n'y ait, en ce qui concerne les matières rurales, aucun texte de loi qui permette de se reporter aux lois et usages anciens ; et nous connaissons les art. 645, 663, 671, 674. — Cela a fait dire à l'orateur du gouvernement que « les habitudes locales ont été respectées par cette partie de la loi », et à l'orateur du Tribunat que « la loi aura fait tout ce qui est en son pouvoir, lorsqu'*après* s'en être rapportée aux règlements et usages locaux nécessairement variables, comme les terrains, les cultures, les températures, et les sites », elle aura en leur absence posé une règle (V. Cour d'Aix, 16 nov. 1808, rapporté par Merlin). — On peut tirer argument de ces déclarations et de ces textes pour dire, qu'en ce qui concerne les servitudes rurales du moins, les usages locaux doivent être conservés (188).

2°° L'art. 652 du Code Civil montre d'ailleurs que le Code n'a pas entendu s'occuper des servitudes légales établies dans l'intérêt des particuliers, spécialement en matière de clôtures rurales non mitoyennes (arg. a contrario de l'alin. 2) et qu'il faut sur ce point se reporter aux lois sur la police rurale.

Il nous faut insister un peu sur cet argument, qui semble nous être personnel, et que nous croyons décisif.

« La loi, dit l'art. 651, assujettit les propriétaires à dif-

(188) Cf. Demolombe, Tr. des Servitudes, T. 1ᵉʳ, n° 481 ; — de Vilade, op. cit., p. 196 et suiv. — Selon ces auteurs, pour *toutes* les matières rurales il est impossible d'admettre que le Code se suffise à lui-même ; il faut le compléter par les usages anciens, fussent-ils locaux, parce que le Code est trop incomplet pour avoir entendu les abroger.

férentes obligations, indépendamment de toute convention ». — C'est bien d'obligations extraconventionnelles qu'il s'agit dans l'art. XI. — Art. 652 : « PARTIE DE CES OBLIGATIONS EST RÉGLÉE PAR LES LOIS SUR LA POLICE RURALE. — Les autres sont relatives au mur et au fossé *mitoyens*, au cas où il y a lieu à contremur, aux vues sur la propriété du voisin, à l'égout des toits, au droit de passage ». — Comme l'a dit feu M. Baudry-Lacantinerie (Précis, t. Ier, n° 1698), « l'alinéa 2 est une table des matières que va traiter le législateur : elle correspond, à très peu de choses près, à la rubrique des cinq sections dont se compose notre chapitre ». Or, ni le titre, ni le contenu de ces sections ne sont susceptibles de concerner ce qui fait l'objet de l'art. XI du règlement : les clôtures rurales *non* mitoyennes. — Nous en concluons qu'en ce qui concerne les clôtures rurales non mitoyennes, — les haies et les fossés non mitoyens, — il faut, de par l'art. 652, se *reporter aux lois sur la police rurale*.

Il nous semble d'ailleurs incontestable que, ce raisonnement étant admis, on doive considérer l'art. XI du règlement de 1751 comme *une de ces «lois sur la police rurale »* dont parle l'art. 652, et qui doivent régler la matière qui nous occupe : car il n'est point douteux que le sens de cette expression ne soit très large, et qu'un règlement ne soit une « loi » au sens large de ce mot, — qui désigne alors toute mesure générale obligatoire. En d'autres termes, nous croyons qu'il faut dire de l'art. 652 ce que dit M. Vigié, à propos du même terme « lois » employé par l'art. 3 du Code Civil. « Il faut entendre par là, dit M. Vigié (Tr. élém. dr. civ., t. Ier, 3e édit., n° 68), non seulement les lois proprement dites, œuvres du pouvoir législatif, mais encore, les décrets, arrêtés, *règlements* rendus conformément aux lois et émanant des autorités publiques compétentes ».

La seule question serait de savoir s'il ne faudrait pas

considérer l'art. xi du règlement comme abrogé par une des lois postérieures sur la police rurale. Il faudrait l'admettre de par le Code rural de 1791, a-t-on dit.

b) Le Code rural de 1791 a-t-il entraîné abrogation de l'art. xi du règlement de 1751 ?

D'après Vaudore (Dr. civ. des Juges de paix..., t. Ier, v° Clôtures, n° 7, p. 382) : « ...le règlement de 1751, qui exigeait en Normandie un avertissement préalable, est évidemment abrogé par la loi de 1791 ». Tel est aussi le système de l'arrêt de Cassation du 3 février 1913, qui, pour déclarer le règlement de 1751 (art. xi) abrogé, s'appuie, et s'appuie uniquement, sur le décret-loi des 28 sept.-6 oct. 1791 (189).

Les arguments que l'on prétend tirer en ce sens de notre ancien Code Rural sont au nombre de deux, que nous allons examiner successivement.

1° Le premier argument — et le moins fort, croyons-nous, — est tiré de *l'art. 1er, tit. 1er* du Code Rural, — texte ainsi conçu : « Le territoire de la France, dans toute son étendue, est libre comme les personnes qui l'habitent ; ainsi, toute propriété territoriale ne peut être sujette, envers les particuliers, qu'aux redevances et aux charges dont la convention n'est pas défendue par la loi ; et envers la nation, qu'aux contributions publiques établies par le Corps législatif, et aux sacrifices que peut exiger le bien général, sous la condition d'une juste et préalable indemnité ».

Il semble que l'argument que l'on tire de ce texte soit

---

(189) Il est à noter, en sens inverse, que Me Leroy (op. cit.) n'admet point l'argument tiré de la L. de 1791, — quoiqu'il décide aussi que l'art. XI doit être considéré comme abrogé ; il argumente uniquement de la L. de ventôse, — argument qui nous semble à la vérité plus faible.

le suivant : On en prend surtout la phrase « toute propriété territoriale ne peut être sujette envers les particuliers qu'aux... *charges* dont la convention n'est pas défendue par la loi », et l'on dit : il n'y a donc de charges, — c'est-à-dire de « *servitudes* » — obligatoires que celles fondées sur une convention non prohibée par la loi; en d'autres termes, en matière rurale, il n'y a *aucune servitude légale*; s'il y en avait autrefois, tant pis; elles sont abrogées par ce texte. (L'on ne fait qu'une exception, — qu'on est bien forcé de faire, — pour la servitude de vaine pâture dont parle la suite du décret-loi de 1791). — On en déduit, pour ce qui est de notre texte (l'art. xi du règlement de 1751), que ses dispositions, qui constituaient des servitudes légales rurales, ont été nécessairement abrogées par le Code Rural de 1791 (190). — Et on s'empresse de faire remarquer que telle est l'opinion de la Cour de Cassation dans son arrêt de 1913.

Nous ferons trois remarques sur cette argumentation.

1^{ent} S'il fallait poser en thèse générale que toutes les servitudes légales en matière rurale ont été abrogées par l'art. 1er du Code Rural de 1791, — et ce semble bien être le système de la Cour de Cassation dans son arrêt de 1913, — il y aurait lieu de grandement s'étonner : cette solution est en effet en *contradiction* formelle avec un grand nombre de décisions de la même Cour de Cassation, relativement aux distances des fossés (relatées suprà, p. 208), d'après lesquelles les usages et *règlements locaux* doivent être suivis (art. 544 du Code Civil), fussent-ils anciens. — Il s'agissait pourtant là aussi de matières rurales, et de restrictions au droit de propriété, de véritables servitudes légales. Et bien, malgré cela, la jurisprudence admet l'application de l'art. xiii du règlement de 1751. Que n'admet-elle aussi l'application de

(190) V. Merlin, v° Voisinage, § 4, n° 6, p. 684, col. 2.

l'art. XI ! — Logiquement, étant donnés les arguments qu'elle invoque, les solutions données par la Cour de Cassation devraient dans les deux cas être les mêmes : s'il fallait donc que la Cour de Cassation consacrât de nouveau dans l'avenir ce premier argument ici, elle devrait logiquement aussi changer sa jurisprudence en matière de répare.

2nd En plus de cette contradiction de jurisprudence, nous relevons aussi une contradiction *de textes* à laquelle aboutit cette interprétation. — Il n'y a pas, nous dit-on, de servitudes autres que des servitudes conventionnelles parmi les servitudes rurales établies dans l'intérêt des particuliers. — Il est clair que cette affirmation est directement contraire à *l'art. 652 du Code Civil*, auquel il nous faut ici encore revenir. Ce texte, l'art. 652, réserve les servitudes *légales* (et non point conventionnelles !) établies par les lois de police rurale : et ces servitudes légales, il n'y en aurait pas ! L'interprétation qu'on nous donne est bien évidemment incompatible avec la disposition, nette et précise, de l'alinéa Ier de l'art. 652 : elle est donc inadmissible.

Et qu'on ne nous dise pas que l'art. 652 a simplement entendu réserver, ce que la loi de 1791 réserve elle-même, la servitude de vaine pâture : car, d'une part, le texte de l'art. 652, alinéa Ier, est trop général pour s'appliquer au seul droit de vaine pâture (« parmi *les* obligations des particuliers », nous dit-il, cela ne peut s'appliquer à une seule); et d'autre part, si l'art. 652 n'avait voulu dire que cela, il aurait été en réalité vide de sens et absolument inutile, car cette servitude de vaine pâture qu'il aurait eu pour mission de sauvegarder, *elle l'était déjà*, — et d'une manière beaucoup plus claire et beaucoup plus nette, — par l'art. 648 du Code Civil.

3os Enfin, nous croyons que l'interprétation qu'on nous donne du mot « *charges* » (« servitudes » en général)

n'est point la bonne; que l'art. 1ᵉʳ du Code Rural de 1791
n'a pas du tout pour but de limiter les servitudes qu'on
peut concevoir dans l'intérêt des particuliers en matière
rurale; et que son but, bien précis, bien déterminé, est
dirigé, en entier, contre la *féodalité*.

La féodalité est apparue comme odieuse pendant toute
l'époque révolutionnaire. M. Planiol, sous la rubrique
le « caractère dominant » de la Révolution » (Tr. élém.
de Dr. Civ., 5ᵉ éd., t. 1ᵉʳ, n° 62), a pu dire sans exagération
que « la Révolution a été *surtout* inspirée par la haine de
la féodalité; *non pas de la féodalité politique*, que les rois
avaient détruite depuis longtemps, *mais de la féodalité
civile*, c'est-à-dire d'un ensemble de droits et d'usages
nés de la féodalité dans les relations entre particuliers,
et qui avaient survécu au régime politique dont ils étaient
issus. De l'organisation féodale, il ne restait plus que
des *privilèges*, au profit de *certaines terres* et de certaines personnes... » — (Et quels ont été les résultats de
cette haine révolutionnaire contre la féodalité civile ? —
Ce furent (M. Planiol, n° 63) « l'égalité des personnes,
entraînant à sa suite l'égalité des terres. Toute trace de
privilèges a disparu »). — Le Code Civil lui-même est
encore empreint de ce point de vue, qui provient de la
haine des abus anciens, et dont témoignent de nombreux
articles (191). — Or, il n'apparaît pas que cette manière
de voir dût être plus modérée en 1791, au lendemain de

(191) V. not. l'art. 638 et l'art. 686, al. 1ᵉʳ en ce qui concerne
les servitudes. V. aussi l'intitulé du tit. III (liv. II) et du tit. IV :
c'est l'esprit anti-féodal qui fera employer au Code cette expression de « services fonciers », très peu usitée dans la pratique, à
la place du mot « servitudes ». V. sur ce point, Baudry-Lacantinerie et Chauveau, des Biens, n° 790 et n° 799 in fine. — Le
commentaire de MM. Chauveau et Baudry sur l'art. 638 pourrait
parfaitement, croyons-nous, convenir à notre texte. Adde, art. 544,
et la 2ᵉ explication qu'en donnent MM. Ambroise Colin et Capitant (Cours élém. de dr. civ. franç. t. 1ᵉʳ, p. 709).

la nuit du 4 août (192), qu'en 1804 ? nous sommes en pleine période révolutionnaire, et cette date seule de 1791 est toute une explication de notre texte.

D'ailleurs, il apparaît bien qu'il est dirigé en entier contre la féodalité quand on le lit intégralement : l'alinéa 1er pose un principe — celui que les terres sont « libres » — et en rappelle un autre — celui que les hommes aussi sont « libres ». Qu'est-ce à dire « libres » ? — Si nous situons ce texte dans son époque, aucune hésitation n'est possible : la terre doit être libre, — c'est-à-dire dégagée de toute servitude féodale (plus de fiefs, ni de censives, — plus de « domaine éminent » au profit d'un seigneur). Cela ne veut pas dire autre chose. — Les hommes aussi sont « libres », c'est-à-dire qu'il n'y a plus d'hommes-liges et plus de servage. A la réflexion, la première phrase de notre article « le territoire de la France dans toute son étendue est *libre* comme les personnes qui l'habitent », ne peut pas signifier autre chose. (Le second principe n'est d'ailleurs là que pour faire pendant au premier, on le rappelle parce qu'on y est attaché, et pour l'expliquer (V. Planiol, précité), mais c'est du premier seul qu'il va être désormais question).

Telle est l'explication que nous donnons de cette première phrase; et si l'on nous disait : « mais enfin pourquoi ce texte est-il aussi obscur ? », nous croirions pouvoir répondre : « non, ce texte n'est pas obscur », — et pouvoir donner une explication de sa formule un peu alambiquée.

Nous ferons en effet deux remarques, — qui expliqueront bien des choses, — sur la façon de parler des rédacteurs de ce texte :

(192) Dans laquelle ont été abolis tous les privilèges féodaux et notamment le servage, le dr. exclusif de chasse, les colombiers et les garennes, et les privilèges d'impôts.

i. — Tout d'abord, on y procède par voie d' « allusions » plutôt que par l'indication des institutions précises dont on veut parler.

Pourquoi ? — C'est qu'à la vérité ces révolutionnaires sont, dans une certaine mesure, des timides : ils ont peur des mots : *ils ont tellement horreur de tout ce qui vient de l'Ancien Régime qu'ils osent à peine en parler.* Sans doute pensent-ils que les mots qui désignent les institutions abhorrées rappellent trop de souffrances passées pour qu'on puisse encore les employer : ces termes exécrables devraient, dans leur pensée, être bannis à tout jamais de la langue française. — D'où des formules alambiquées pour désigner les choses les plus simples et les plus claires (on abolit les institutions anciennes en se servant de périphrases). — Ceci est un trait commun à toute l'époque révolutionnaire (V. les art. 638 et surtout 686, al. 1ᵉʳ du Code Civil), — et peut-être à toute époque révolutionnaire.

ii. — C'est aussi une époque d'idéalisme, — où l'on s'éprend *de tout ce dont on a été privé;* l'on n'y parle que philosophie et qu'*absolu*. — En ce qui concerne la Révolution française, ce dont on avait le plus souffert peut-être c'était des institutions féodales : et c'est pourquoi, quand on les abolira, on ne dira pas : « il n'y aura plus de féodalité (ce serait rappeler une institution dont on ne veut plus, à aucun prix, entendre parler), mais l'on parlera « d'*égalité* » et de « *liberté* ».

Et notre texte, — nous y reviendrons après ces considérations générales, — est empreint, — c'était fatal, — du même esprit ; Sa première phrase ne dit point : « il n'y aura plus de tenures féodales, plus de fiefs et plus de censives; plus d'hommage et plus de servage », ce serait employer des termes abhorrés; — elle dira « les terres seront « libres » et les hommes aussi seront « libres ».

Voici vraiment un langage élevé et de nobles accents ! — Sans doute c'est moins clair, et c'est pourquoi des jurisconsultes (dont certains se trouvent devant ce texte plus de 110 ans après) s'y trompent; — mais s'ils consultaient les historiens, leurs frères, ils trouveraient ce texte moins obscur : car c'est là, certainement, un langage révolutionnaire.

« *Ainsi* », poursuit le texte, — nous insistons sur ce mot, car dans la thèse contraire on le raye purement et simplement : ce petit mot est pourtant démonstratif : il montre que ce dont va parler la suite du texte est une conséquence logique de ce dont il vient d'être question (c'est-à-dire, nous pouvons bien le dire, du principe de *l'abolition* de la féodalité); — « ainsi, toute propriété territoriale ne peut être *sujette* (193) envers les particuliers (194), qu'aux redevances (195) et aux charges *dont la convention n'est pas défendue par la loi* » (nous traduisons par « aux redevances et aux charges *qui ne sont point féodales* » (196) « et envers la nation (197) qu'aux *contributions* publiques établies par le Corps législatif, — et aux sacrifices que peut exiger le bien général, sous la condition d'une juste et préalable indemnité » (198).

(193) Mot qui exprime bien un rapport de dépendance personnelle.

(194) Il n'y a plus que des « particuliers », même les « ci-devant » nobles.

(195) Ce mot de « redevances » ne peut guère s'appliquer qu'à des servitudes *féodales*.

(196) On craignait le rétablissement de la féodalité par des conventions particulières.

(197) Car on ne peut supprimer toutes ressources pour l'État. Mais l'impôt ne sera plus la taille, ni autre impôt perçu par voie d'autorité; mais un impôt volontairement consenti dans son principe, une « contribution ».

(198) Ceci semble faire allusion à l'expropriation pour cause d'utilité publique.

Ce texte semble parfaitement clair avec notre interprétation, — qui est celle admise par l'ancien Répertoire Dalloz (199) et par un éminent jurisconsulte, qui fut conseiller à la Cour de Cassation, M. Sevin (200).

2° Le second texte dont on prétend déduire l'abrogation de l'art. xi du règlement de 1751 est l'*art. 4, section IV*, titre 1ᵉʳ du Code Rural de 1791, texte ainsi conçu :

« Le droit de se clore *et de déclore* ses héritages résulte essentiellement de celui de propriété et ne peut être contesté à aucun propriétaire. — L'Assemblée nationale abroge toutes lois et coutumes qui peuvent contrarier ce droit ».

On a cru pouvoir tirer deux arguments de ce texte.

1ᵉʳ Le premier, tiré surtout de l'alinéa 1ᵉʳ du texte, consiste à dire que ce texte est *absolu*; qu'on a le droit de se clore *et de se déclore*. — Et, ajoute-t-on, ce texte abroge évidemment l'art. xi du règlement de 1751. — Ce texte, selon le Répertoire de Furier Hermann (v° Clôture, n° 4) « a eu surtout pour but de consacrer l'abolition de *toutes* les diverses servitudes, féodales *et au-*

(199) Dalloz, Répert., v° Droit Rural, n° 13 « L'art. 1 (sect. I, tit. I) de la l. de 1791 est ainsi conçu... Ainsi, liberté de la propriété, son *affranchissement de tout lien féodal*, son égalité devant l'impôt, son inviolabilité, laquelle ne doit fléchir que devant une juste et préalable indemnité ; tels sont les principes que le législateur de 1791 a posés, et qui sont les seules et véritables bases de toute législation rurale ».

(200) Sevin, Étude sur les origines révolutionnaires des Codes Napoléon, 1879, p. 34-35 « Le 5 juin suivant (1791), diverses propositions sont adoptées qui prirent plus tard leur place dans le Code Rural du 28 sept. 1791. — Le territoire de la France, dans toute son étendue, est libre comme les personnes qui l'habitent ; ainsi, toute propriété territoriale ne peut être sujette envers les particuliers qu'aux redevances et aux charges dont la convention n'est pas défendue par la loi (*ceci regarde les droits féodaux*) ; et, envers la nation... »

tres, qui, sous l'Ancien Régime, restreignaient plus ou moins arbitrairement » cette faculté naturelle (le droit de se clore et déclore). — Cf. Daviel, Tr. de la législ. et de la pratiq. des cours d'eau, 3ᵉ éd., 1845, t. 3, n° 856 : « Le propriétaire d'un fossé formant séparation entre lui et son voisin, dit cet auteur, peut le supprimer à son gré. Puisqu'il a eu originairement la faculté d'ouvrir ou de ne pas ouvrir ce fossé, il a ultérieurement le droit de le laisser déchoir ou de le combler entièrement. Les anciennes coutumes qui disposaient autrement ont été abolies par l'art. 4, sect. 4 de la loi du 6 octobre 1791 ».

Cet argument, parallèle et de nature à compléter celui qu'on tire de l'art. 1ᵉʳ du Code Rural est susceptible de *deux réponses* :

1. — Demolombe (loc. cit.) semble avoir soutenu qu'il suffit de répondre qu'il (ce texte) est relatif au droit de parcours et de vaine pâture, qui faisait obstacle au droit de se clore » (V. en effet le contexte; il est relatif à ces droits; il doit en être de même de celui-ci).

2. — En tout cas et surtout, ce texte n'a pas la portée qu'on lui attribue: sa formule « le droit de clore et déclore ses héritages résulte essentiellement de celui de propriété, et ne peut être contesté à aucun propriétaire », signifie simplement que « tout propriétaire a, sans conteste possible, le droit de se clore et de se déclore ». — Or, la jurisprudence normande, qui admet la non-abrotion de l'art. xi litigieux, n'a jamais contesté à aucun propriétaire ces droits et les a au contraire formellement reconnus (V. en ce qui concerne spécialement le droit de se déclore, Caen, 1ʳᵉ ch., 22 mars 1819, Goulley, cité par de Guernon, Diction. de la jurispr. de la Cour royale de Caen, vᵒ Servitude, nᵒ 18, et Caen, 1ʳᵉ ch., 19 déc. 1860, Mauduit, Rec. Caen, 1861, p. 20). — Et, de fait, l'art. xi du règlement ne dit pas autre chose. Sans doute,

il réserve la convention contraire, mais cette convention contraire elle-même semble encore possible aujourd'hui (Sic, en ce qui concerne le droit de se clore, Caen, 12 mars 1881, Rec. Caen, 1881, p. 109).

Dira-t-on que l'art. xi parle aussi d'autre chose et que les obstacles qu'il apporte au droit de se déclore sont contraires au droit absolu dont parle l'alinéa 1er de l'article 4 en question. — Nous répondrions que le règlement pose sans doute certaines conditions à l'exercice du droit de se déclore, mais ne le supprime pas, — et que, même pour le droit le plus absolu, le droit de propriété, d'où dérivent les droits de se clore et déclore, un texte formel, l'art. 544 du Code Civil, réserve les textes de réglementation, faisant une distinction logique qui s'impose entre les principes et les règles qui précisent leur portée d'application précise; puisque nous avons deux textes compatibles, pourquoi vouloir que le second ait abrogé le premier. — Sans doute, l'art. 4 en question emploie une formule qui donne une impression d'absolu, qui incite à croire que toute réglementation même est abrogée. — Mais il n'y faut pas attacher une trop grande importance : cette formule absolue s'explique historiquement et pratiquement : historiquement, parce que nous sommes en pleine période révolutionnaire, à une époque où l'on songe surtout aux principes et où on veut surtout poser des principes; — pratiquement, parce que ce n'est qu'incidemment en quelque sorte que le Code Rural s'occupe ici du droit de se clore et de se déclore, entre deux textes relatifs aux droits de parcours et de vaine pâture, et en ayant nécessairement à l'esprit ces droits : et c'est pourquoi, parlant du droit de se clore qui fait obstacle aux droits de parcours et vaine pâture, — il sera amené à le réserver en termes particulièrement énergiques. — D'ailleurs, le texte s'explique d'autant mieux, selon nous, que, dans l'Ancien Droit, il n'était pas reconnu dans tous les pays où l'on admettait le droit de vaine pâture que le propriétaire pouvait s'y soustraire en établissant une clôture sur sa propriété. « Après les *coutumes*, lisons-nous dans le Répert. des Pandectes Françaises, (v° Clôture, n° 58), — dont les unes considéraient le droit de vaine pâture comme précaire, et *les autres* en faisaient une servitude à laquelle les propriétaires ne pouvaient se soustraire par la clôture (201), la loi des 28 septembre-6 octobre 1791 fit cesser les divergences existant entre la coutume et les pays de droit écrit, en reconnaissant au propriétaire le droit absolu de se clore ». Cf. Répert. Dalloz, v° Servitude, n° 378; v° Dr. Rur., n°° 63 et 65. — Pour toutes ces raisons, le texte devait être et est énergique : il y a une double affirmation du droit de se clore et déclore, ils « résultent essentiellement de celui de propriété », dit la loi. Cela eût sans doute suffi; elle ajoute « et ce droit ne peut être contesté à aucun propriétaire ». Et elle ajoute encore (alin. 2) : j'abroge tout texte ancien contraire à ce droit. Nous acceptons toutes ces formules absolues, parce que le règlement de 1751 est aussi absolu dans le même sens.

Cependant la dernière addition de l'art. 4 a fourni aux partisans de l'abrogation de l'art. xi du règlement un autre argument, à la vérité plus troublant :

2^{ent} Les partisans de l'abrogation de l'art. xi de l'arrêt de règlement du 17 août 1751 argumentent parfois uniquement de *l'alinéa deuxième* de l'art. 4, sect. 4, tit. Ier du Code Rural de 1791 précité. — Ce texte, au premier abord, doit-on reconnaître, paraît n'être qu'une sanction de l'alinéa 1er; mais lisez-le bien, nous dit-on, il a une portée beaucoup plus large : « L'Assemblée nationale, dit-il, abroge toutes lois et coutumes qui peuvent contra-

(201) V. par ex. coutume de Montargis, chap. 4, art. 3.

mier ce droit », donc, dit-on, toutes les lois et coutumes qui mettraient des obstacles à ce droit (quelle que soit la valeur de ces obstacles) — ou qui réglementeraient ce droit, — lui imposeraient des conditions — si raisonnables qu'on les suppose — sont expressément abrogées. Or l'art. XI en question réglemente le droit de déclôture, il est donc abrogé.

Nous commençons par remarquer que cette argumentation repose sur un texte qui a l'air, avec le sens qu'on lui donne, d'avoir été en quelque sorte créé exprès pour trancher la question discutée que nous exposons; — que, de plus, ici comme tout à l'heure, cette argumentation repose sur le sens donné à *un seul mot* de ce texte (tout à l'heure c'était le mot « charges », ici c'est le mot « contrarier »); et qu'elle repose ici encore sur la dissociation des parties d'un texte, — dissociation ici beaucoup plus formelle et beaucoup plus absolue; l'alinéa premier, est-on obligé de confesser, donne un argument qui ne serait peut-être pas suffisant, mais c'est l'alinéa 2° qui est convainquant et démontre tout à lui tout seul (et cela parce qu'il a un sens *spécial*).

Nous croyons qu'on peut donner au mot « contrarier » employé par le texte un sens moins stupéfiant. Nous croyons qu'on peut lire le texte ainsi : « l'Assemblée nationale abroge toutes lois et coutumes qui pourraient *être opposées* à ce droit ». — Cette explication est, croyons-nous, la seule bonne au point de vue classique de la langue, et au point de vue historique.

1. — L'étymologie enseigne que « contrarier vient du latin « contrarius », lequel signifie « contraire » (V. Nouveau Larousse Illustré, t. III, v° Contrarier) et le premier sens que le même dictionnaire attribue, et qu'il faut, semble-t-il, attribuer, au mot « contrarier » est le suivant : «contrarier (du lat. contrarius, contraire), V. a., Dire, fai-

re, vouloir *le contraire de* (202); s'opposer aux paroles, aux actes, aux volontés de. » Plus une personne est « bornée, plus elle est portée à contrarier les autres » Vanière) ». — D'ailleurs, que « contrarier » viennent directement de « contrarius » ou qu'il vienne de « contraire », lequel vient de « contrarius », c'est tout un; or, « contrarius » vient de l'adverbe « *contra* », qui, dans son sens premier signifie « en face » (203). — Qu'est-ce d'ailleurs au sens propre qu'une « contrariété » ? — C'est, dit le Dictionnaire de l'Académie, une « opposition entre des choses contraires » (V. les expressions « contrariété de jugements, contrariété d'humeur). « Contrarier », au sens propre, est « dire ou faire le contraire » (c'est-à-dire l' « opposé » — le directement opposé) « de ce que les autres disent ou font » (Dictionn. de l'Académie). — D'ailleurs, que signifie l'expression « cela se contrarie », elle signifie « cela se *contredit* soi-même.

Ceci étant, est-ce que l'art. xɪ du règlement de 1751 « contrarie » véritablement le droit de se déclore ? — Point du tout; il le proclame « au contraire ».

ɪɪ. — Le sens du mot contrarier dans l'art. 4, sect. 4 du Code Rural est-il conforme à cette façon logique et classique de parler ? — Dans le doute, on devrait l'admettre. — Mais nous devons le faire d'autant plus facilement que nos Révolutionnaires, élèves malgré eux de l'Ancien Ré-

(202) Sic, Dictionn. de l'Académie, vᵉ contrarier. Or selon le dictionnaire de l'Académie, « contraire » signifie « opposé ». L'idée éveillée par ce mot est en effet celle d'opposé (et même de diamétralement opposé, au sens premier du mot): une proposition contraire, est la proposition inverse (et n'est pas une proposition intermédiaire qui contiendrait seulement certains éléments de la solution inverse). V. d'ailleurs les expressions « au contraire », argument a contrario » etc...

(203) V. Quicherat et Daveluy, Dictionn. lat. franç. 47ᵉ éd. par E. Chatelain, 1913, vᵒ contrarius et vᵒ contra.

gime, surtout en 1791, avaient en général conservé (204), et c'est tout à leur avantage, la façon de parler de notre langue classique.

III. — D'ailleurs cette interprétation n'est pas seulement conforme au sens propre et vraisemblable des mots, elle a pour elle la simplicité et la logique : dans cette interprétation, l'art. 4 est un texte plus harmonieux : il contient deux dispositions; une disposition de principe (celle de la première phrase); et une disposition qui sanctionne la première, par une abrogation expresse de tout ce qui lui serait contraire.

Concluons sur ce point : la loi de 1791 n'a entendu, comme toute loi révolutionnaire qui se respecte, que poser des principes; et ceux qui en déduisent l'abrogation de l'art. XI du règlement confondent deux choses : le principe et la réglementation de détail.

Mais ne peut-on invoquer contre l'application de l'art. XI des arguments de fond ?

c) N'Y A-T-IL PAS — ET QUELLE EST LA VALEUR — DES OBJECTIONS DE FOND A L'APPLICABILITÉ ACTUELLE DES DISPOSITIONS DE L'ART. XI DE L'ARRÊT DE RÈGLEMENT DU 17 AOUT 1751.

Un éminent professeur, avec lequel nous avions un jour l'honneur et le plaisir de discuter de l'applicabilité de l'art. XI du règlement de 1751, nous fit une objection de fond, que sur le moment nous trouvâmes absolument dirimante.

La disposition de l'art. XI, disait-il en substance, est incompatible avec les principes actuels du droit de propriété :

(204) Ils l'ont même conservée, — heureusement ! — jusqu'en 1804, — le Code Civil en est l'éblouissante démonstration.

1° La propriété étant, dans notre législation, un droit exclusif, une chose ne saurait en principe servir qu'à son propriétaire : on ne saurait donc admettre aujourd'hui, à la différence de ce que supposait l'art. XI dont il s'agit, qu'une clôture serve au voisin (205). — D'ailleurs, si l'on admettait un tel principe, il semblerait que la principale utilité que dût en retirer le voisin serait la faculté de laisser paître ses bestiaux sur la répare imposée par l'art. XII du règlement; or, il est inadmissible que le voisin puisse laisser pâturer ses bestiaux sur mon terrain à moi, propriétaire de la répare, si cela ne me plaît pas, et encore moins les laisser à l'occasion abîmer ma haie vive : il faut donc dire : que le voisin devra faire poser une clôture en fil de fer, qui protégera ma haie, — ou garder ses bestiaux.

2° Au surplus, l'art. XI est inadmissible en ce qu'il gêne l'exercice du droit de *libre* disposition du propriétaire.

Peut-être ces arguments ne sont-ils pas sans comporter, du moins dans une certaine mesure, une réplique :

1° Pour ce qui est du second argument, il est certain que l'art. XI apporte une limite au droit, absolu en principe, du propriétaire. — Mais il en est ainsi de toute servitude. Il s'agit, nous dit-on, d'une limite inadmissible, parce qu'elle porte sur le « jus abutendi » (qui en définitive reste la dernière caractéristique du droit de propriété). — A la vérité, cette limite, apportée à l'abus du propriétaire, est d'autant plus admissible qu'elle est loin d'être la seule ! Et par exemple, et pour nous en tenir aux limites du droit de disposition juridique, on ne peut toujours vendre comme on l'entend : un mineur ne peut ven-

(205) Sic, Trib. Seine, 20 déc. 1877, cité par Lamé Fleury et Sarrut, Code ann. des chemins de fer en exploitation, 4° éd. 1905, p. 488 et la note.

dre son immeuble sans observer certaines formalités. Cf.
art. 454 du Code Pénal.

2° Le premier argument est plus sérieux.

Nous ferons toutefois, en ce qui le concerne, deux remarques de détail et deux plus générales.

1re Pour ce qui est des dommages que les bestiaux
pourraient causer *à la haie* du voisin, il semble certain
qu'ils ne doivent pas être supportés par le propriétaire
de la haie; mais il n'est peut-être pas besoin de faire intervenir le principe qu'on invoque : le voisin qui cause
à son voisin un préjudice lui en devra, en toute hypothèse, *réparation* (arg. ici de l'art. 1385). — Que si l'on
objectait qu'un préjudice considérable sera causé, une
haie mettant, dit-on, 20 ou 30 ans à repousser, et un trou
dans une haie ne se comblant jamais, il y aura lieu simplement à des dommages-intérêts proportionnés au préjudice.

2^{ent} Pour ce qui est du *pâturage* de la répare, nous nous
contenterons de faire remarquer que tout au moins les
usages — et la jurisprudence (V. supra, p. 219) tolèrent
ledit pâturage. — Cela peut d'ailleurs sembler justifiable:
en effet, le propriétaire ne pourrait aisément ni faire pâturer ni faucher l'herbe qui croît sur la répare. — Au
surplus, l'objection est peut-être plus théorique que pratique : quand la haie croît, elle acquiert évidemment du
développement en largeur et ceci aux dépens de la répare, qu'elle pourra arriver, sans que les usages semblent
contraires, à recouvrir complètement (il suffit pour cela
de supposer dans la plupart des cas une haie d'un mètre
de large) : de telle sorte que les bestiaux du voisin seront empêchés de pâturer l'herbe de la répare.

3^{ent} Reste l'objection première, la plus grave, et dont,
dans une certaine mesure, les autres découlent : une propriété ne saurait, en principe, servir à une autre personne
qu'à son propriétaire; or, le règlement admet implicite-

ment, mais nécessairement, la solution contraire; il est donc inadmissible.

1. — Nous répondrons tout d'abord que la question se pose, en dépit de tous les principes, dans des espèces où, précisément, la clôture privative a servi *en fait* aux deux héritages, et où l'un des propriétaires veut empêcher l'autre de se déclore à son gré; de telle sorte que la question qui se pose est uniquement de savoir si le propriétaire de la clôture sera admis à détruire cette clôture n'importe comment, ou d'après les règles qu'édicte l'art. xi.

Or, nous croyons qu'en bien des espèces, il faudra admettre que le propriétaire de la clôture ne pourra se déclore à sa fantaisie : non seulement, nous n'admettrions pas qu'il pût se déclore dans la seule intention de nuire à son voisin; mais encore il nous semble qu'il ne pourra le faire n'importe comment, et par exemple, il ne sera pas admis à le faire d'une façon absolument *intempestive* et à une époque de l'année où le voisin serait dans l'impossibilité d'établir de son côté une clôture du genre de celles utilisées dans le pays. — De telle sorte que, plus ou moins, il faudra en revenir aux dispositions si sages de l'art. xi du règlement (206). — Nous argumenterions au besoin de la jurisprudence qui existe en matière de promesses de mariage. Ces promesses sont pourtant nulles aussi aux yeux du droit civil. Et cependant elles donneront lieu à des dommages-intérêts si le consentement du futur époux se trouve retiré d'une façon intempestive (V. Cassation, 30 mai 1838, S. 38, 1, 492; Planiol, op. cit., t. 1ᵉʳ, 5ᵉ éd., nᵒ 789).

Peut-être, de ce point de vue, faudrait-il d'ailleurs conclure en principe à l'abrogation du règlement de 1751,

(206) Le règlement de 1751 « n'a réglé, selon la Cour de Caen (arr. du 22 janvier 1848, précité), que les conditions indispensables pour exercer ce droit (le droit de se clore et déclore), conditions qu'il aurait fallu déterminer si elles ne l'avaient pas été ».

Mais cela même est douteux : le règlement consacre le droit de se déclore, c'est-à-dire le caractère exclusif de la propriété. Ses dispositions sont uniquement destinées à prévenir des abus ; et il semble conforme à l'équité de décider qu'il vaut mieux prévenir des abus que les réparer. Cf. et adde, art. 674 du Code Civil.

II. — Peut-être d'ailleurs une réponse directe peut-elle être faite à l'objection. — Cette objection en effet n'est, et ne peut être, qu'une objection de principe. Or le principe du caractère exclusif du droit de propriété *n'est pas absolu* : le droit de propriété n'existe que sous réserve formelle des règlements (art. 544) et c'est en présence d'un de ces règlements que nous nous trouvons. — Et d'ailleurs ne peut-on dire que le principe invoqué reçoit exception toutes les fois qu'une *servitude* est établie sur un fonds au profit du voisin ? — En tout cas, l'art. 652 du Code Civil, met formellement en dehors du système du Code les servitudes rurales: pourquoi l'une d'elles, établie aussi bien par un texte, ne pourrait-elle permettre au voisin de se servir de la clôture de son voisin ? Ce texte spécial que constitue l'art. XI du règlement n'a pas pu être abrogé par le Code car « specialibus generalia non derogant » (207).

(207) La question resterait douteuse avec ce seul argument, car, même en matière de servitudes rurales, on conçoit qu'on puisse soutenir que les grands principes (avec les exceptions qu'ils comportent) ont été établis par le Code Civil.

DEUXIÈME PARTIE

Usages normands obligatoires
en dehors du renvoi formel
de textes spéciaux

Nous avons dit (suprà Introduction) à quelles conditions les usages en dehors de tout texte avaient aujourd'hui force obligatoire.

Nous ne saurions bien entendu examiner ici tous les usages admis en Normandie.

Nous en choisirons seulement quelques-uns, à titre d'exemples, parmi les plus notables à cause de leur importance ou de leur emploi fréquent ou encore parce qu'ils ont été reconnus par la jurisprudence.

Ce sont quelques-uns de ceux relatifs :

1° aux locations de maisons ou fermes;

2° au délai de préavis en matière de louage de services;

3° aux ventes mobilières d'animaux et de pailles;

4° au déchargement des ports, et autres usages maritimes.

Chapitre Premier

USAGES PUREMENT CONVENTIONNELS
EN MATIERE DE LOUAGE DE CHOSES

———

Nous n'étudierons que ceux relatifs :

1° à la question de savoir pendant combien d'heures et de jours la semaine un locataire, dont le bail est sur le point d'expirer, est tenu d'ouvrir les appartements pour que le propriétaire puisse les faire visiter par les personnes qui se proposent de les louer;

2° aux droits du fermier quant aux grains ensemencés, lors d'une résiliation de bail.

PORTÉE DE L'OBLIGATION DU LOCATAIRE DE LAISSER VISITER SES APPARTEMENTS A LA FIN DE SON BAIL

Dans l'Orne (Alençon, p. 20; Argentan, p. 56; Domfront, p. 27; Mortagne, p. 30) « le propriétaire qui veut relouer les lieux loués encore occupés par son locataire, peut les faire visiter *dans les délais usités pour les congés*, soit que le bail expire de plein droit ou par la convention des parties, soit qu'il prenne fin par un congé. Il a pendant le même délai le droit de placer un écriteau sur l'immeuble ». — Les usages locaux de l'arrondissement de Domfront précisent que ces droits doivent s'exercer « à des heures qui ne gênent pas le locataire, dans l'après-midi notamment, alors que la maison doit être en état et le ménage fait ».

Dans la Manche, selon M. Mouchel (op. cit., p. 207), « l'usage consacré par la pratique consiste en deux séances de 2 h. chacune par semaine et l'indication des jours et de l'heure appartient au locataire ».

En ce qui concerne la ville de Caen, la 1ᵉ chambre de la Cour, réformant un jugement du Tribunal Civil de Caen a, le 5 janvier 1857, considéré que l'obligation de laisser visiter 3 jours par semaine et pendant 2 heures (solution du tribunal) était excessive et que celle se restreignant à 1 jour par semaine pendant 3 heures était suffisante (V. Rec. Caen, 1857, p. 32).

SECTION SECONDE

DROITS DU FERMIER, LORS D'UNE RÉSILIATION
DE BAIL, SUR LES GRAINS ENSEMENCÉS
QU'IL NE PEUT RÉCOLTER

————

Nous avons sur cette question un arrêt de la Cour de Caen du 7 mai 1852 (Mac-Carthy contre Vadé, Rec. Caen, 1852, p. 179). Cet arrêt confirme un jugement, lequel décidait que le fermier dont le bail est résilié avait droit à une portion dans les récoltes provenant des grains ensemencés par lui, proportionnellement à la part de fermages qu'il paye. — « Il est vrai, remarque A. Londel, en note sous cet arrêt, qu'il y a au titre de l'Usufruit un article d'après lequel les fruits naturels ne s'acquièrent que par la perception, mais c'est là un texte spécial, exceptionnel, qui doit être entendu restrictivement; d'ailleurs une disposition contraire est écrite dans l'art. 1571 portant qu'à la dissolution du mariage, les fruits des immeubles dotaux se partagent entre le mari et la femme ou leurs héritiers, à proportion du temps qu'il a duré, pendant la dernière année. Nous aimons mieux appliquer, par analogie, cette règle, qui est l'expression du droit commun et de l'équité ». — Il semblerait peut-être plus conforme aux principes de la résolution de décider que le fermier pourra simplement réclamer le *prix* de ses labours et semences (trib. civ. Amiens, 6 déc. 1890, cité par MM.

Wahl et Baudry-Lacantinerie, du Contr. de Louage, t. 1er, 3e éd. 1906, n° 1385, p. 799, note 2). — Quoi qu'il en soit le jugement confirmé par l'arrêt précité de la Cour de Caen semble admettre « qu'il est d'usage en cas de résiliation de bail que le fermier ait droit à la récolte des grains qu'il a ensemencés ». — Il est difficile d'admettre qu'il ait droit, en principe, à la totalité (V. Londel, note précitée). « Du reste, remarquait M. Londel, ce n'est qu'à raison de *l'usage local* et non à titre de droit strict, rigoureux, que l'arrêt permet au fermier de faire la récolte de tous les grains qu'il a ensemencés ».

Chapitre Deuxième

LE DÉLAI DE PRÉAVIS D'USAGE
EN MATIÈRE DE LOUAGE DE SERVICES (208)

En ce qui concerne les *domestiques* attachés à la personne, le délai de préavis, — c'est là « un usage à peu près général » (209), — est de 8 jours : « dans l'usage, dit un jugement de Paix du canton de Caen-Ouest (21 déc. 1909, Onno contre Thommerel, Rec. Caen, 1909, p. 205), — il existe une période de 8 jours qui peut s'appeler en quelque sorte période d'essai, pendant laquelle les patrons et les domestiques peuvent se quitter sans indemnité de part et d'autre; — cette période de 8 jours est un temps d'épreuve établi au profit aussi bien des domestiques que des maîtres ». — Le délai de 8 jours est suivi dans la Manche (Mouchel, op. cit., p. 324) et dans l'Orne (Alençon et Mortagne, p. 55, Argentan, p. 100, Domfront, p. 68). Toutefois, à Cherbourg le délai serait de 15 jours (Mouchel, ibid.), et, dans l'arrondissement de Domfront, le délai serait de 1 mois pour les hommes.

Pour les *ouvriers* loués sans durée déterminée (meu-

----

(208) Sur la valeur des usages en cette matière, V. Cass. 4 août 1879, D. 80. I. 272, Cass. 17 mai 1887, D. 87. I. 410 (Cette valeur ne semble d'ailleurs pas différer de celle qu'ils ont dans les autres matières).

(209) Robert Jourdan, Du délai-congé, th. Paris. 1911, p. 108.

niers, garçons de café...), le délai de préavis est de 2 jours avant la fin du mois dans l'arrondissement de Domfront (Domfr. p. 70) et semble-t-il de 8 jours dans la Manche (Mouchel, loc. cit.), ainsi que généralement dans l'Orne. — Il paraît que pour les gardes-chasse, gardes particuliers, chefs de cuisine dans les hôtels, le congé doit être donné 1 mois à l'avance dans l'arrondissement d'Argentan (Arg. p. 103).

Pour les ouvriers *boulangers*, le congé est généralement de 5 jours (Alençon; Domfr., p. 70; Mortagne en général, p. 56). Il est de 8 jours dans les cantons de Tinchebray (Domfr. p. 70), de Bazoches-sur-Hoesne, et Regmalard (Mortagne; p. 56), dans la Manche (Mouchel, loc. cit.) et à Rouen (Jourdan, du délai-congé, th. Paris, 1911, p. 108). Il serait d'un mois à Condé-sur-Noireau (ibid.).

Pour ce qui est des commis ou *employés de commerce*, le délai de préavis est généralement de 1 mois (Cherbourg, Mouchel, p. 325; cantons de Carrouges, Courtomer, Sées [Alençon, p. 56] Putanges et Briouze [Argent. p. 104]); de 8 jours la 1re année et 1 mois la 2e dans le canton d'Exmes (Arg. p. 104), de 15 jours dans l'arrondissement de Mortagne (210). — Le tribunal de commerce de Caen (6 juill. 1901) a déclaré « que pour les employés de commerce, l'usage à Caen n'est nullement de donner un préavis fixe et invariable d'un mois; que ce délai doit être plus considérable pour un employé important qui a passé, dans la maison, un très long laps de temps; — att., en effet, que ce délai est accordé pour donner à l'employé renvoyé brusquement, sans motifs, le temps de trouver une nouvelle situation; que cette nouvelle situation est d'autant plus difficile à obtenir qu'il se sera plus long

(210) Les clercs sont généralement assimilés aux employés de commerce. Toutefois le délai de préavis est parfois plus long (1 mois dans le cant. du Mesle-sur-Sarthe, Alenç. p. 56).

temps spécialisé dans la même maison.. » (211) — Un
délai d'un mois a été accordé au surveillant d'un établissement industriel (trib. Caen, 3 mai 1905, confirmé, Rec.
Caen, 1906, p. 236) et un délai de 3 mois à un ingénieur
chargé de construire un chemin de fer (Cour de Caen, 13
déc. 1883, Rec. Caen, 1885, p. 50).

(211) En l'espèce, l'employé était depuis 18 ans chez le même
patron et depuis 14 ans son caissier. Il réclamait pour brusque
renvoi 3 mois d'appointements, — qui lui ont été accordés par
le tribunal. V. Rec. Caen, 1901, p. 245.

Chapitre Troisième

USAGES EN MATIÈRE DE VENTES D'ANIMAUX ET DE VENTES DE PAILLES

En matière de ventes d'animaux, il est d'usage de donner des gratifications ou « vins » aux domestiques qui les présentent (V. Caen, 27 oct. 1894, Rec. Caen, 1894, p. 149).

En matière de ventes de chevaux, et plus spécialement de chevaux de pur sang ou demi-sang, il a été jugé, à différentes reprises, que l'origine de l'animal, et par suite la remise de la carte qui la constate, constitue une des conditions essentielles du marché (V. Cour de Caen, 7 janv. 1895, confirmant un jugement de Pont-l'Evêque du 26 juin 1894, Rec. Caen, 1895, p. 1, et C. Caen 2 mars 1895, réformant un jugement de Vire, même vol. p. 49; V. aussi trib. Caen, 11 avr. 1905 et C. Caen, 22 mars 1905, Rec. Caen, 1905, p. 59. — Le tribunal civ. de Caen a décidé, dans une espèce qui d'ailleurs présentait des circonstances spéciales, que la remise de la carte ne constituait pas une preuve légale de libération [V. Trib. Caen 28 avr. 1913, Rec. Caen, 1914, p. 31]).

En matière commerciale, les tribunaux de commerce de Caen (11 mars 1903) et Bayeux (14 nov. 1906) (Rec. Caen, 1907, p. 6) ont reconnu qu'il est d'usage constant que les bestiaux vendus sur les marchés de ces deux villes (« et de la région », dit le jug. de Bayeux) soient payés comptant et sans quittance; qu'il existe donc en faveur de l'acheteur d'un bœuf ou d'une vache une présomption de libération, qui ne peut être détruite que par la preuve contraire à la charge du vendeur.

En matière de vente de pailles l'usage qui impose un « ajet » (fourniture gratuite supplémentaire) est obligatoire. (V. Cour de Caen, 3 août 1876. [Usage d'Alençon], Rec. Caen, 1876, p. 255).

Chapitre Quatrième

DE DIVERS USAGES
EN MATIÈRE DE COMMERCE MARITIME

———

A *Caen*, le délai minimum de déchargement d'un navire est d'un jour pour 200 tonneaux; les staries partent du jour de la mise en douane — et non du lendemain de l'arrivée du navire (Cour de Caen, 12 mars 1884, Rec. Caen, 1884, p. 225); il n'y a rien à payer pour les appareils de déchargement d'un navire (trib. comm. Caen, 24 mars 1891, Rec. Caen 1891, p. 186). — Dans le port *du Hâvre*, quand le fret est payable sur le poids délivré, il est d'usage constant que le capitaine supporte en entier les frais de pesage (C. Caen, 2 août 1893, Rec. Caen, 1893, p. 233; Adde, C. Rouen, 5 août 1896, Rec. Caen 1896, p. 259).

Il a été jugé qu'à Caen les assurances maritimes d'animaux de boucherie ne s'appliquaient pas aux mortalités occasionnées par le mauvais temps (C. Caen, 11 juin 1878, Rec. Caen, 78, p. 255) (212).

(212) Sur l'erreur permise dans la déclaration de tonnage en matière de transport de bois du Nord, V. C. Caen, 4 janv. 1893, confirmant un jug. du trib. comm. de Caen du 10 fév. 1892, Rec. Caen, 1893, p. 34. — Sur un cas d'abordage dans le port du Hâvre et la portée du règlement du port du Hâvre, V. C. Caen, 1er août 1894, Rec. Caen, 1896, p. 223; etc.

Tels sont les usages maritimes consacrés par la jurisprudence qui nous semblent le plus dignes d'être notés. — Nous arrêterons ici la liste, qui pourrait être beaucoup plus longue, des usages conventionnels ou commerciaux normands.

CONCLUSION

—

Il existe donc des règles anciennes et des usages locaux encore applicables aujourd'hui en Normandie. La Coutume de 1583 doit recevoir obligatoirement application dans ses art. 611, 613 et 614. De nombreux arrêts de règlement, dont le principal, et celui sur lequel subsistent parfois les controverses les plus vives, demeure celui du 17 août 1751, doivent d'autre part être appliqués. Enfin, en vertu de textes spéciaux, ou en vertu des principes généraux, des usages locaux doivent être observés.

Qu'on ne se le dissimule pas ! Cela n'est pas et ne saurait être particulier à notre vieille province : les principes et textes qui nous ont conduits à admettre, en certains cas, des règles spéciales à la Normandie, sont de nature à valider d'autres survivances et usages locaux dans d'autres provinces. Et l'on conçoit ainsi, à côté du droit général, applicable à toute la France, un *droit local*, plus ou moins bien fixé.

Pourquoi, lors de la rédaction de nos Codes, n'a-t-on pas fait l'unification complète de notre droit, pourquoi avoir laissé subsister des règles locales et peut-être très différentes. Était-ce utile ? Était-ce nécessaire ?

D'après M. Sauger (Du Louage et des Servitudes dans

leurs rapports avec les usages locaux, Avertissement, p. 4), le législateur n'aurait, semble-t-il, conservé la diversité en certains cas, que « par crainte de porter alors le trouble dans des habitudes qu'il eût été difficile de déraciner ».

D'après M. Mouchel (op. cit., préface, p. I) c'était là une mesure sage : les besoins différant suivant les lieux, d'après les mœurs, climats, cultures et productions, — C'est l'opinion la plus généralement émise.

Peut-être conviendrait-il à la vérité de *distinguer* suivant les cas : s'il semble, par exemple, qu'une distance unique pour les plantations soit peu souhaitable (V. Berlier, Présentations au Corps législatif et exposé des motifs du titre des Servitudes. [Fenet, t. XI, p. 509] et les justes observations de Fournel, Du Voisinage, t. 1er, v° Arbres, p. 138 et suiv. sur ce point particulier), si, parfois, la diversité semble imposée par la nature même des choses (c'est le cas de l'art. 1774 pour la durée des baux à ferme : il est naturel de suivre l'assolement; or celui-ci varie suivant les conditions locales du sol), — en d'autres hypothèses, et par exemple en matière de délais de congé, l'extrême diversité semble être seulement de nature à augmenter le nombre des procès, par suite de l'ignorance où sont souvent les locataires et propriétaires — et même parfois leurs conseils — des règles à suivre, — et il peut sembler qu'une règle générale serait préférable (213).

Mais la valeur des usages *commerciaux* (le commerce est surtout fait de pratiques) et des usages *conventionnels* semble du moins à l'abri de toute controverse : on peut leur appliquer ce qu'en un langage élevé, M. Georges de Lumière (préface des Usages locaux de l'arrondissement

(213) En ce sens not. M. Guillouard, Tr. du louage, t. I, n° 435; v. cep. contrà, Baudry-Lacantinerie et Wahl, Du Louage, 3e éd. t. 1er, n° 1245.

d'Alençon, p. 4 et suiv.) écrivait à propos des usages locaux en général : « Si souple qu'il apparaisse, au travers
des interprétations infiniment subtiles et variées de la jurisprudence, le Code Civil n'est et ne peut être, en ce
qui concerne les contrats interpersonnels, qu'un instru-
ment un peu rigide et incomplet dans ses moyens de pénétrer les besoins et les droits réels des individus suivant
les milieux et les traditions propres à chaque pays.

« L'unité d'une nation n'a pas pour effet de supprimer
la sociabilité naturelle faite d'habitudes ancestrales, de
coutumes multipliées à l'infini, entrelacées les unes dans
les autres dans la suite des siècles, et qui, par l'autorité
qu'elles exercent, sont en quelque sorte devenues insen-
siblement la loi admise par les parties, non contre la loi
écrite, mais à côté et comme corollaire de la loi.

« La Patrie elle-même ne s'est pas constituée sponta-
nément. Elle est formée de foyers divers et de l'union des
petites patries, qui n'ont pu se dépouiller de leur civili-
sation originale, autochtone, restée vivante et qui se tra-
duit encore de nos jours par des divergences profondes
dans le langage, dans les mœurs, dans les nécessités ma-
térielles inhérentes au climat, à la nature et à la richesse
du sol, aux idées générales qui, elles-mêmes, sont des
produits et l'aboutissement naturel non de l'histoire uni-
verselle, mais de l'histoire particulière de petits peuples,
de groupements humains, qui n'ont pas tout à fait perdu
leur personnalité nationale ».

Sans nier l'importance de l'influence des groupements
humains — et des individus — sur les idées générales,
il convient peut-être de faire quelques réserves sur l'affirmation de M. de Linière relativement à l'histoire générale

Sous le bénéfice de cette observation, — et en ayant
soin d'ajouter qu'aujourd'hui les « petites patries » sont
intimement et profondément incorporées à la grande,

nous ne trouvons en général rien à reprendre, quant à nous, aux développements de M. le Préfet Georges de Lamière.

Vu :

Le Professeur, président de la Thèse,

L. DEBRAY.

Vu :

Le Doyen :

Edmond VILLEY.

Vu et permis d'imprimer :

Le Recteur de l'Université de Caen.

R. MONIEZ.

Table des Matières

———— •◊• ————

Caen. — Imprimerie H. Delesques, rue Demolombe, 34.